BELMONDO

DU MÊME AUTEUR

Brûlante nue, poèmes, Le Pont de l'Épée, 1960.

Jean-Paul Belmondo. Trente ans et vingt-cinq films ou les Dix Commandements du belmondisme, Plon, 1963.

Farandole. Roger Pierre. Jean-Marc Thibault, Seghers, 1964.

À la tour Montparnasse les bateaux sont morts, poèmes, Éditions Saint-Germain-des-Prés, 1971.

Édith et Marcel, Ramsay, 1983.

D'autres trois mâts dans tes cheveux, poèmes, Éditions Saint-Germain-des-Prés, 1985.

Les Aventuriers du Nouveau Monde, Albin Michel, 1986.

Santa Barbara, tomes 1 et 2, Générique-TF1 Éditions, 1988.

Dans le vert voyou des prés, poèmes, Le Milieu du jour, 1995.

Le Grand Livre de la pétanque, en collaboration avec Albert Mathieu, Albin Michel, 1997.

Tabarly, un marin pour l'éternité, Le Rocher, 1998.

Lady Di, le livre anniversaire, Le Rocher, 1998.

Ex-voto en or muscade, poèmes, préface de Pierre Perret, le cherche midi, 2000.

Le Roman de Paris à travers les siècles, Albin Michel, 2000.

Édith Piaf, en collaboration avec Marcel Cerdan Junior, Flammarion, 2000.

Lino Ventura, Flammarion, 2001.

Jean Yanne. Ni Dieu ni maître (même nageur), le cherche midi, 2005.

Jean Marais, Flammarion, 2005.

Ma malle pèse 57 kilos sans mon galurin gris, poèmes, préfaces de Victor Lanoux et de Jean Orizet, le cherche midi, 2006.

Jacques Villeret. Du rire aux larmes, en collaboration avec Claude Sartirano, L'Archipel, 2007.

En Bretagne ici et là… 40 lieux, 40 auteurs, Keltia Graphic, 2008.

Gilles Durieux

BELMONDO

Collection
Documents

le
cherche
midi

Direction éditoriale : Arnaud Hofmarcher
Mise à jour et révision de l'ouvrage : Frédéric Dieudonné

23, rue du Cherche-Midi, 75006 Paris.

Vous pouvez consulter notre catalogue général et l'annonce
de nos prochaines parutions sur notre site Internet :
cherche-midi.com

Sur le revers d'une médaille que Paul Belmondo offrit à son fils Jean-Paul en 1969, une phrase de Stendhal : « La vocation, c'est le bonheur d'avoir pour métier sa passion. »

Jean CARTON, sculpteur, membre de l'Institut
in *Paul Belmondo, sculptures, dessins, aquarelles*
(Éditions du Chêne, 1984)

La star, c'est mon père.
Jean-Paul Belmondo

Le clan des Belmondo

Paris, printemps 1933. Avant de quitter son atelier de la rue d'Arcueil, Paul Belmondo scrute une dernière fois son *Apollon*, qui risque de ne pas être prêt pour le Salon des Tuileries. Qu'importe, il en parlera à Despiau. L'urgence est ailleurs. Il vient d'apprendre qu'il est papa pour la seconde fois d'un petit garçon qui l'attend, auprès de Madeleine, dans une maternité de Neuilly.

Paul Belmondo a trente-quatre ans quand naît Jean-Paul, le 9 avril. Son frère Alain-Paul – plus tard, il sera simplement Alain – est de deux ans son aîné. La tradition familiale veut que, chez les Belmondo, tous les nouveau-nés de sexe masculin s'appellent Paul ; s'ils sont plusieurs, on recourt aux prénoms composés. Les grands-parents d'Alain-Paul et de Jean-Paul vivent toujours à Alger. C'est là que Paul est né, en 1898. Sculpteur et vivant désormais sur le « continent », il est lui-même le fils d'un autre Paul Belmondo, exilé d'origine italienne. Sa mère était née Rosine Cerrito. Sicilienne, elle aurait été la fille d'une célèbre ballerine, Fanny Cerrito (1817-1909), qui dansa à la Scala de Milan, puis en Angleterre à la demande de la reine, et même en Russie. C'est le nom, délesté d'un *r*, que choisira plus tard Jean-Paul Belmondo pour baptiser sa maison de production, Cerito Films.

Forgeron-chaudronnier dans une bourgade du Piémont, Paul fut contraint, comme tant d'autres à la fin du XIXe siècle, de quitter un pays ruiné par de longues luttes pour son indépendance. Le choix de l'Afrique du Nord, alors soumise à l'autorité coloniale française, répondait à l'appel d'une terre d'accueil inondée de soleil, demandeuse de main-d'œuvre et ouverte à toutes les aventures. Paul et son épouse choisirent de se fixer à Alger avec leur fils, dans le quartier cosmopolite et vivant de Bab el-Oued.

Fasciné par la dextérité d'un voisin, marbrier de profession, Paul « junior » lui avait un jour subtilisé un morceau de sa pierre pour en faire, à l'âge de douze ans, sa première sculpture : une tête de chien, qu'il gardera toute sa vie. Son père le conforta dans sa passion en lui forgeant les outils nécessaires à la taille, qu'il utilisa très longtemps. Des années plus tard, il sut, à son tour, encourager son fils Jean-Paul dans sa vocation de comédien. Pourtant, après une entrée à l'École des beaux-arts d'Alger, section architecture, Paul faillit bien être stoppé dans son élan par la guerre de 1914-1918. Mobilisé en 1917, le fils du forgeron part combattre les Allemands du côté de Verdun. Une blessure vient le tirer de cet enfer et il retrouve sa ville natale. Peu après, il obtient une bourse du gouvernement algérien pour étudier à Paris. En 1921, il intègre l'École nationale des beaux-arts pour apprendre la sculpture, mais aussi la rigueur, maître mot de Jean Boucher, lequel lui enseigne également le dessin, et lui conseille de tirer profit de l'expérience des anciens – ce qu'il fera toute sa vie, notamment par d'assidues visites au Louvre.

Paul vit alors à Montparnasse – le Montparnasse d'avant guerre, creuset de courants artistiques du monde entier. Villa Corot, il partage un atelier avec un autre sculpteur : Georges Halbout. Il n'a pourtant pas oublié sa terre d'origine, puisque, parallèlement aux Beaux-Arts, il suit l'enseignement d'un artiste algérois : Béguet, ancien élève de François Rude, bien connu pour avoir créé le groupe *La Marseillaise* ornant l'Arc de triomphe. En 1922, lors d'un voyage à Alger, Paul sculpte un buste de son père. Les commandes commencent à affluer et, en 1926, il est le lauréat du Grand Prix artistique d'Afrique du Nord, qui lui permet d'effectuer un voyage d'études en Grèce puis en Italie. C'est à cette époque qu'il rencontre Charles Despiau, sculpteur renommé, et collaborateur d'Auguste Rodin. Paul Belmondo en fera son ami et son guide.

Mais la rencontre la plus déterminante de sa vie – professionnelle et privée –, c'est Madeleine Raynaud-Richard, élève comme lui aux Beaux-Arts. Elle sera la mère de ses trois enfants. Jean-Paul Belmondo décrit sa mère comme « une très belle femme, qui paraissait très grande et dont le sourire franc et limpide illuminait tout ce qu'elle approchait ». La naissance de Jean-Paul – dont Despiau sera le parrain – amène ses parents à réorganiser leur vie. Ils quitteront Montparnasse pour aller vivre un temps dans le 15e, avant de s'installer définitivement, en 1938, rue Victor-Considérant, près de la place Denfert-Rochereau. Paul Belmondo trouvera tout près un nouvel atelier, qu'il ne quittera plus. L'une des deux pièces abritera moulages et travaux en cours ; l'autre, meublée, sera destinée à recevoir amis et célébrités, parmi lesquels certains clients. Nombre de gloires de l'époque y défileront. Les parents d'Alain et de Jean-Paul n'oublieront pas de leur faire traverser la Méditerranée pour les présenter aux « nonni ». Entre-temps, leur grand-père forgeron a réussi à se faire une place au soleil d'Afrique : il est devenu un habile mécanicien, travaillant pour les chemins de fer algériens. Paul junior a également un frère cadet, douanier, qui préfère rester au pays.

Il y a aussi Clairefontaine, la propriété familiale proche de Rambouillet, où peuvent s'ébattre Alain et Jean-Paul. Sur les photos de l'époque, l'un des deux a la bouille rieuse et l'œil vif : « On aurait dit des jumeaux, raconte Jean-Paul. Nous étions très liés. La seule différence, c'est que j'affichais toujours une mine joyeuse, alors qu'Alain était plus réservé. J'étais aussi plus vindicatif. J'avais beau être le cadet, il m'arrivait de faire le coup de poing pour lui. Mais plus tard, j'ai abandonné la boxe avant lui. Devenu beaucoup plus fort que moi, il pouvait désormais se passer de ma protection. Gosses, on adorait aussi se battre en duel. Je m'étais fabriqué une épée de fortune, sans savoir qu'un jour j'interpréterais *Cartouche* au cinéma. Et bien avant qu'Yves Robert ne réalise *La Guerre des bou-*

tons, quand je gagnais, j'obligeais mon frère à enlever sa culotte et à rentrer tout nu à la maison. »

De retour à Paris, on inscrit Alain à l'école communale de la rue Henri-Barbusse, où il apprend à lire et à écrire. Pendant ce temps, la notoriété de Paul Belmondo ne cesse de croître. Le problématique *Apollon* sera terminé à temps pour le Salon des Tuileries ; par la suite, il ira vivre sa vie de pierre à Alger. L'État lui a acheté une sanguine, *Femme nue assise*, qui figurera en bonne place au musée du Luxembourg. Pour l'Exposition universelle de 1937, Paul se voit gratifier d'une commande importante : une métope, panneau sculpté qu'on disposera sur la façade du palais de Chaillot.

Mais quant à faire un modèle de son turbulent cadet, c'est une autre histoire. Il y aura une première… et dernière fois : Jean-Paul ne présente aucune disposition naturelle pour prendre et, surtout, garder la pose – ce que son avenir professionnel confirmera. Il en résulte néanmoins une jolie tête d'enfant coulée dans le bronze, dont la sagesse apparente correspond davantage au caractère d'un maître du néoclassicisme qu'au véritable tempérament de son modèle.

Alors que les commandes se multiplient et qu'il est reçu sociétaire du Salon d'automne, Paul Belmondo est de nouveau mobilisé. Il va vivre la grande débâcle des armées françaises en Belgique, où il est fait prisonnier. Mais il s'évade avec un compagnon et rejoint bientôt Paris. Entre-temps, Madeleine Belmondo a pris sous son aile ses deux garçons de six et huit ans, et les emmène à Rambouillet, où l'occupation allemande est moins pressante. Comme des dizaines de milliers de femmes de l'époque, elle se met à sillonner routes et fermes amies pour nourrir sa progéniture. En 1942, elle revient à Paris, rue Victor-Considérant, et la famille se reconstitue, Paul étant désormais démobilisé et considéré comme un civil. La future vedette de *Week-end à Zuydcoote* a gardé quelques souvenirs de cette période, où Paris souffrait de la peste brune et des bombardements alliés : « Quand il y avait des alertes, tout le monde s'engouffrait dans la station de métro Denfert-Rochereau parce qu'elle était très profonde. Parfois, on était au cinéma et on entendait : "Descendez ! Descendez !" Alors, on se précipitait dans le métro, à deux pas, et tout le quartier s'y retrouvait. On se connaissait tous. Je me rappelle aussi de gens qui dormaient sur les rails du métro. Ça m'a marqué. »

Pour faire face aux pénuries, la maman d'Alain et de Jean-Paul avait entrepris un élevage de lapins, dont la faculté procréatrice est fort utile en cas de disette. On avait confié deux d'entre eux aux enfants, lors du séjour forcé à Clairefontaine : « Ma mère nous avait chargés de les élever, racontera Jean-Paul Belmondo au journal italien *Il Tempo.* Mais nous avions posé nos conditions : nos lapins ne devaient pas être mangés. Je ne suis pas sûr que nos accords aient été respectés… J'avais appelé le mien La Fontaine, dont je connaissais quelques fables. On le nourrissait surtout de sucreries et d'œufs. Et j'allais dans la cuisine voler pour lui les feuilles de salade les plus tendres. Maman faisait mine de ne pas s'en apercevoir, se contentant de cacher l'objet du délit, histoire qu'on ne soit pas obligés de manger les restes du lapin. Il avait le droit de dormir dans ma chambre. Finalement, c'était une époque bénie. »

Pas pour Paul Belmondo qui, pendant ce temps, a bien du mal à vivre de son art. Il reçoit néanmoins une commande de la Direction de l'architecture pour un groupe destiné à embellir l'une des premières autoroutes françaises. Le projet sera malheureusement abandonné. Il continuera de vivoter à Paris, offrant ses services à des créateurs de meubles, et faisant même l'acteur dans un film de René Lucot sur Rodin. On l'apercevra aussi dans *Nos tailleurs d'images*, où il sculpte un nu masculin.

Les leçons du noble art

Jean-Paul a dix ans quand ses parents décident de le confier à une institution plus sophistiquée. Le quartier abrite une école privée, réputée pour son enseignement, mais aussi pour sa stricte discipline. C'est l'École alsacienne, où se retrouve la fine fleur de la bourgeoisie locale. Cet écrin de luxe n'est malheureusement pas du goût de l'impétueux Jean-Paul, et les ennuis commencent. Il en reparlera dans les années 1960 : « À l'école libre de la rue Henri-Barbusse, où j'avais appris à lire, je n'avais montré aucune mauvaise volonté. Ça n'a pas été le cas à l'École alsacienne de la rue Notre-Dame-des-Champs. Savoir que deux et deux font quatre ou cinq m'intéressait assez peu. Pendant les heures de cours, je m'ennuyais à mourir et je profitais des récréations pour évacuer mon trop-plein d'énergie. J'engageais des bagarres homériques ! J'étais même devenu champion dans l'art de me maintenir seul sur un banc contre dix assaillants qui voulaient m'en déloger. Ce jeu de pirates à l'abordage, qui faisait fureur dans toutes les écoles, reste un des plus drôles que je connaisse. Même aujourd'hui, il m'arrive de remettre ça entre deux prises, avec mes copains Claude Brasseur et Jean-Pierre Marielle. »

Tout cela, quoique bien naturel de la part de gamins qui ne pensent que plaies et bosses, n'est pourtant pas du goût de cette institution haut de gamme, marquée par le rigorisme protestant de ses fondateurs. Le trublion parvint tout de même à y passer l'année scolaire. Mais, au mois de mai 1944, ses parents recevaient un avis d'exclusion. Il ne restait plus à Jean-Paul qu'à retrouver le chemin de l'école communale. Heureusement pour Paul et Madeleine, la bonne nouvelle d'une prochaine libération par les troupes alliées, qui combattaient sans répit le chancre nazi, allait leur faire oublier ces petits ennuis domestiques. Et ils saluèrent l'événement à leur manière le 6 janvier 1945, en mettant au monde leur troisième enfant – une fille, cette fois. Le code familial restant muet sur les descendants de sexe féminin, elle ne s'appellera ni Pauline, ni Paula, mais Muriel. Reprenant le flambeau de sa bisaïeule Fanny, Muriel devint petit rat, puis une excellente danseuse, capable, en outre, de jouer très correctement au piano du Beethoven ou du Liszt. Jean-Paul n'est plus le petit dernier, et se change même en grand frère très attentionné : « Il ne faut pas oublier que Jean-Paul est mon aîné de douze ans, soulignera plus tard la discrète et talentueuse Muriel. Il a toujours été pour moi le grand frère admiré et respecté. » Cette entente sans nuages commence très tôt : « Mes tout premiers souvenirs d'aventures avec

Jean-Paul, c'est le jardin du Luxembourg. Au fond de ma poussette, cheveux au vent, je faisais les quatre cents coups avec mon frère et ses copains. Seule fille de la bande, âgée de trois ou quatre ans, je me laissais ainsi traîner, pousser, rouler à des vitesses parfois vertigineuses. La vie me semblait merveilleuse auprès de ces collégiens qui se mettaient en quatre pour moi. Jean-Paul était le roi de la bande par son esprit vif et, surtout, son intarissable fantaisie. Je me suis amusée comme une folle. »

La famille continue de fréquenter la propriété familiale de Clairefontaine et passe ses vacances en Bretagne, où Jean-Paul règne sur une autre bande. Comme beaucoup d'enfants, il a découvert le monde du cirque mais, sur lui, l'impact est si fort qu'il monte des spectacles avec ses copains, tout en rêvant de devenir clown. La vie parisienne à Denfert lui convient aussi bien et, là comme ailleurs, sa vitalité et son optimisme inoxydables lui laissent un souvenir idyllique de son quartier : « Près de Denfert, les rues vivaient. Les jardins publics grouillaient de gens sympathiques. Les marchés hebdomadaires du boulevard Raspail et celui, quotidien, de la rue de Buci me mettaient le cœur en joie. Ils me faisaient croire que nous habitions une de ces villes orientales dont je lisais la description dans des livres de voyages. On était très loin des rues aseptisées de La Muette, où les immeubles ressemblent à de vastes tubes de cachets d'aspirine. Je plains les orphelins de l'Assistance publique, mais je plains tout autant ces moutards de Passy qui n'ont vu, dans leur jeunesse, que des salons bien rangés. » Si

Jean-Paul Belmondo avait grandi à Montmartre, il aurait fait un parfait poulbot. Il aura été un vrai gamin de Paris, ce qui n'est déjà pas si mal.

Jean-Paul a de l'énergie à revendre, et commence à pratiquer divers sports, notamment le football, en tant que gardien de but. Et la boxe. Son désir d'enfiler les gants est intimement lié à l'admiration sans bornes qu'il porte, comme des millions de Français de l'époque, à Marcel Cerdan, champion du monde des poids moyens contre l'Américain Tony Zale en 1948 : « Je me rappelle ce combat comme si c'était hier, se plaira-t-il à dire. Il était au moins deux heures du matin, mais tout le monde écoutait la retransmission du match à la radio – on n'avait pas encore la télé. Soudain, des cris à en faire trembler tous les murs de l'immeuble : Tony Zale venait de tomber ! » Du coup, le Gavroche de Denfert, devenu un adolescent au corps mince et athlétique, s'inscrit en douce dans un club pour futurs champions du ring : l'Avia Club, modeste salle proche de la porte Saint-Martin. Le bâtiment, impasse René-Boulanger, n'existe plus aujourd'hui. L'entraîneur qui y dirige alors l'apprentissage du noble art s'appelle Pierre Dupain. Il a vu passer pas mal de bons boxeurs dont, précisément d'ailleurs, Marcel Cerdan. La jeune recrue Belmondo pèse à peine soixante-dix kilos pour un mètre soixante-dix-neuf, possède une bonne allonge et affiche un élégant jeu de jambes. Il se retrouve face à un autre espoir : Maurice Auzel qui deviendra champion de France des welters. Les deux hommes sympathisent, si bien que Jean-Paul recommandera son ami Auzel à Jean-

Pierre Melville pour *L'Aîné des Ferchaux*, où il incarne un jeune boxeur. Chez Dupain, il y a aussi une « terreur », dont les apprentis boxeurs, une fois aux vestiaires, ne se lassent pas d'écouter les exploits. Un certain Wladis Kopec, mi-lourd d'un mètre quatre-vingt-six et pas loin de quatre-vingts kilos, qui compte déjà dix victoires en dix combats, dont neuf par K.O.

Jean-Paul Belmondo aime cette ambiance et ira régulièrement s'entraîner, vêtu de la fameuse culotte bleue à chevrons blancs du club. Il participera aussi à des combats, le plus souvent dans de modestes banlieues populaires de Paris. En préface d'un livre de Robert Colombini sur la boxe, il écrit : « Au cours de ma carrière pugilistique, j'ai connu les vestiaires froids (et aussi surchauffés) des petites salles de banlieue. J'ai vu revenir des copains joyeux ou affreusement tristes. Les premiers cachaient leur joie pour venir embrasser et consoler les autres. La boxe, c'est une grande leçon de fraternité humaine. [...] Un jour, un poids welter nord-africain était au programme à Issy-les-Moulineaux. Il arriva tôt et s'inquiéta de l'heure à laquelle il devait boxer. À peine informé, il voulut s'en aller : "Trop tard pour moi, dit-il, trop tard. J'peux pas attendre, j'suis d'soupe !" Ahmed expliqua que ses camarades et lui préparaient le repas du soir à tour de rôle. Or, ce dimanche-là, il était le cuisinier de service. Et d'Issy à Boulogne-Billancourt, où il habitait, il y avait un bon bout de chemin. Pour ne pas manquer de combats, les organisateurs lui trouvèrent un nouvel adversaire et avancèrent le moment de son match. Je venais d'arriver dans la salle quand André Bonin, le speaker, annonça le combat. Le simoun déferla ! En trois coups de poing, Ahmed culbuta son rival, salua le public et se rua au vestiaire en s'exclamant : "J'suis d'soupe, j'suis d'soupe !" Je frémis encore à l'idée de ce qui me serait arrivé si Ahmed n'avait pas été de corvée. Car le premier adversaire qu'on lui avait destiné, c'était moi ! »

Lors de sa courte carrière, Jean-Paul Belmondo aura tout de même participé à neuf combats, avec, à son palmarès, quatre victoires et un match nul. « Je n'ai jamais pratiqué ce sport pour en faire un métier, explique-t-il à *Il Tempo*. C'était simplement pour moi un jeu, où il fallait beaucoup payer pour être gagnant. Mais la boxe m'aura au moins appris la hargne, la volonté de gagner. Dans la vie aussi, quand ça tourne mal, il faut savoir devenir hargneux. J'avais un grave défaut : j'aimais donner des coups de poing, mais je n'aimais pas du tout en recevoir. Dès qu'un crochet de mon adversaire me faisait mal, je devenais fou de rage et je commençais à donner des coups interdits. » Quant à ses parents, qui n'étaient au courant de rien, ils s'étonnaient de plus en plus de le voir si souvent fatigué. Or, l'épuisement du jeune homme n'était pas imputable à l'Avia Club : il souffrait d'une primo-infection, qu'il ira soigner dans le centre de la France, à Allanche. Cette parenthèse lui sera bénéfique, à tous points de vue.

La vocation

Allanche, sur le plateau du Cantal, c'est loin de tout et ça ne ressemble à rien de connu, pour un jeune Parisien qui ne fréquente guère que la campagne domestiquée de Rambouillet. Mais enfin, on y respire bien, et le jeune homme aux poumons fragilisés y restera une longue année, le temps de se refaire une santé. Un autre aurait pu sombrer dans la mélancolie et envoyer à sa famille des messages de détresse. Pas Jean-Paul Belmondo : incurable optimiste, il envisage cet environnement nouveau avec la sagesse d'un vieux voyageur qui a déjà fait le tour du monde : « La vie qui coulait à Allanche était douce et fervente à la fois. Je ne faisais rien et je ne m'ennuyais pas. Les villageois étaient des bougres retors, avares, méchants, cupides et obsédés par la bagatelle, qu'ils ne pratiquaient d'ailleurs qu'à dose homéopathique, mais, avec tous ces charmants défauts, ils trouvaient le moyen d'être francs dans leur hypocrisie et distingués dans leur grossièreté. Je ne les jugeais pas. Je cherchais, au contraire, à les prendre tels qu'ils étaient, conscient de leurs imperfections que j'ai fini par tolérer, et même apprécier. »

L'enfant de la ville coupé du monde – tout au moins, du sien – parvient ainsi à se mêler à la vie locale avec une étonnante souplesse. Il garde les moutons avec ses nouveaux copains bergers « qui ne se déshabillent qu'une fois par mois » et dort comme eux dans des granges à foin, quand ce n'est pas avec quelque jeune paysanne « bien disposée à certains divertissements interdits par les dix commandements ».

Aux fêtes de village, il est l'as des as, qui relève tous les défis et les remporte. Il participe à des kermesses en vendant du vent à des locaux médusés mais séduits. Cette aisance de bateleur préfigure son futur métier, sans pour autant qu'il en ait conscience. Du moins, pas encore. Bien au contraire, il envoie à sa famille, effarée et perplexe, des lettres du genre : « Avancez-moi un peu d'argent. Je vais acheter une petite ferme et un peu de bétail. J'ai trouvé ma voie : je vais me faire paysan. » Avec le recul, Jean-Paul Belmondo explique cette soudaine vocation par un aspect peu connu de sa personnalité : « J'ai toujours été partagé entre deux appétits : le premier me pousse à vivre abondamment, à griller la vie comme on grille une cigarette. C'est mon côté Henri Garat. J'aime me coucher tard, traîner dans les rues avec des amis, liquider des bouteilles de whisky, faire des farces, conduire des voitures rapides… Et d'un autre côté, mon caractère me fait aspirer à une vie retirée, calme et sans histoires. Même maintenant, il m'arrive de me demander si je ne vais pas tout arrêter et me planquer dans un coin perdu de campagne. » Mais Jean-Paul ne cultivera guère son côté pastoral, contrairement à certains de ses camarades de scène ou de studio, soulignant avec talent leur côté « gentleman-farmer », comme Jean Gabin, Jean Rochefort ou Philippe Noiret.

Sa mère, à l'époque, dut réussir à le raisonner, puisque, retrouvant le bitume parisien en 1949, loin de la glaise de son Cantal de rêve, il déclara à son père que sa décision était prise : il serait acteur. Sans le contredire, Paul Belmondo objecta cependant qu'il serait bon, avant tout, qu'il reprenne le cours de ses études. C'est ainsi que le jeune campagnard se retrouve à Auteuil, dans ces beaux quartiers si honnis pour, une fois de plus, remplir la fastidieuse obligation de scolarité. La formation de la rue Henri-Barbusse ayant atteint ses limites et l'école alsacienne ne voulant plus entendre parler de lui, le voilà donc au Collège Pascal, boîte à bac pour fils à papa : « Des cours à dormir assis, se souvient Jean-Paul. Des professeurs à vous faire douter de l'utilité de l'érudition. Des élèves recrutés dans la haute société parisienne et qui, aujourd'hui, tiennent certainement le haut du pavé des administrations et de l'industrie privée. »

Ce nouvel établissement ne s'avérera pas plus apte que les autres à le couler dans le moule d'une sage normalité. Il en sortira cependant marqué à vie. Ce nez légèrement épaté, qui fit tant couler d'encre mais donna un charme supplémentaire au futur jeune premier du cinéma français, ce nez donc, trouva sa forme définitive dans ce collège bon chic bon genre : « Je ne me suis pas du tout cassé le nez en boxant comme je l'ai longtemps laissé dire, mais tout simplement dans une stupide bagarre au Collège Pascal ! Trois élèves du cours de philo avaient attaqué un de nos camarades. On lui a porté secours. J'ai eu le nez écrasé comme une pomme de terre à l'eau dans la bataille. Celui à qui je le dois a dû mettre une bonne demi-heure pour retrouver ses esprits, mais aujourd'hui, je le remercie : sans lui et mon nez cassé, je ne serai peut-être pas le Jean-Paul Belmondo que je suis devenu. » La presse confirmera plus tard : « Belmondo peut porter un gros foulard, des pantalons tire-bouchonnés, n'importe quoi, sans paraître anodin : son nez le sauve d'être n'importe qui, en ne ressemblant à personne. »

M. et Mme Belmondo se soucient peu de l'incidence du nez de leur fils sur sa carrière. Pour l'heure, ils l'envoient chez un psychologue, qui a pour mission de les éclairer sur les capacités intellectuelles, et donc, l'avenir professionnel de Jean-Paul.

Ce qu'il voulait, lui, c'était être acteur, et rien d'autre. Il manœuvra donc comme nombre de candidats rebelles au service militaire, c'est-à-dire en répondant n'importe quoi aux tests. Le résultat dépassa ses espérances, puisqu'il fut considéré comme débile profond. Ce qui fit bien rire son père : « Il comprit à ce moment-là que je venais de jouer mon premier rôle. Comme quoi, finalement, les tests servent toujours à quelque chose, même par des chemins détournés. »

Paul Belmondo se résolut alors à passer sous les fourches caudines de son fils cadet en l'orientant, cette fois, vers un autre spécialiste, son ami André Brunot, fier sociétaire de la Comédie-Française. « Je m'attendais à tout sauf à ça, rapporte Jean-Paul. Je me sentais capable de monter sur scène et de jouer *Hamlet*, mais pas de me présenter ainsi devant un professeur pour attendre son verdict. Je n'ai pas fermé l'œil des quatre nuits précédant l'audition. J'ai quand même révisé la seule fable de La Fontaine que je connaissais : *Le Savetier et le Financier*. Mais quand sonna l'heure de se rendre chez André Brunot, je me suis défilé, m'enfermant à double tour dans ma chambre. Je ne voulais plus y aller. Tant pis, me disais-je, je ne serai pas comédien ! Je serai boucher, ils gagnent bien leur vie... Mais mon père ne l'entendait pas de cette oreille, et me persuada de le suivre. »

Jean-Paul récita sa fable d'un trait, comme à l'école. Le jugement, redouté par le novice, ne tarda pas à tomber : « Ton fils est fait pour un métier manuel. » Le retour à la maison fut ponctué de pleurs et de grincements de dents. Passagers, heureusement. Sonné par la sentence du sociétaire, le jeune boxeur n'en relèvera pas moins la tête. Il se savait mauvais à dire une fable, parce qu'il se fichait bien de La Fontaine, mais il continuait de rêver d'un personnage à défendre. Dans les mois qui suivirent, il travailla avec ardeur et enthousiasme pour se perfectionner. Par défi, il entreprit même d'apprendre par cœur une quarantaine des fables du poète qui ne lui avait pas porté chance. Pour se délasser de cette autopunition, il avala presque entièrement tous les rôles de *L'Aiglon* d'Edmond Rostand : « J'avais une telle sympathie pour cette pièce que je m'en serais bien fait un one-man show. Être à la fois Napoléon, Flambeau, Metternich et Marie-Louise, quel délice pour un cabot ! »

Face à une telle ferveur, Paul et Madeleine Belmondo ne purent que voler une nouvelle fois au secours de leur fils. Se renseignant sur les cours de formation théâtrale, ils finirent par opter pour celui de Raymond Girard, ancien directeur d'études au Théâtre de l'Odéon qui avait choisi de créer sa propre école. En réalité, ce cours, comme celui, plus connu, de la rue Blanche, était l'antichambre du Conservatoire national supérieur d'art dramatique, autrement dit, « le » Conservatoire, passage obligé de tous ceux qui veulent accéder au statut très envié de sociétaire de la Comédie-Française.

La route est longue, qui mène à la Maison de Molière. D'abord, cours préparatoire à l'examen d'entrée. En l'occurrence, pour le jeune homme âgé de seize ans, chez Raymond Girard. Celui-ci ne souhaitant pas recruter n'importe qui, on convoque Jean-Paul à une nouvelle audition, rue Vavin. Abandonnant définitivement La Fontaine, Jean-Paul Belmondo s'attaque à ce bon vieux Corneille. Le voilà donc, devant Raymond Girard, déclamant *Le Cid* avec une fougue qui intrigue le maître. C'est d'accord : la partie est gagnée et le postulant admis. Car l'ancien directeur des études de l'Odéon a détecté ce qui avait échappé à André Brunot. Si ce garçon, pense-t-il, n'est pas vraiment un tragédien, il possède un réel tempérament méritant d'être exploité. Suivront des semaines laborieuses mais légères qui comblent de joie la nouvelle recrue de la rue Vavin : « Pour moi, chez Girard, c'était formidable parce qu'il était vraiment adorable avec moi. C'était aussi l'époque où l'on fréquentait *La Coupole*. On refaisait le monde. On était obsédés par Dullin et par le Cartel. Comme le cours de Girard était vraiment au cœur de Montparnasse, on se prenait déjà pour des artistes. »

Ce n'était pas tout à fait l'avis d'un autre artiste – un vrai, celui-là. Paul Belmondo, pas vraiment convaincu par le choix de son fils, l'envoya travailler dans une entreprise d'emballage, place de Clichy. Quelques jours suffirent à la nouvelle recrue pour décourager son patron. Retour express au théâtre : du haut de ses dix-sept printemps, l'emballeur raté parvient même à décrocher un premier contrat pour une adaptation scénique de *La Belle au bois dormant* qui fera le tour des hôpitaux et maisons de retraite de Paris. Une tournée sans gloire, mais c'est un premier galop dont il est fier.

S'il se rend régulièrement rue Vavin, il est moins assidu à l'Avia Club, au grand dam de Dupain : « Mon entraîneur était plutôt content de moi. Mais il regrettait que je pense à la fois à la boxe et à faire du théâtre. » Arriva le 26 septembre 1950, jour de l'affrontement avec un cogneur répondant au nom guerrier de Ben Yaya. Date fatidique qui lui fit raccrocher les gants : « Ce devait être mon neuvième combat. J'ai eu une telle trouille de monter sur le ring que mes camarades ont dû m'y pousser de force. Comme je faisais tout pour éviter le contact avec mon adversaire, le public se mit à siffler et à me traiter de poule mouillée. C'est ce jour-là que j'ai décidé de tout arrêter », confia-t-il à *Il Tempo*.

Les années Conservatoire

Sa carrière de boxeur enterrée, restait à développer celle du comédien. Jean-Paul Belmondo s'y emploie dès 1951. Fort de sa première expérience sur les tréteaux des hôpitaux parisiens et malgré un dossier de presse encore bien maigre, pour ne pas dire vide, il entend parler d'un projet de tournée dans les Pyrénées, auquel il parvient à s'associer. Cette fois, le spectacle à défendre est une pièce d'André Haguet, *Mon ami le cambrioleur*, adaptée au cinéma la même année par Henry Lesage, avec Françoise Arnoul pour vedette principale. Le problème de cette tournée pour estivants, c'est qu'elle n'a pas été préparée du tout. Jean-Paul, qui l'ignore encore, est ravi d'apprendre qu'il va travailler avec quelqu'un possédant, comme lui, la fibre comique : Guy Bedos. Débarquant de son Algérie natale, il cherche lui aussi à monter sur les planches et, comme Jean-Paul Belmondo, avait trouvé *Mon ami le cambrioleur* pour se faire la main, ou plutôt la voix.

Cette fraternité d'esprit restera le meilleur souvenir des deux compères partis à l'aventure. Heureusement, car pour le reste, la logistique n'a pas suivi… Les salles n'existaient guère que dans l'imagination des responsables de la tournée, le public n'avait pas l'air au courant de la venue de la troupe et les conditions du séjour étaient rudimentaires : « C'étaient les aventures du capitaine Fracasse récrites par Trigano », raillera plus tard Guy Bedos. Découragés par tant d'amateurisme, lassés de leurs propres pitreries, Jean-Paul et Guy quittèrent la montagne en stop, et firent le voyage du retour à l'arrière d'un camion, à califourchon sur des sacs de farine.

Mais ils tirent profit de la leçon. Arrivés à Paris, ils décident l'un et l'autre qu'il est sans doute mieux, pour faire ce drôle de métier, de se présenter au concours d'entrée au Conservatoire. Ce que fera Jean-Paul Belmondo le 15 octobre suivant, sans savoir qu'il entame là un long parcours du combattant. Déjà, séduire un seul professionnel de la scène, souvent peu enclin à être séduit, n'est pas de tout repos. Cette fois, ils sont douze jurés, vieux routiers du répertoire classique qui ne s'en laissent plus conter : des soi-disant jeunes talents, ils en ont vu passer plus d'un ! Cette année-ci, justement, ils ne sont pas moins de cent trente-cinq à venir frapper, et le plus fort possible, à la porte du prestigieux établissement. Ils sont tellement nombreux, ces candidats, qu'on n'a guère le temps de les écouter. Ce n'est plus une audition, c'est un crochet radiophonique : « Merci monsieur, merci mademoiselle, au suivant ! » Pour les plus chanceux, le concours d'entrée au Conservatoire comporte trois épreuves. La première, comme celle du 15 octobre, tient lieu d'écrémage. On jauge le postulant à la va-vite. S'il est retenu, il aura droit à une audition un peu moins expéditive. Et s'il parvient à surmonter cette deuxième épreuve, il pourra se présenter à une troisième pour la constitution définitive de la liste des heureux nouveaux élèves.

Ce fameux soir d'octobre, Jean-Paul Belmondo reste en lice. Il est donc convoqué à participer la semaine suivante à la deuxième épreuve. Comme il a abandonné toute ambition de tragédien, contraire à sa nature, il a concocté avec l'aide de Raymond Girard, son mentor, une interprétation de La Flèche, le fameux valet de *L'Avare*. Molière aurait peut-être apprécié ; pas le jury du Conservatoire, qui ne lui accorde guère plus de la moitié de ses voix. Cette victoire lui laisse encore une chance pour la troisième épreuve, prévue huit jours plus tard. Le 31 octobre, ils sont déjà beaucoup moins nombreux à se présenter aux portes du numéro deux de la minuscule rue du… Conservatoire, dans le 9e arrondissement. Ils seront encore bien moins à y rester car, cette année, il n'y a que vingt places à prendre, hommes et femmes confondus. Ce jour-là, Jean-Paul monte au créneau avec *Le Bourgeois gentilhomme* puis *ex abrupto*, c'est la coutume, il se voit proposer de jouer Mascarille dans *Les Précieuses ridicules*. Le jury confirme sa bouderie, et lui refuse finalement le statut d'« élève ». Mais il accepte quand même de le recevoir en qualité d'« auditeur ». Un subtil distinguo, qui n'empêche pas le candidat de suivre les cours, tout en lui interdisant d'y prendre part.

Le Conservatoire national supérieur d'art dramatique est une très vieille institution : sa création remonte à 1784. À l'origine, on y apprenait à chanter. Ce qui se nommait alors l'École royale de chant se transforma peu à peu en Conservatoire national de musique et de déclamation. Ce n'est qu'en 1934 qu'un nouveau libellé fut choisi : Conservatoire national de musique et d'art dramatique. Enfin, l'hydre à deux têtes se scinda, au lendemain de la Seconde Guerre mondiale, en deux établissements désormais bien distincts : le Conservatoire supérieur de musique et le Conservatoire national supérieur d'art dramatique, lequel vient d'entrouvrir ses portes à celui qui triomphera bien des années plus tard en incarnant sur scène Kean et autres Cyrano de Bergerac. Les classes d'interprétation sont assurées par des acteurs et des metteurs en scène professionnels et toujours en activité, souvent fort connus, tels Joël Jouanneau ou Daniel Mesguich aujourd'hui. De cette formation, certains feront leur miel, comme Antoine Vitez : « Le travail d'école est un cahier d'exercice perpétuel. J'ai trouvé là tout ce que j'aurai fait. Je ne peux pas dire qu'il n'y ait pas de différence entre l'école et la scène. C'est l'école qui est la première, l'école est le plus beau théâtre du monde. Car l'école est un théâtre libre, exempt de contraintes de toute production, et surtout, de tout accord avec l'opinion courante. »

Lorsque Jean-Paul Belmondo accède au saint des saints, l'école ne s'est toujours pas remise de la perte de celui qui fut longtemps sa figure de proue : Louis Jouvet.

Son enseignement ne sera donc pas pour lui. Une certitude malheureuse qui s'ajoute à bien des inquiétudes. Car son statut d'auditeur, et non d'élève, en fait une sorte d'électron libre que l'on finit par caser, après bien des hésitations, dans la classe de René Simon où il n'est pas accueilli à bras ouverts. Sa dégaine, son visage marqué ne correspondent pas, mais alors, pas du tout, aux canons de l'époque. On ne se prive pas de le lui faire savoir. Comme il lui est interdit de participer activement à la formation du Conservatoire, il n'a pas non plus l'occasion de vérifier si, oui ou non, il est vraiment apte à embrasser la carrière d'artiste dramatique. Restant sur la touche, il rumine des idées noires, en particulier la condamnation d'André Brunot, qui l'obsède. Il décide alors un coup de force et supplie le maître René Simon de lui donner son avis, malgré le règlement, sur ses capacités d'interprète. Le résultat dépassa ses pires craintes : il lui est vivement conseillé, cette fois encore, d'abandonner toute ambition théâtrale. Voire de s'engager dans l'armée en devançant l'appel s'il n'a pas d'autres projets plus sérieux.

Nul n'est à l'abri d'un petit coup de déprime, même quand on a la chance d'être né avec une volonté de fer. Et puis, à dix-huit ans, tous les doutes sont permis lorsque le monde des adultes paraît ligué contre vous. Mais c'est surtout par défi que le jeune Jean-Paul, rageur, prend son maître au mot : il décide d'enrichir les effectifs militaires. Le voici donc montant la garde à la caserne Dupleix, que la spéculation immobilière parisienne a, depuis, fait disparaître. Son coup de blues dissipé, le soldat Belmondo continue de mettre à profit son temps libre pour aller, en uniforme, assister aux cours de René Simon. Au défi, il ajoute un petit pied de nez, en participant à un spectacle sur la minuscule mais célèbre scène du Théâtre de la Huchette, une pièce de Cyril Tourneur : *Gloriana sera vengée.* La particularité de l'entreprise est qu'elle est due à Jean-Pierre Mocky, de trois ans son aîné et, comme lui, au Conservatoire. Celui qui, dès 1959, deviendra un cinéaste atypique et marginal, montait et interprétait alors des pièces de théâtre : Feydeau, Cocteau ou même Julien Gracq. D'origine polonaise et né à Nice, il avait raccourci son nom, de Mokiejewski à Mocky. La distribution, pléthorique pour la Huchette, comptait une quinzaine de comédiens. Jean-Paul Belmondo, sous le nom de Jean-Paul Belmond, jouait un hallebardier : logique, pour un soldat.

À l'aube de 1952, tout ne va pas si mal pour le jeune homme. Grâce à sa ténacité, il va réussir à briser la spirale de la malchance. En janvier, il postule encore au statut d'élève à part entière, et repasse une audition devant le jury du Conservatoire… sans succès. Mais il tiendra enfin sa revanche à la seconde session d'octobre. La concurrence, pourtant, est particulièrement redoutable, et compte de fortes personnalités, tels son ancien complice Guy Bedos, l'immense Jean-Pierre Marielle – qui, lui aussi, repasse le concours d'entrée –, le polyvalent Roger Coggio, le ténébreux et rigoriste Gérard Blain, le pétillant Jean Amadou, ou encore le très charmeur Jean-Louis Trintignant. Un environnement qui dut le stimuler, puisqu'il fut enfin inscrit, au terme de ce nouveau parcours du combattant, sur la liste de l'élite du Conservatoire, c'est-à-dire celle, bien sûr, des « élèves » à part entière. Et comme un bonheur n'arrive jamais seul, il parvient à s'acquitter de son contrat trop vite signé avec l'armée.

A priori, rendre son uniforme n'est pas chose facile. Mais Jean-Paul Belmondo a un atout dans son jeu qui lui permettra souvent de gagner la partie : son fameux nez écrasé par le poing d'un potache. Depuis, cet appendice est fragilisé. Il réagira donc très mal à la crosse d'un fusil venue malencontreusement le heurter. Dès lors, le soldat Belmondo rougit régulièrement des mouchoirs dans l'indifférence générale. Jusqu'au jour où un gradé plus perspicace que les autres, et peut-être tout simplement plus humain, décide de signaler aux autorités médicales militaires le souci de la recrue. Mais l'enfer des soldats est aussi parfois pavé de bonnes intentions et le remède, en l'occurrence, s'avérera plus nocif que le mal. Envoyé à l'hôpital militaire du Val-de-Grâce, Jean-Paul se retrouve dans les mains assez inexpertes de médecins qui aggravent son cas. Mais comment se débarrasser d'un malade aussi rétif aux thérapies de la médecine en uniforme ? La réponse va de soi : en entamant une procédure de réforme. La nouvelle recrue du Conservatoire national supérieur d'art dramatique quittera donc, sans gloire ni galons, un costume endossé pour une insolite année de théâtre aux armées.

Libre de ne plus fréquenter ni la caserne Dupleix, ni l'Avia Club, Jean-Paul Belmondo a désormais tout le loisir de se consacrer à sa vie d'étudiant. Il se glisse avec bonheur dans la peau des apprentis comédiens de sa génération, toutes classes du Conservatoire confondues. Il va ainsi côtoyer Claude Rich, Annie Girardot, Paul Guers, Michel Beaune, Pierre Vernier, Françoise Brion, Pierre Vaneck, Yves Gasc, Nicole Blondel, Louise Sainjon… Peu à peu, se nouent de solides amitiés, que le temps renforcera encore. Parmi ceux qui feront partie de la « bande à Belmondo », de cette garde rapprochée à la fidélité à toute épreuve, deux au moins réaliseront de brillantes carrières au théâtre comme au cinéma : Jean-Pierre Marielle et Jean Rochefort.

Originaire de Dijon, Marielle aimait monter des petits spectacles dans son lycée, sous l'œil bienveillant de son professeur de lettres. C'est même lui qui le convainquit d'aller tenter sa chance ailleurs. Il monta à Paris dès que possible, et après un passage rue Blanche, il s'empressa de réussir brillamment le concours d'entrée au Conservatoire. Une formation qu'il n'hésitera pas, comme son ami Belmondo, à remettre en cause : « J'étais très mal employé. Rue Blanche, à cause de mon physique, de ma voix et de mes moyens, on m'avait dirigé tout de suite vers des personnages pompeux, solennels et tragiques. J'ai travaillé les augustes, les pères nobles. Je m'ennuyais mortellement. Heureusement, vint le jour où, avec des camarades, nous avons monté *Le Chandelier* de Musset et j'ai pu commencer à jouer des personnages de comédie », confia-t-il à *Ciné-Revue*. Mais si les deux amis s'apprécient, ce n'est pas seulement parce qu'ils partagent le même point de vue sur l'apprentissage du théâtre. Comme Belmondo, Marielle adore flâner dans les rues de Paris. « On se baladait dans les rues, dans les bars, comme des personnages de Scott Fitzgerald. On écoutait du jazz. On fréquentait des bouges. On se gargarisait de la gueule des gens. Ce que j'aimais traîner, zoner, errer ! » Second prix au concours de sortie, Marielle sera accepté comme stagiaire à la Comédie-Française. Désormais à la tête d'une carrière impressionnante, il se considère avec malice, du haut de son mètre quatre-vingt-dix, comme « l'un des plus grands acteurs de son temps » et continue d'écouter du jazz, à défaut de fréquenter des bouges.

La fulgurante ascension de son pote Belmondo ne lui posera aucun problème : « Il existe : tout le monde parle de lui. Il est désigné comme un personnage mythique et légendaire. En fait, il y a toujours eu, à toutes les époques, “la” star de cinéma. C'était Gabin avant lui. Actuellement, c'est Belmondo. Il importe à ceux qui l'aiment, qui sont ses amis et qui ont beaucoup d'estime pour lui, de s'en réjouir. Plutôt que d'éprouver de l'envie, je ressens de la fierté et du contentement. C'est un ami intime, et il serait stupide de ma part de ne pas me réjouir de son succès. » Même tranquille amitié de la part de Jean Rochefort, que l'on verra souvent aux côtés de Jean-Paul Belmondo dans les moments les plus importants de sa vie. Rochefort, lui, est arrivé de Nantes, avec le lourd handicap d'être un fils de « bonne famille ». Dans son milieu, vouloir faire l'acteur était aussi ahurissant que de postuler à l'usine. Au moment où son frère aîné sort de Polytechnique, il entre au cours de la rue Blanche. Du Conservatoire, il se rappellera qu'on lui faisait jouer « les vieillards », tandis que son ami Jean-Paul « interprétait les valets débiles à accent bourrichon ». Avec son éternelle moustache et son air distingué, Jean Rochefort crut longtemps que son emploi était celui de jeune premier. Mais les temps avaient changé, Belmondo allait bientôt en faire la preuve. Rochefort devra attendre les années 1970 : Bertrand Tavernier, avec *L'Horloger de Saint-Paul* puis *Que la fête commence*, saura lui donner sa vraie place : celle d'un excellent acteur de composition, une espèce rare, déjà en voie d'extinction.

Mais, parmi les fidèles, d'autres éléments de la « bande à Belmondo » sauront tout aussi bien tracer leur chemin, même si celui-ci emprunte moins le territoire du cinéma. Le solide Michel Beaune, par exemple, qui, toujours, préférera les planches, ou encore Pierre Vernier, qui saura acquérir une vraie popularité à la télévision. Au moment où il entre dans la bande, Vernier a déjà accompli une année de Conservatoire et gagne sa vie en faisant l'ambulancier. Il deviendra vedette dans *Rocambole* et confirmera en interprétant l'inspecteur Sotero, l'adjoint du commissaire Bourrel dans la célèbre série *Les Cinq Dernières Minutes*. Anglophone, on le verra apparaître dans le non moins populaire *Chapeau melon et bottes de cuir*. Avec ses yeux verts et son tendre sourire, Pierre Vernier, grand admirateur de Charles Trenet, aurait voulu devenir chanteur. Cela restera un hobby, comme le cheval, qu'il pratique à la perfection depuis *Rocambole*, ou bien les voitures de sport, qui lui vaudront une licence nationale de coureur automobile. Et quand il a un peu de temps, il s'occupe d'oiseaux, une activité qu'il mène tout aussi sérieusement que les autres, au point de devenir « bagueur » officiel pour le Muséum d'histoire naturelle.

Les années Conservatoire sont celles de la liberté pour Jean-Paul Belmondo et ses copains. Ils ont ou auront bientôt vingt ans et ce sera, pour beaucoup d'entre eux, le plus bel âge d'une vie qu'ils dépensent sans compter : « C'était pour moi le règne de l'insouciance et du bonheur de vivre, sans tracas matériels. On passait nos journées à ne rien faire et à jouir de notre jeunesse. C'était l'époque des nuits d'amour et des caves de Saint-Germain-des-Prés. On dansait, on faisait les cons. On était heureux sans le savoir. Dans les journaux sérieux, de graves messieurs s'entretenaient déjà de cette jeunesse en péril dont on faisait partie. Aujourd'hui, les mêmes empêcheurs de tourner en rond, ou leurs remplaçants, se créent les mêmes problèmes... En écrivant, dans *Les Trois Soldats*, que "la jeunesse n'est pas une valeur en soi", Dos Passos a fait l'une des plus grosses bourdes qui soient. »

Une telle fureur de vivre était-elle importable derrière les murs du Conservatoire ? Affecté à la classe de Pierre Dux pour apprendre les ficelles du métier de valet du répertoire classique, Jean-Paul Belmondo étouffe très vite. Sa bonne humeur, son franc tempérament et sa décontraction naturelle déplaisent à son nouveau maître.

Leur goût commun du théâtre, qui devrait les rapprocher, est très vite submergé par un conflit des générations qui va tourner au psychodrame, comme en témoigne Jean Rochefort dans un entretien avec Philippe Durant : « C'était deux mondes qui s'affrontaient. D'un côté, Jean-Paul avec son indolence, sa complète contemporanéité, et, de l'autre, Pierre Dux, qui tenait par-dessus tout au classicisme dans sa convention et sa sclérose. Et puis, Jean-Paul emmagasinait des sensations, des émotions, mais il était comme moi, en ce sens que nous pouvions vivre un mois ou deux sur une même scène que nous avions apprise par cœur. Ce qui nous faisait passer, à ses yeux, pour des fainéants. Il y a donc bien eu deux mondes, qui se sont croisés sans s'interpénétrer. Comme un mur entre nous. L'ambiance du cours n'avait pas cette originalité, cet enthousiasme, cette créativité que nous désirions tant. »

Même son de cloche de la part de Claude Rich, pourtant le préféré de Pierre Dux : « Jean-Paul avait tellement de naturel… Il réinventait la vie. C'était un petit animal qui jouait sans jouer. Tout lui venait de l'intérieur. Nous, nous jouions, ce qui n'était déjà pas si mal, mais c'est seulement petit à petit que nous sommes arrivés à jouer ce qu'il y avait en nous. Jean-Paul a été, en ce sens, un précurseur pour nous tous. Il a imposé quelque chose de nouveau par rapport à tous les acteurs d'avant. » Jean-Paul Belmondo va initier une véritable révolution dans le jeu d'acteur, que tous découvriront dans *À bout de souffle*, le premier long-métrage de Jean-Luc Godard. Il est permis de comparer ce bouleversement avec celui qu'opère au même moment le fameux Actor's Studio, fondé en 1947 par Lee Strasberg et Elia Kazan aux États-Unis. À l'opposé, semble-t-il, de l'enseignement ultra orthodoxe du Conservatoire parisien, le laboratoire d'interprétation new-yorkais applique la fameuse « méthode » selon laquelle l'identification doit être aussi totale que possible entre la personnalité profonde de l'acteur et le personnage qu'il joue. Certes, le système américain s'appuie sur la névrose supposée de chaque individu, qui s'exprime ensuite à travers une certaine violence interprétative : ce n'est pas le jeu de Jean-Paul Belmondo. Mais dans les deux cas, on cherche à mettre en valeur le naturel. Et le cousinage entre le comédien français et les émules de l'Actor's Studio, James Dean, Marlon Brando ou John Cassavetes, est assez troublant.

Faute d'un Strasberg pour faire émerger son moi profond, Jean-Paul Belmondo développe ses qualités de comédien en arpentant la ville avec ses meilleurs copains. Une rue, un quartier deviennent une scène de théâtre. Parfois, les passants font, malgré eux, de la figuration intelligente, et participent à leurs sketches improvisés. Marielle et Belmondo avaient mis au point un numéro fort efficace : ils se faisaient passer pour deux frères, dont l'un – en général, Jean-Paul Belmondo – présentait tous les symptômes d'une profonde débilité. Un malheureux badaud était alors choisi et arrêté par Jean-Pierre Marielle, qui, d'un ton grave, lui demandait de surveiller son idiot de frère pendant quelques instants, le temps de faire un saut dans un magasin. La victime désignée vivait alors les moments les plus gênants de sa vie, face à un Belmondo soudain hystérique et déchaîné, à la grande joie du reste de la bande, postée sur le trottoir d'en face. Ils avaient, sans le savoir, inventé la caméra cachée.

C'est l'époque où se cristallisent des admirations qui nourriront toute une vie. Pitre de rue pour un théâtre de plein air qui ne dit pas son nom, Jean-Paul Belmondo fréquente assidûment le Champo ou la Cinémathèque française d'Henri Langlois, dont le siège se trouve alors avenue de Messine. Il écume les théâtres, court applaudir Michel Simon – qu'il imite à la perfection –, Jules Berry, Pierre Brasseur… « À l'époque du Conservatoire, je suis allé voir Pierre Brasseur dans *Kean*, au Théâtre Sarah-Bernhardt. J'ai été ébloui. Je l'avais déjà vu au cinéma, bien sûr, mais sur scène… Il était incroyable. J'en suis sorti bouleversé. » Tellement bouleversé qu'il choisira *Kean* pour son grand retour au théâtre, en 1987.

Footballeur et romantique

Pour se dépenser, il y a aussi le foot, que Jean-Paul pratique avec l'équipe des Polymusclés, dirigée par Roger Bastide, le journaliste sportif, grand spécialiste du Tour de France. Cette équipe se compose de joueurs dont la notoriété ne doit pas grand-chose au ballon rond : Jean Becker, Claude Brasseur, Mario David, Félix Marten, Robert Chapatte, Gil Delamare, Georges de Caunes, Charles Gérard. Pour rien au monde, Belmondo n'aurait laissé sa place de gardien de but. Il excelle d'ailleurs en tant que *goal keeper*, voulant, dans ses sorties pleines d'audace, ses folles envolées, être digne du héros de son enfance, le gardien du team tricolore, René Vignal, surnommé par les Anglais le « Flying French man ». De remarquables photos montrent Jean-Paul en train d'opérer en extension face aux buteurs adverses. La grande équipe rivale des Polymusclés est celle des Scotchmen avec, dans leurs rangs, Jacques Charrier, Alain Barrière, Jean-Claude Drouot, Marcel Bozzufi, Pierre Massimi, Roger Hanin, Sergio Gobbi, Gilles Durieux. Le match au sommet s'est déroulé un dimanche après-midi à Corbeil-Essonnes, sous la neige, devant mille deux cents spectateurs. Les Polymusclés ont eu beaucoup de mal à l'emporter, par un but à zéro. Il est vrai que Belmondo a stoppé un penalty, tiré trop mollement par Jacques Charrier, et réalisé de nombreux arrêts spectaculaires.

Pendant ce temps, Paul Belmondo, dans son atelier de Denfert, a beau n'être toujours pas rassuré sur l'avenir de son fils, il ne le montre pas trop, se contentant de reconnaître qu'il a, comme lui, de la suite dans les idées. Fidèle à sa méthode, il se rend chaque matin avenue Denfert-Rochereau pour dessiner d'après modèle, et consacre son après-midi à la sculpture. Les commandes officielles tardent à venir, mais il se rattrape en réalisant des portraits d'amis, souvent originaires d'Afrique du Nord, comme lui : Emmanuel Roblès ou l'Algérois Albert Camus, qui a fondé *Combat*, le journal de la rue du Croissant, au cœur de la presse parisienne d'alors. Paul continue d'aller au Louvre le dimanche, quand il ne travaille pas dans son atelier. En attendant une consécration qui finira par arriver, grâce, entre autres, aux coups de pouce d'un fils au faîte de sa gloire, il est récompensé de sa persévérance : en 1952, on l'engage en qualité de chef d'atelier de dessin à l'École nationale des beaux-arts.

Cette promotion ravit Jean-Paul, bien qu'il ait pris quelques distances avec le nid familial. Des distances relatives, toutefois : « On a écrit partout, précisera-t-il, que pendant des années, réduit à mes seules ressources, j'ai trempé mon pain dans l'eau des ruisseaux. On m'a décrit habitant des soupentes sordides entre deux domiciles volants, et couchant presque sous les ponts. J'aurais soi-disant passé des nuits aux Halles, affamé, dormant sous l'aile d'une quelconque Julie la Rousse ou jouant au tarot avec les clodos de la place Maubert. Je dois admettre que ces extrapolations ne m'ont pas entièrement déplu : c'est toujours flatteur de s'entendre dire qu'on a eu un passé d'aventurier, surtout quand on n'a pas eu à en souffrir. Mais tout cela est fort inexact et, en fait, ma vie s'est déroulée beaucoup plus calmement. N'oubliez pas que je suis un fils de grands bourgeois. Ne croyez pas qu'avec un père riche, un fils puisse être réellement pauvre ! » La vérité est effectivement tout autre. Si Jean-Paul zone parfois avec ses copains aux Halles, alors encore le « ventre de Paris », ce sont surtout les beaux quartiers qu'il fréquente : Montparnasse, Saint-Germain… Et s'il gîte en dehors du foyer familial, ce n'est jamais que dans le même immeuble de la rue Victor-Considérant, deux étages plus bas, dans un confortable trois-pièces.

Mais l'aventure que sa naissance lui interdit de connaître est tout de même dans sa tête. Il dévore de préférence les livres des rebelles et des aventuriers, Céline et Rimbaud. Du poète vagabond qui ira se perdre dans un recoin d'Afrique, il retient la révolte et la ténacité, auxquelles il rendra hommage quelques années plus tard, dans sa préface à une édition d'*Une saison en enfer*. Ses mots apportent un éclairage sur sa propre personnalité :

« Quand je suis trop calme – ou fatigué – je lis Rimbaud. Il me réveille. Il me refait une nervosité. Je reçois tout de suite une décharge d'électricité. La poésie de Rimbaud, c'est un remède pour l'action. Avec l'adolescent de Charleville, on entre dans le domaine de la révolte (et avec lui, pas de quartier !). Les notions d'ordre et de confort intellectuel sont remises en question. Rimbaud est furieux de n'être pas, dans tous les domaines, un champion de force, d'intelligence et de charme. Il est contre ce qui a bonne réputation, dans les idées, chez les hommes. De ses angoisses, de sa rage, il a fabriqué une sorte de bélier pour tout démolir. Moi, je trouve ça tonique. Rimbaud me donne tous les courages. »

Sa révolte à lui passera par d'autres façons de se mettre en danger. Et, pour le moment, le bélier qu'il s'est lui-même fabriqué tente d'enfoncer, à grands coups d'incessantes facéties, un conservatisme dont le pauvre Pierre Dux est le parfait symbole. Le jeune élève de première année, las des réflexions de son directeur d'études lui reprochant d'arriver en pull-over à col roulé, et non en costume-cravate, déboule un jour flanqué d'un clochard rencontré dans la rue, qu'il fait passer pour son père. Touché, et soudain compréhensif à l'égard des tenues de son élève, Pierre Dux organise une quête pour aider les deux miséreux à se vêtir plus décemment. Une fois dévoilée, la farce n'arrangera nullement des relations déjà bien tendues.

Avec le foot, le Conservatoire, les cafés, les copains, la Cinémathèque et les spectacles théâtraux, il y a déjà de quoi bien remplir une vie. Cela ne suffit pas à Jean-Paul Belmondo, auquel il manque le contact avec le public – ce fameux public, maître mot sur lequel il bâtira sa carrière, au cinéma comme sur les planches. Or, au Conservatoire, il n'y a pas de public, si ce n'est les autres élèves et les professeurs. Le vrai public, celui qui paie sa place et a envie de vous voir, il faut aller le chercher ailleurs. En ce début 1953, Jean-Paul a donc les oreilles qui traînent du côté des nouvelles productions. Le metteur en scène André Barsacq, directeur du joli Théâtre de l'Atelier, à Montmartre, lui propose un petit rôle, aux côtés de Jean Servais et de Michèle Alfa, dans une pièce de Jean Anouilh : *Médée.*

Jean Anouilh est alors un auteur à la mode. Né à Bordeaux en 1911, ancien secrétaire de Louis Jouvet avec lequel il ne s'entendait guère, Anouilh eut la chance de rencontrer en 1937 Sacha Pitoëff et André Barsacq qui monteront, avec succès, ses premières pièces, *La Sauvage* et *Le Bal des voleurs.* Il sera définitivement intronisé comme l'un des plus grands dramaturges de son temps grâce à *Antigone*, régulièrement montée. L'une des particularités de la pièce est d'avoir osé transposer en costumes de ville une tragédie de Sophocle. Aujourd'hui, cela semble bien banal. Mais en 1944, date de sa création, cet accent de modernisme donné à un monument du répertoire classique, pour ne pas dire antique, suffisait à bouleverser les mœurs théâtrales. Antigone, au demeurant, est une superbe figure du cycle œdipien qui rassemble sur elle toutes les vertus de la fidélité filiale et qui va se dresser face au pouvoir de Créon, symbole odieux du crime au nom de la raison d'État. *Médée*, en quelque sorte, procède du même principe de « dépoussiérage », bien que la pièce d'Euripide ait été déjà revue et corrigée, plus près de nous, par Corneille lui-même. Personnage de la mythologie grecque, Médée égorgeait ses enfants pour se venger de Jason, chef des Argonautes, à la recherche de la Toison d'Or et, subséquemment, son mari infidèle. La tragédie de Médée inspira également nombre de peintres, dont le grand Delacroix. Quant à Jean Anouilh, il ne se contente pas d'importer ces personnages fabuleux dans le contexte de son XXe siècle, il leur confère une nouvelle identité bien terrestre puisque le drame se déroule dorénavant dans un camp de gitans. Jean-Paul Belmondo, alias encore, Jean-Paul Belmond, petit gilet de berger sur chemise bouffante, a pour attribution, modeste mais déterminante, de représenter le messager qui vient annoncer la mort de Jason.

À l'annonce de son engagement dans une telle aventure, gagnée d'avance, puisque l'auteur est au zénith de sa gloire, ses petits camarades du Conservatoire pâlissent d'envie. Qui plus est, ce *Médée* étant un peu court, le directeur de l'Atelier l'a couplé avec un autre spectacle, *Zamore*, une tragédie de Georges Neveux interprétée par André Versini, Caroline Cler et… Jean-Paul Belmond ! De quoi doublement se réjouir. Pas pour longtemps. Le public parisien bouda ouvertement, et pour la première fois, Jean Anouilh. La seconde pièce étant asphyxiée par la déroute de la première, André Barsacq décida d'arrêter les frais. Redevenu Belmondo, le messager déconfit reprit ses cours, non sans avoir soupiré : « *Médée* est le premier bide de Jean Anouilh, et je joue dedans ! » Il n'eut heureusement pas le temps de s'en affliger longtemps : on l'attendait au Conservatoire pour une nouvelle série d'auditions, appelée « examen de niveau ». Le jury, décidément cohérent, accueillit une fois encore sa prestation sans beaucoup d'enthousiasme. L'année ne commençait pas très bien.

Jean-Paul Belmondo, vingt ans, allait pourtant prendre une revanche, mais sur le plan privé. Au cours de ses virées nocturnes, il lui arrivait de passer au Club Saint-Germain. C'était l'un des nombreux lieux de l'après-guerre où jeunes gens et jeunes filles s'éclataient, comme on dirait maintenant, au rythme d'un jazz alors très tonique. Ce qui est devenu depuis un genre musical écouté aussi religieusement qu'une cantate de Bach ou un opéra de Mozart, était alors intimement lié à l'acte de danse. On pouvait s'y adonner soi-même si l'on était assez souple, ou bien assister à des exhibitions de danseurs plus ou moins professionnels. Renée Constant était l'une de ces ballerines de la nouvelle musique importée des États-Unis ; elle dansait le be-bop à merveille. Son contrat avec le Club n'était pas mirobolant, mais il lui permettait de rentrer chez elle en taxi après sa prestation et de s'offrir un repas au petit restaurant du coin fermant tard, L'Échaudé, dans la rue éponyme. On peut imaginer que sa dextérité et son charme naturel avaient sauté aux yeux du jeune comédien en goguette. Mais comme souvent, c'est elle qui fut la première à repérer celui qui deviendrait le père de ses trois enfants.

« J'ai aperçu Jean-Paul pour la première fois un soir de mars, se souviendra-t-elle lors d'une des rares interviews qu'elle accordera. J'étais assise avec des amis à la table du fond, près de la cuisine. J'avais commandé une entrecôte bordelaise. La porte s'est ouverte et Jean-Paul est entré avec des tas d'amis. Il portait un blouson de velours vert et un pantalon noir. Il avait les cheveux longs, beaucoup plus fournis et plus clairs qu'aujourd'hui. Il avait sans doute décidé ce soir-là de faire le fou. Il riait aux éclats et faisait le pitre. Ses amis riaient avec lui et, bientôt, un fou rire gagna tout le restaurant. Pendant tout son repas, entouré de pas mal de filles, il a continué à chahuter. Je crois l'avoir regardé très longtemps. Il m'amusait… Je le trouvais intéressant physiquement. » Et d'ajouter quand même : « Ce soir-là, je n'ai pas eu le coup de foudre. » N'empêche : Renée Constant venait d'entrer dans la vie de Jean-Paul Belmondo.

Mais en ce printemps 1953, ce début d'idylle ne bouleversera guère leurs habitudes respectives. Renée participe à de modestes tournées avec son groupe, les Latin Bop Stars ; Jean-Paul continue de courir les compagnies théâtrales pour décrocher des petits cachets, les seuls auxquels peut prétendre son juvénile talent. À ce moment-là, Renée ne s'appelait pas encore Élodie. « Nous nous voyions souvent, expliquera-t-elle, mais c'était plutôt en camarades. Ce qui nous a définitivement rapprochés, Jean-Paul et moi, c'est le film *Les Tricheurs* de Marcel Carné, dans lequel nous avons tourné ensemble. J'aimais déjà sa gentillesse, son comportement, tellement différent des autres. La plupart des garçons que je connaissais aimaient épater les filles en les sortant dans de belles voitures. Lui se contentait de sa petite 4 CV, qui tombait très souvent en panne ! Il était franc, sincère, naturel, pas sophistiqué. »

Le nom d'Élodie, Jean-Paul Belmondo le lui trouvera plus tard, dans une pièce de Tristan Bernard, intitulée *L'Ardent Artilleur*, où l'on peut lire ce dialogue qui pourrait être pris pour du Godard pur sucre :

LUI : Élodie ! Élodie !
ELLE : Mais je ne m'appelle pas Élodie !
LUI : Ça ne fait rien, parce que la femme de mes rêves s'appelle Élodie.

Pour « Renée-Élodie », dont Patricia, la fille aînée, naîtra en 1954, ce sera une époque particulièrement heureuse, malgré les difficultés professionnelles : « Nous menions une vie de bohème. Nous avions très peu d'argent. Jean-Paul n'arrivait pas à décrocher un rôle acceptable. Moi, j'avais mes maigres cachets de danseuse. Mais nous étions heureux. Nous habitions dans un logement appartenant aux parents de Jean-Paul, des gens très bien. J'étais vraiment tombée dans une famille d'artistes, charmante, sympathique, une famille sans préjugés bourgeois, qui m'a très vite admise. »

Qui perd gagne

En attendant un premier point d'équilibre, le tout nouvel élève du Conservatoire, qui continue de batailler avec Pierre Dux, n'a pas la moindre envie de tomber de Médée en Scylla. Il abandonne quelque temps sa quête auprès des scènes parisiennes pour se rapprocher d'un personnage déjà haut en couleur, néanmoins très sérieux pensionnaire de la Comédie-Française : Michel Galabru. S'il est suffisamment modeste pour rappeler dans un sourire la myriade de films alimentaires qui jalonnent sa longue carrière, n'oublions pas que ce grand acteur possède et dirige, aujourd'hui encore, une école de formation théâtrale à Montmartre. À l'époque, il organisait des spectacles en banlieue parisienne. Il y recruta Jean-Paul Belmondo, qui participa ainsi à quelques tournées périphériques de *George Dandin* et du *Médecin malgré lui.*

Quand il ne travaille pas avec Galabru, Jean-Paul va voir Annie Girardot, l'une de ses copines de Conservatoire, qui s'occupe d'un petit théâtre en province et y monte, elle aussi, des spectacles : Molière encore, mais aussi Goldoni ou Roussin. Et comme cela ne lui suffit pas, on le voit aussi au Théâtre Michel, toujours en 1953, garçon livreur de *La Reine blanche.* Sa prestation est payée six francs par soir. Le garçon livreur, au sommet de sa gloire, gagnera neuf millions de francs par film. On n'en est pas là : il faudra encore attendre quatre ou cinq ans pour que le cinéma commence à s'intéresser à ce personnage rieur et insolent. Lui-même, comme il se plaît à le répéter, n'y pense pas : le métier de comédien auquel il aspire est inséparable de la scène, et il recherche avant tout un contact direct avec le public. Aucune audace, aucun stratagème n'est à négliger, pour aller à la rencontre de ces spectateurs auquel il tient tant à plaire. Lors d'une représentation des *Précieuses ridicules*, il se prend les pieds dans un tapis et s'étale de tout son long. Ce jeu de scène n'est pas prévu, mais la salle le trouve si drôle qu'il le répétera désormais chaque soir, déclenchant les mêmes éclats de rire.

Parfois, surtout en banlieue parisienne, il n'y a qu'un public squelettique à distraire. Mais il faut assurer quand même. « Un soir, je ne sais plus où, Hubert Deschamps et moi avons joué devant deux spectateurs… deux ! vous vous rendez compte ? avouera Belmondo. On était tellement abattus qu'on s'est mis à boire. Moi, j'étais défait, vidé, désespéré. Deschamps, acteur solide et brillant, m'a répété le lendemain ce que je lui avais rabâché toute la soirée : “Qu'est-ce que je vais devenir ?” Il avait tenté en vain de me consoler, m'affirmant que ce sont des choses qui arrivent quand on débute. Ce soir-là, on s'est couchés complètement saouls. Mais je n'avais pas renoncé aux tournées pour autant. »

Cette fringale de public, cette frénésie à arpenter les scènes de théâtre pour jouer à peu près tout ce qu'on lui propose, finissent par porter leurs fruits. Même le jury boudeur du Conservatoire prend peu à peu conscience du professionnalisme de cet élève atypique. Jusqu'à le gratifier d'une très honorable appréciation lors d'un nouvel « examen de niveau », début 1954. Au même moment, Jean-Paul Belmondo, qui entre peu à peu dans les fichiers des directeurs de théâtre, se voit proposer *Crinolines et guillotine* à la Gaîté-Montparnasse : un montage de textes d'Henry Monnier, caricaturiste et dramaturge du XIXe siècle. En troquant son crayon de dessinateur pour une plume d'écrivain, il n'en est pas moins resté fidèle à sa première inspiration, et amènera sur scène son fameux personnage de Joseph Prudhomme, brave bourgeois un peu benêt, qui s'illustra dans des recueils comme *Physiologie du bourgeois* ou *La Religion des imbéciles. Crinolines et guillotine* est assez copieux, et le rôle de Jean-Paul Belmondo n'y est pas négligeable. On n'en est plus aux furtives apparitions de messagers ou de hallebardiers, ni même à un répertoire classique monté à la va-vite sur des scènes de banlieue. Ainsi, le travail du comédien ne passe pas totalement inaperçu.

Malgré tout, il n'en avait pas encore fini avec les hallebardiers… En cette même année 1954, il fut, avec quelques autres, purement et simplement convoqué par l'administrateur de la Comédie-Française, qui avait l'habitude de puiser dans le vivier du Conservatoire. En général, c'était pour boucher les trous – autrement dit, faire de la figuration. Et quand on est élève du Conservatoire, c'est-à-dire candidat à l'insigne honneur de faire partie de la Maison de Molière, ça ne se refuse pas. Jean-Paul et ses amis se retrouvèrent donc, après moult répétitions, sur la très respectable scène de la salle Richelieu. C'est ainsi qu'il tira un corbillard dans *Fantasio* d'Alfred de Musset, et joua de nouveau les gardes dans *L'Annonce faite à Marie* de Paul Claudel. La corvée déboucha sur un tout autre projet, au caractère étrangement prémonitoire : son premier film. Ce court-métrage, qu'en toute modestie, son auteur intitula *Molière*, est un document destiné aux circuits scolaires, sur l'art et la manière d'interpréter le répertoire classique. Il ne marqua personne, mais peut se vanter d'avoir Annie Girardot et Jean-Paul Belmondo à son générique.

Et voici 1955, année charnière. Si entrer au Conservatoire relève de l'exploit, en sortir n'est pas plus simple. Certes, son enseignement peut s'avérer utile pour un acteur, même s'il en conteste la méthode. Mais l'assiduité aux cours se justifie surtout par un objectif que vise la majorité des élèves : obtenir un prix pour être admis dans la Maison de Molière, ce qui implique de passer un nouveau concours. Et comme si cela ne suffisait pas, il faut se présenter en outre à un examen qui décidera si, oui ou non, le candidat est admis à prétendre audit concours !

Fréquentant l'illustre institution depuis trois ans, Jean-Paul Belmondo s'exécuta. L'examen eut lieu en mai et il eut le feu vert pour passer le concours en juillet. Si son grand copain Marielle parvint à décrocher un second prix, seul un accessit vint sanctionner sa tirade des *Fourberies de Scapin* et sa prestation dans *L'Ardent Artilleur*… La pièce aura eu au moins l'avantage de donner un nouveau nom à la jolie Renée Constant. Mais tout était à recommencer.

Mai 1956 : examen préalable emporté haut la main. Juillet 1956 : re-concours. Cette fois, c'est son fidèle ami Michel Beaune qui empoche un prix. Certes, Jean-Paul Belmondo sera cité aussi, au terme des deux épreuves – classique et moderne – auxquelles doit se soumettre tout candidat. Mais il ne lui sera accordé qu'un accessit : pas mieux que l'année précédente. Pour cette séance de rattrapage, il avait gardé Scapin, Tristan Bernard et son artilleur ardent ayant fait place à Feydeau, un auteur qui ne le quittera plus guère. Un choix particulièrement malicieux, car il comportait le dialogue suivant, que nombre de journaux et biographies se plurent à répéter par la suite :

> LUCILE : Vous avez sans doute passé par le Conservatoire ?
>
> ÉDOUARD (alias Jean-Paul Belmondo) : Le Conservatoire ? Parfaitement, j'ai passé devant !
>
> LUCILE : Ne m'avait-on pas dit que vous aviez eu un premier prix ?
>
> ÉDOUARD : Hein ? Oh ! Il y a si longtemps ! J'avais neuf ans, et puis c'était un premier prix d'orthographe !

Ce clin d'œil au jury, c'était un quitte ou double. Ce sera quitte. Gratifié de cet inutile accessit, il verra s'évanouir son rêve de Comédie-Française. Ce qui prouve qu'un aréopage de personnalités cultivées, capables de goûter l'humour d'un grand vaudevilliste, peut se transformer en un jury hermétiquement austère s'il se sent blessé dans son honneur. Mais la situation devait se retourner dans les minutes suivant la proclamation des résultats. Jean-Paul Belmondo est soudain saisi à bras le corps et porté en triomphe par ses compagnons de route Dominique Rozan, Bernard Woringer et Michel Beaune, indignés mais hilares. Le candidat malheureux en profitera pour adresser un bras d'honneur à ce jury indigne de Feydeau et de son bon serviteur…

En 1980, dans un supplément du *Parisien libéré*, il fait le point sur ces années Conservatoire, en commençant par décocher une flèche à celui qui, chargé de sa formation, s'était avéré si mauvais prophète : « Au Conservatoire, Pierre Dux disait que je ne pourrais jamais prendre une femme dans mes bras, que cela ferait rire tout le monde. J'étais condamné aux valets débiles. Si j'avais eu des complexes, j'étais foutu. C'est néanmoins une période que j'ai beaucoup aimée, où je me suis fait, finalement, tous mes vrais amis : Jean-Pierre Marielle, Jean Rochefort, Bruno Cremer, Pierre Vernier, Michel Beaune, toute cette bande… C'était notre période estudiantine à nous. On était un peu les ringards : on arrivait avec des cols roulés, les cheveux trop longs, ça choquait les professeurs. La Comédie-Française est au bout du Conservatoire. C'est un tort, parce que le Conservatoire, c'est fait pour tout le monde. Tant mieux pour ceux qui entrent au Français, mais on n'a pas à s'occuper de ça. Les professeurs pensaient qu'on finirait au cabaret, ou même qu'on ne ferait pas carrière dans le spectacle. Je ne peux pas oublier ce jury qui m'a donné un rappel d'accessit en dernière année, ce qui était le pire des affronts. Ces gens-là étaient tous persuadés que je n'avais rien à faire dans ce métier. Évidemment, maintenant, les mêmes doivent se dire que le cinéma est une chose curieuse, que n'importe qui peut y réussir. [...] Le métier d'acteur ne s'apprend pas dans un cours de conservatoire, mais dans la rue. Il faut regarder autour de soi, les vieux acteurs disent toujours ça. Il se trouve que c'est la chose la plus juste. À l'époque, je me baladais énormément dans les rues. Tout ce que j'y ai vu m'a appris énormément. Quand je préparais un rôle au théâtre, je marchais la nuit et je répétais mon rôle comme ça. Les gens devaient me prendre pour un fou. Je me rappelle le matin où j'ai passé mon concours. J'étais au jardin du Luxembourg dès l'ouverture et les gardes étaient atterrés de voir un mec déclamer tout seul. Les bistrots aussi, surtout en France, sont une école extraordinaire pour un acteur. J'ai entendu des dialogues qui m'ont servi quinze ans après. J'y ai saisi des réflexions ou des types d'individus dont je me suis inspiré plus tard, quand je travaillais un nouveau personnage. Je crois à l'école de la rue. Je pense d'ailleurs sincèrement qu'elle est bonne pour tous les métiers. »

Cette intéressante profession de foi est aux antipodes de l'apologie d'un Antoine Vitez pour qui « l'école est le plus beau théâtre du monde ». Mais on est proche de ce que Jean-Paul Belmondo, définitivement rendu à lui-même et à sa chère rue, allait donner au monde du théâtre et, surtout, du cinéma : ce jeu naturel, qui va changer la donne, faisant souffler sur scène comme à l'écran un vent de liberté. Ironie du sort : au moment où le fils tourne définitivement le dos à l'enseignement traditionnel, le père obtient sa titularisation de professeur à l'École nationale supérieure des beaux-arts. Pour Paul Belmondo, c'est la confirmation d'une reconnaissance qui continuera de grandir.

En 1956, Paul Belmondo reçoit aussi le Grand Prix des Beaux-Arts de la Ville de Paris. Pour le petit sculpteur en herbe de Bab el-Oued, s'ouvre la voie de l'Institut de France, fédération d'académies réunissant le gratin du monde scientifique et artistique. Si les quarante « immortels » de l'Académie française ont soigné leur image de marque auprès du grand public, d'autres académiciens fréquentent aussi ces lieux de prestige, notamment ceux de l'Académie des beaux-arts. Paul Belmondo y sera reçu en 1960 et y occupera le fauteuil d'Ovide Yencesse, médailleur né à Dijon qui grava nombre de ses illustres contemporains.

Quant à Jean-Paul, descendu du socle triomphal formé par les bras bienveillants de ses potes de Conservatoire, il allait pouvoir profiter de vacances bien méritées. Mais, de retour à Paris quelques semaines plus tard, il ne reçut pas la moindre proposition. Pas l'ombre d'un engagement ne figurait dans son planning de rentrée. Pire encore : il avait beau s'être mis en chasse et avoir déployé tout son savoir-faire pour courir le cacheton, il restait sur le carreau… ou plutôt, le pavé de ces rues parisiennes qu'il aime tant. Et il avait raison : c'est là que la Providence est venue voler à son secours.

Débuts au cinéma

Un monsieur qu'il ne connaît pas – peut-être un spectateur des petites scènes de banlieue du temps des tournées Galabru – aborde Jean-Paul en plein Paris, et lui demande sans ambages s'il souhaiterait tourner dans un film qu'il est en train de préparer : *Dimanche, nous volerons.* Il se nomme Henri Aisner, ce qui n'avance guère son interlocuteur. Henri est pourtant monteur chevronné et réalisateur professionnel. Certes, sa filmographie est encore bien courte – et le restera. Quand il se propose d'engager Jean-Paul Belmondo, il a déjà signé un long-métrage, en 1948 : *Le Mystère de la chambre jaune*, deuxième adaptation du célèbre roman de Gaston Leroux, après celle de Marcel L'Herbier, en 1930. Celle-ci ne vaut guère mieux que la première, si ce n'est le plaisir d'y voir le beau Serge Reggiani en Rouletabille.

Il n'est jamais venu à l'esprit de Jean-Paul Belmondo de prospecter du côté du cinéma. Mais comme il est libre, un peu trop même, il n'hésite pas une seconde. D'autant que ce scénario qui tombe du ciel a l'air plutôt sympathique. D'abord, parce qu'il est question d'une bande de copains, et cela, il connaît. Ensuite, parce que le film semble vouloir se placer dans le courant français d'un cinéma populaire d'avant guerre, que son admiration pour Jean Gabin lui a fait découvrir à la Cinémathèque de la rue de Messine. Il y est question d'un groupe de jeunes ouvriers qui, le week-end venu, se retrouvent pour bricoler un vieil avion, symbole, bien sûr, d'une liberté arrachée aux cadences infernales de l'usine. Jean-Paul Belmondo y campera un bricoleur un peu poète qui grattouille la guitare, tandis qu'un autre débutant du nom de Michel Piccoli complétera une distribution qui est loin d'être anodine. Le tournage durera six semaines. Le film changera de titre, pour devenir *Les Copains du dimanche* ; il aura même sa chanson-phare, *Avec ses dix doigts.* Une illustration musicale rappelant immanquablement la fameuse rengaine entonnée par Gabin dans *La Belle Équipe* de Julien Duvivier.

Le film étant produit par la Coopérative générale du cinéma français, une émanation de la CGT, il est promis aux circuits privés du syndicat, sans bénéficier de la moindre sortie dans les « théâtres cinématographiques », terme administratif désignant les salles de cinéma. Ce que regretta longtemps Jean-Paul Belmondo : « Quand je suis devenu une vedette, les producteurs essayèrent de le placer auprès des distributeurs, en vain. Il existe comme cela des films maudits qui, sans interdictions particulières, restent dans leurs boîtes, on ne sait pas trop pourquoi. *Les Copains du dimanche*, sans être une œuvre remarquable, était un petit film réaliste, tourné en décors naturels, et qui, avec l'appui de mon nom, aurait pu faire une honnête carrière. »

En réalité, *Les Copains du dimanche* sortira discrètement en 1967, mais il faudra attendre 2003 pour retrouver la trace du film d'Henri Aisner, enfin proposé en DVD. Quant à son auteur, il récidivera en 1957, en réalisant un étrange projet franco-tchécoslovaque : *Liberté surveillée* avec Marina Vlady et Robert Hossein.

Ce premier film ne sortant pas des cartons, il ne restait plus à Jean-Paul qu'à revenir mendier un petit rôle auprès des vrais théâtres. Son premier contact fut prometteur : la célèbre compagnie Grenier-Hussenot montait un Feydeau et proposa au jeune acteur de faire partie de la distribution. Il s'agissait de l'un de ses chefs-d'œuvre : *L'Hôtel du libre-échange*. Cette compagnie a vu et verra passer nombre de comédiens de talent. Elle avait été créée après la guerre par deux anciens clowns qui se faisaient appeler Bobèche et Lapopie. Jean Anouilh avait dit d'eux : « Hussenot et Grenier ont un secret, le seul secret des poètes : ils sont restés des petits garçons. » En 1956, la Compagnie Grenier-Hussenot fêtait donc gaillardement ses dix ans d'existence et préparait des spectacles dont les auteurs étaient Peter Ustinov, Jean Giono, Jean Giraudoux ou encore le poète et psychanalyste belge Henri Bauchau. Pour *L'Hôtel du libre-échange*, on avait réservé à Jean-Paul Belmondo le personnage d'Ernest qui, en fait, n'intervenait que très peu. Mais l'environnement artistique était de qualité, et une grande photo de lui illustrait l'épais programme du spectacle, aux côtés d'Henri Virlojeux, Christian Marin, Jean-Roger Caussimon et Jean-Pierre Grenier.

Quelques semaines après la première, Jean-Paul s'aperçut que ce modeste rôle ne faisait pas avancer ses affaires d'un pouce et céda rapidement aux sirènes d'une autre offre, provenant cette fois du metteur en scène Jean le Poulain. Le spectacle était moins comique, mais plus prestigieux, puisque directement inspiré du *César et Cléopâtre* de Bernard Shaw, avec moult décors et figurants, le tout sur la grande scène panoramique du Sarah-Bernhardt et, cerise sur le gâteau, avec la participation de Jean Marais ! Jean-Paul, décidément fidèle à ses emplois de débutant, y jouera une fois de plus le hallebardier. Dans ces conditions, l'échange avec l'hôtel du même nom en valait-il la peine ? À lire le témoignage de Jean Marais lui-même, la réponse paraît claire : « Il interprétait une sentinelle peureuse, un soldat romain de deuxième classe. C'était un tout petit rôle. Mais il était fantastique... Et souvent, lorsque je sortais de scène, je restais en coulisse pour le regarder jouer, tellement je le trouvais formidable. »

Cet emploi permet à Belmondo de bien terminer l'année. Mais dès 1957, il lui faut reprendre la course au cachet, sans pour autant négliger le cinéma, auquel, grâce à Henri Aisner, il commence à prendre goût. Il croise ainsi le tout jeune cinéaste Louis Malle qui, après une assistance essentiellement technique auprès du commandant Cousteau pour *Le Monde du silence*, a décidé de frapper un grand coup, en restant, cette fois, seul maître à bord. Ce sera *Ascenseur pour l'échafaud*, un polar noir illustré par le trompettiste Miles Davis. Louis Malle cherche un petit voyou qui va singulièrement compliquer la vie, déjà pas simple, du héros de son film, qu'interprète Maurice Ronet. Curieusement, le cinéaste préférera le profil plus passe-partout de Georges Poujouly dont la carrière, depuis sa performance enfantine de *Jeux interdits*, ne cesse pourtant de décliner au fur et à mesure qu'il grandit.

Comme il ne faut jamais rester sur un échec, Jean-Paul se tourne vers un autre réalisateur, Maurice Delbez, qui ne marquera pas l'histoire du cinéma, mais signera tout de même un film à trois millions et demi de spectateurs : *À pied, à cheval et en voiture.* Le scénario, bien mince, conte les mésaventures d'un petit comptable qui s'achète une automobile. Le film a pour seul mérite d'égratigner gentiment la montée en puissance de la bagnole dans nos villes et nos campagnes. Et surtout, il met en scène le grand Noël-Noël, ancien chansonnier et dessinateur de presse devenu vedette de cinéma.

Maurice Delbez engage le jeune Belmondo pour l'avoir vu jouer au cours de Raymond Girard. Il fait appel également à Jean-Pierre Cassel dans quelques saynètes, dont une où les deux lascars font du porte-à-porte pour vendre des petits sonotones au mode d'emploi incompréhensible. Belmondo y donne aussi la réplique à la chevronnée Denise Grey et à l'ingénue Sophie Daumier, compagne de Guy Bedos. Longtemps, Jean-Paul Belmondo prétendit qu'il ne restait rien de son travail d'acteur dans *À pied, à cheval et en voiture* : « Avec mon ami

Jean-Pierre Cassel, qui essayait de mener de front une carrière de danseur et d'acteur, nous avions tourné une courte séquence de ce film. Comme ça arrive souvent avec les metteurs en scène de l'arrière-garde, elle a été coupée au montage. Nous, qui nous étions donné la peine de payer sept cents francs une salle de projection sur les Champs-Élysées, n'étions pas particulièrement ravis de notre soirée. » Une amputation plus tard démentie par le réalisateur, plutôt satisfait de ses jeunes recrues. Simple décalage entre des copies au montage différent ? Toujours est-il que, de ce film sans intérêt, seule est à retenir l'interprétation décalée de l'inénarrable Darry Cowl.

Passer d'un film bien franchouillard à un chef-d'œuvre de Shakespeare, du léger Noël-Noël au tonitruant Pierre Brasseur, peut paraître aussi improbable que de faire le grand écart si l'on ne s'y est pas entraîné des mois durant. Mais Belmondo le comédien possède la souplesse et la pugnacité d'un gymnaste averti. Le revoilà donc sur une scène de théâtre, celle de l'Athénée, pour y mettre en pratique ce qu'il avait appris, bon gré mal gré, durant ses trois années de Conservatoire : l'art et la manière de jouer un valet de comédie du répertoire. Affublé d'une perruque rousse et d'un foulard bariolé, l'ancien élève de Pierre Dux sera Biondello, le valet clownesque de Petrucchio, figure centrale de *La Mégère apprivoisée*, dans une libre adaptation de Jacques Audiberti.

Il se retrouve aux côtés de ce géant de la scène qui l'avait bouleversé dans *Kean* : Pierre Brasseur. Ami de

Paul Belmondo, dont il fréquente l'atelier, le comédien n'est pas automatiquement le copain de son fiston, même s'ils sont embarqués dans la même galère. La glace fondra dès la première représentation de *La Mégère apprivoisée*, face à l'évident talent comique du jeune homme. Le soir même, bon prince, le grand acteur vint féliciter le petit, qui n'en espérait pas tant : « Je m'acharnais à trouver des rôles partout. C'est comme ça que j'ai connu Pierre Brasseur, confia Belmondo à *Télérama*. Il m'a pris sous sa coupe. On sortait beaucoup ensemble. Il m'aidait financièrement. Je l'adorais. Sur scène, Galabru et moi, on l'admirait comme un demi-dieu. Il jouait selon son humeur. Il avait un tel brio et il pouvait être si déchiré ! »

Un géant, certes, ce Pierre Brasseur, personnage insondable aux masques multiples, tour à tour amical et prétentieux, sympathique et monstrueux, élégant et trivial, insupportable et généreux, extraverti et énigmatique. Tout au long de sa vie, il brûlera les planches, accumulera un nombre insensé de films dans le désordre le plus complet, jouant n'importe où, n'importe quoi, mais ne passant jamais inaperçu. Hanté par le théâtre, il écrira nombre de pièces que la mort emportera avec lui quand il choisira de faire ses adieux à la scène et à l'écran en 1972, dans un bled perdu d'Italie, histoire de ne rien faire comme tout le monde. Un géant, certes, mais mieux : une bête de scène, un fauve rugissant qui bousculait les textes des auteurs dramatiques afin d'assurer, à lui seul, le spectacle. Il avait un seul souci : plaire à la sombre masse anonyme du public. Comme Jean-Paul Belmondo.

Delon-Belmondo, première !

Au moment où il joue les hallebardiers dans *César et Cléopâtre*, Jean-Paul fait la connaissance de Marc Allégret. Celui que sa liaison avec André Gide avait propulsé dans le monde du cinéma était, à défaut d'un grand cinéaste, un vrai découvreur de talents. Fut-il, comme Jean Marais, ébloui par la facilité du jeune acteur à camper les gardes romains ? Était-ce une passion commune pour Georges Feydeau, Allégret ayant porté à l'écran quelques années auparavant *L'Hôtel du libre-échange* ? Peu importe, c'est promis : Jean-Paul Belmondo fera partie de son prochain casting. Quelques mois plus tard, prêt à tourner *Sois belle et tais-toi*, Marc Allégret reprend contact avec lui.

L'argument est policier, mais le film adopte le ton de la comédie, avec l'idée sous-jacente de peindre une certaine jeunesse dévoyée par l'univers combinard des adultes. Virginie Dumayet, qu'interprète Mylène Demongeot, est une jeune orpheline qui ne supporte pas sa réclusion au « Bon Pasteur », et s'en évade régulièrement pour aller travailler dans un cirque où elle a mis au point un numéro de danseuse de corde. Ces diverses acrobaties lui valent de rencontrer un policier, Jean Morel, incarné par le séduisant Henri Vidal. L'aventure se terminera devant monsieur le Maire, après mille et une péripéties, au milieu desquelles la performance bondissante de Jean-Paul Belmondo est remarquable, donc remarquée.

Mais il n'est pas la seule figure à retenir de *Sois belle et tais-toi*. Il est Pierrot ; Alain Delon est Loulou. Ce sera leur première collaboration, l'un comme l'autre dans le registre d'une jeunesse un peu égarée, avec un léger avantage pour Delon, qui vient de faire ses preuves, il est vrai, dans un autre long-métrage : *Quand la femme s'en mêle*, du talentueux Yves Allégret, frère cadet de Marc. Jean-Paul Belmondo a déjà croisé Alain Delon au fil de ses pérégrinations, mais c'est Henri Vidal qu'il connaît le mieux : « J'aimais beaucoup Henri Vidal, racontera-t-il à *Première* en 1995. Il était très beau et très sportif. J'étais très impressionné qu'il me prenne en amitié. On allait voir des matches de boxe ensemble. On s'est connu à L'Escale, un bar de la rue Blondel fréquenté par des dames de petite vertu, où Henri et moi avions nos quartiers. » Malheureusement, Henri Vidal succombera deux ans plus tard à la drogue, malgré le soutien de son épouse Michèle Morgan, qui avait débuté au cinéma en 1937 grâce au même Marc Allégret : il l'avait choisie pour donner la réplique à Raimu dans *Gribouille*.

Sois belle et tais-toi ne pèse pas lourd dans la carrière de Belmondo. Il n'empêche que la presse spécialisée commence à mentionner son nom, tel *Ciné-Revue*, qui salue la sortie du film en ces termes : « Un deuxième couple, formé celui-là par Darry Cowl et Béatrice Altariba, participe joyeusement à l'aventure. Et c'est à des comédiens au sûr talent comme Robert Dalban, Alain Delon, Roger Hanin, Anne Colette et Jean-Paul Belmondo qu'ont été confiés les rôles de deuxième plan. Ils sont en d'excellentes mains. » Jusqu'à la vedette féminine du film, la pulpeuse Mylène Demongeot, qui revendiquera avoir cru, dès cette époque, aux lendemains qui chantent pour le petit Pierrot de cette histoire : « Il y avait là Henri Vidal, Béatrice Altariba, Roger Hanin… Et aussi deux débutants nommés Delon et Belmondo. J'ai été absolument conquise par l'abattage de Jean-Paul. En dehors du plateau, je n'arrêtais pas de vanter ses qualités. On me répondait : “Comment, ce type avec un nez cassé, avec cette dégaine ? Mais tu n'y es pas, ma pauvre fille ! Tu n'es pas sérieuse.” Je l'ai retrouvé par la suite dans *Tendre voyou* avec Marielle et toute la bande. Je ne m'étais pas trompée. »

Toutefois, il ne semble pas que le cinéma soit monté à la tête du comédien, pour qui le théâtre demeure malgré tout la base essentielle de sa carrière. D'ailleurs, il est toujours de service à l'Athénée, dans les clowneries ancillaires de *La Mégère apprivoisée*. Et plutôt que d'exploiter la veine d'un carnet d'adresses qui commence à se remplir côté septième art, il laisse filer jusqu'à son terme le spectacle auquel il participe : quelques semaines, pas davantage. Il se retrouve une fois de plus, comme la cigale de son vieil ennemi La Fontaine, fort dépourvu, et réintègre ses bistrots familiers. Pas pour longtemps : le théâtre qu'il vient de quitter le rappelle. Avec un éclectisme qui caractérise parfois les directeurs de théâtre, la maison sur laquelle Louis Jouvet régna longtemps passe sans transition de Shakespeare à un jeune auteur méconnu, mais désireux de réveiller le vaudeville : Claude Magnier, dont la dernière pièce s'intitule *Oscar*. Or, à l'Athénée, c'est la mésentente absolue entre le metteur en scène et un certain Claude Rich, qui doit endosser l'un des rôles principaux.

D'*Oscar* aux *Tricheurs*

Le théâtre décide de faire appel à ce Jean-Paul Belmondo, jugé plutôt pas mal dans son rôle de valet, mais loin de pouvoir faire une tête d'affiche – ce qui est aussi le problème de l'excellent Claude Rich. Dès le lever de rideau, son personnage, Christian Martin, doit donner la réplique au solide Pierre Mondy – Bertrand Barnier – et introduire une série de quiproquos que, plus tard, l'abattage de Louis de Funès rendra célébrissimes. Le texte est abondant, à débiter sans hésitation, afin de ne pas nuire à la mécanique du rire. Un défi pour le jeune comédien, jusque-là plutôt habitué à se servir de sa gestuelle qu'à jongler avec les répliques. Pour couronner le tout, il y a urgence : la première d'*Oscar* est fixée au 20 mars. Jean-Paul télégraphie son accord et se met au travail. Quelques jours plus tard, le spectacle démarre, comme prévu. Mais ce qui l'est moins, c'est son succès.

La critique est ravie : « Avec *Monsieur Masure*, Claude Magnier avait prouvé qu'il était un auteur comique-né, rappelle Paul Gordeaux dans *France Soir.* Avec *Oscar*, très supérieur en densité comique, en fréquence des éclats de rire, M. Claude Magnier s'affirme comme le plus doué des jeunes humoristes de la scène. » *Combat*, pourtant réputé sélectif, rend hommage à ce succès boulevardier sous la plume de Marcelle Capron : « La grosse caleçonnade, qui faisait et fait encore la joie des amateurs d'une certaine production, est ici absente, mais les quiproquos amusants, mais la construction savante et adroite demeurent. Le métier, sérieusement appris, vient servir le don. » Or, les acteurs en général, Jean-Paul Belmondo en particulier, ne sont pas oubliés par ce florilège d'éloges. Ainsi, Jacques Lemarchand, dans le très sérieux *Figaro Littéraire*, affirme que c'est « du bon, du vrai vaudeville », et conclut : « Tout y est simple, inattendu, burlesque, et *Oscar* est remarquablement joué par, entre autres, Pierre Mondy, Jean-Paul Belmondo (qui fut l'excellent Biondello de *La Mégère apprivoisée* d'Audiberti), Germaine Delbat, Dominique Page, Maria Pacôme. C'est une soirée de parfaite, et propre, bonne humeur. » Même jugement dans *Paris-Presse*, de la part de Max Favalelli, réputé pour bousculer certaines idées reçues : « M. Jean-Paul Belmondo confirme les dons comiques que j'avais décelés en lui dès son apparition au Conservatoire. »

À entendre Pierre Mondy lui-même, tout allait très bien aussi de l'autre côté de la rampe : « Jean-Paul Belmondo et moi nous sommes tout de suite très bien entendus. Nous riions des mêmes choses, et Dieu sait si on s'en est payé, des fous rires ! Dans ce métier, nous appartenons, lui et moi, à la même famille : nous avons la même façon de nous comporter. Je trouvais déjà évident qu'il réussisse. Il a le sens inné du jeu. Il *sait* instinctivement, même si, bien sûr, il a appris, et que le Conservatoire l'a aidé à dire des textes. Pendant les répétitions et les représentations, nous n'avons jamais eu le moindre problème. Il est arrivé le premier jour, il s'y est mis tout de suite. »

Ainsi le candidat malheureux au concours d'entrée à la Comédie-Française semblait enfin prendre son envol. Mais comme le destin des humains, y compris celui d'un jeune et talentueux comédien, est détenu par une puissance supérieure qui n'en fait qu'à sa tête, les choses vont se passer autrement. Cette carrière théâtrale qui paraît s'ouvrir à Belmondo ne sera qu'un mirage, que le cinéma va se charger de dissiper. Assez maladroitement, pour commencer. Marcel Carné, encore auréolé de la gloire des *Enfants du paradis*, des *Visiteurs du soir* et autres *Quai des brumes*, conçus aux côtés de l'irremplaçable Jacques Prévert, a l'idée d'enrôler Jean-Paul Belmondo dans un projet de film sur la jeunesse germanopratine de la fin des années 1950. Du neuf, donc, pour le jeune théâtreux.

Ainsi commence l'aventure des *Tricheurs*. Carné y travaillait depuis pas mal de temps, d'abord avec Charles Spaak, sous le titre *Les Mains vides*, puis avec le scénariste Jacques Sigurd. Le cinéaste a du mal à boucler sa distribution. S'il a déjà engagé Pascale Petit, Jacques Charrier et Dany Saval, il hésite encore pour le rôle d'Alain, pivot de l'histoire, sorte de démiurge des profondeurs de Saint-Germain-des-Prés. Il balance entre Laurent Terzieff, jeune acteur d'origine russe qui s'est fait connaître à la télévision dans la série *En votre âme et conscience*, et ce jeune Belmondo, dont il apprécie le talent. Il fera régner un suspense interminable, avant d'élire Laurent Terzieff, laissant à son rival les maigres miettes d'une figuration « intelligente ».

Une véritable tension naît sur le plateau entre Marcel Carné et sa nouvelle recrue. On retrouve la polémique jusque dans les mémoires du cinéaste : « Aujourd'hui encore, même si Belmondo a fait à l'écran la carrière fulgurante que l'on sait, tandis que Terzieff, ce n'est pas un blâme, a fini par s'enliser dans le théâtre d'avant-garde, je persiste à croire que, en l'occurrence, mon choix était bon. Pour Belmondo, la déception fut d'autant plus grande que mon indécision a duré longtemps. » Et, après avoir mentionné le fait qu'il l'avait tout de même engagé « dans un rôle peu marquant mais nécessitant une longue durée de tournage », le cinéaste accuse : « Cela ne suffit pas à désarmer la rancune que désormais il me vouait. Un jour, alors que je faisais une réprimande à une figurante dont l'esprit était ailleurs, je l'entendis lancer : “Laisse tomber, c'est un vioque… Ce qu'il dit, on s'en fout.” »

Jean-Paul Belmondo répliqua ailleurs : « Carné a toujours été persuadé que je lui en avais voulu de ne pas m'avoir engagé pour le premier rôle. C'est entièrement faux, parce qu'à l'époque beaucoup de metteurs en scène ne me prenaient pas, et je ne pouvais pas leur en vouloir à tous. Ce qui s'est passé sur le tournage est très différent. Moi, j'étais très chahuteur et là, sur le plateau, il y avait toute la rue Saint-Benoît qui faisait de la figuration. Alors, c'était formidable : nous faisions les idiots, l'ambiance était très bonne et j'ai énormément ri. Le problème, c'est que Carné, qui voulait faire vrai, avait donné du vrai whisky. Alors tous les mecs finissaient ivres et c'est vrai que, plus d'une fois, il s'est fait rembarrer. »

Hormis cette guerre froide avec le réalisateur, l'ambiance est d'autant meilleure pour Belmondo que Renée Constant, future Élodie Belmondo, est de la partie. C'est même elle qui se fait qualifier de « figurante » par Marcel Carné : Jean-Paul prendra sa défense. *Les Tricheurs*, qui fait la part belle au jazz, de Dizzy Gillespie à Chet Baker, explore les caves de Saint-Germain-des-Prés. D'où le recrutement d'une équipe de danseurs de bop, dont Renée, transfuge du Club Saint-Germain. Ce travail en commun va rapprocher les deux jeunes gens et sceller leur union. Mais si cette idylle agit comme un baume sur le comédien dépité, son personnage très secondaire le tient à l'écart du nœud central de l'action, menée par un quatuor composé d'Alain (Laurent Terzieff), Bob (Jacques Charrier), Clo (Andréa Parisy) et Mic (Pascale Petit). Un quatuor porteur du drame d'une génération ayant, selon Marcel Carné, perdu les valeurs d'hier sans avoir trouvé celles de demain. « La seule liberté, c'est de satisfaire ses instincts », déclare l'un de ces personnages. Ou alors : « Me fatiguer pour enseigner aux mômes des trucs auxquels je crois plus ? Je ne crois plus à rien, à rien... » Dans la célèbre scène finale du « jeu de la vérité », ce nihilisme proclamé débouche sur une véritable négation du sentiment amoureux, une « tricherie » qui précipite toute cette jeunesse dans une spirale suicidaire – au sens littéral pour Mic, qui envoie volontairement sa « Jag » sur un platane.

Marcel Carné fait peser une terrible chape de plomb sur cette description d'une jeunesse perdue. Il aura beau dire qu'il n'a jamais prétendu esquisser un tableau généralisant, *Les Tricheurs* sera parfois vivement rejeté, malgré une presse plutôt bienveillante et un bon succès public.

Il ne faut pas oublier qu'au moment où sort *Les Tricheurs*, en 1958, les jeunes loups de la Nouvelle Vague ne sont pas loin de prendre le pouvoir, et d'apporter au cinéma français une vision un peu moins simplifiée et manichéenne de la génération de l'après-guerre. Marcel Carné, dont la sincérité n'est pas en cause, avait le malheur de se trouver au carrefour d'un changement radical. On peut aussi parier que s'il avait opté pour la gouaille et l'évident appétit de vivre de Jean-Paul Belmondo, et non pour la sombre beauté romantique de Laurent Terzieff, la face de son film en aurait été changée. Cela dit, *Les Tricheurs* obtint le Grand Prix du cinéma français, ce qui raviva le débat et fit bisquer de rage l'hebdomadaire *Arts* : « Que ce prix ait été décerné aux *Tricheurs* pour sa "valeur littéraire et artistique", ses "qualités techniques" et son "caractère général destiné à en faire l'interprète de la pensée française et une expression de l'art français" est aberrant. »

Au final, être resté dans l'ombre d'un film si discuté aura peut-être été profitable à Jean-Paul Belmondo, dont le charisme ne demande qu'à exploser à l'écran. Évidemment, on a plutôt tendance à venir le chercher pour des rôles de petites frappes. Mais ses apparitions sont si furtives qu'elles laissent le champ libre à n'importe quel autre emploi.

« Le Michel Simon et le Jules Berry de demain »

Peu après le tournage de *Sois belle et tais-toi*, Marc Allégret attaque la production d'une autre comédie, où il crée un couple de choc : Bourvil et Danielle Darrieux. Celle-ci tourne alors trois à quatre films par an, et tient le haut de l'affiche – pour longtemps encore – depuis l'âge de quatorze ans. Quand elle donne son accord à Marc Allégret, elle est à la tête d'une abondante filmographie. Avec le grand Max Ophüls, elle a déjà tourné trois chefs-d'œuvre : *La Ronde*, *Le Plaisir* et *Madame de...* Le solide Bourvil, capable de briller dans n'importe quel registre, y compris celui de la chanson, est un peu plus novice. Il a tout de même à son actif *La Traversée de Paris*, aux côtés de Gabin et de De Funès, impertinent joyau de Claude Autant-Lara sur les petites combines et les grandes frayeurs de la France occupée.

Cette fois, Marc Allégret a choisi un scénario de Serge de Boissac, qui avait travaillé sur *À pied, à cheval et en voiture* de Maurice Delbez. *Un drôle de dimanche* – c'est le titre

– conte une bien piètre histoire : Jean (Bourvil) et Catherine (Danielle Darrieux) se marient à la Libération, et s'aperçoivent assez vite qu'ils ne sont pas faits l'un pour l'autre. Ils se séparent et, cinq ans plus tard, se retrouvent par hasard. Entre-temps, elle a refait sa vie avec un homme riche. Lui n'a rien refait du tout, et décide de se venger, projetant purement et simplement d'assassiner son ex-épouse. Sa maladresse l'en empêchera : tellement charmée de le voir s'effondrer dans la piscine, sa présumée victime retombera instantanément dans ses bras. Jean-Luc Godard, alors encore chroniqueur à *Arts* où il a succédé à François Truffaut, trouvera le film, au moment de sa sortie, d'un « inintérêt total ». Ce que Marc Allégret avait peut-être déjà subodoré, puisqu'il avait renforcé son équipe scénaristique en engageant Jean Marsan et Pascal Jardin, puis étoffé le scénario en y introduisant le personnage de Madame Amier, la logeuse de Jean, qu'il confie à Arletty. Il avait demandé à Jean-Paul Belmondo d'y apporter un grain de folie, lui offrant une trompette et un petit rôle.

Enfin débarrassé de son étiquette de jeune voyou, Jean-Paul fera ce qu'il pourra pour remplir sa mission en restant, cette fois, au plus proche de lui-même. S'il ne sauve pas le film, il se sauve lui-même, esquivant la plume virulente de Jean-Luc Godard, et même en faisant beaucoup mieux : « *Un drôle de dimanche*, donc, est d'un inintérêt total, écrit Godard. Le texte est lamentable, les acteurs aussi. Quand le rôti ne vaut rien, on se rattrape sur la sauce ; mais ce n'est pas avec Bourvil qu'on sauve un scénario de Serge de Boissac, ni avec Cathia Caro, des dialogues de Jean Marsan. Avec Jean-Paul Belmondo peut-être, puisque c'est le Michel Simon et le Jules Berry de demain, mais encore faudrait-il utiliser ce génial acteur autrement et ailleurs. » Un avenir tout proche allait nous apprendre comment.

Jean-Paul, lui, est plutôt content du tournage : « C'est un souvenir formidable pour moi. Grâce à ce film, j'ai connu Arletty, Danielle Darrieux et Bourvil. En plus, c'était la première fois que je descendais dans un hôtel luxueux. Bourvil s'est montré adorable avec moi et j'adorais Bourvil. C'était l'époque où il chantait *Les Cartes postales*, et moi je n'arrêtais pas de l'imiter. Il me faisait énormément rire et j'étais très fier de tourner avec lui. Avec Arletty aussi, d'ailleurs. Elle a été adorable. Arletty, pour moi, c'était un rêve d'enfant que je réalisais. » Il aurait pu aussi ajouter qu'il avait, pour la première fois, touché un cachet consistant : un million d'anciens francs. Et qu'il en avait profité pour téléphoner à la danseuse Élodie, l'invitant à venir le rejoindre dans son palace marseillais pour l'aider à dilapider ce trésor jusqu'au dernier centime.

Fin novembre 1958, à l'heure où Jean-Luc Godard écrit sa critique d'*Un drôle de dimanche*, il y a quelque temps déjà que couve le phénomène qui va secouer le cinéma français jusqu'à en ébranler les fondements. Un phénomène artistique, mais aussi économique, que Françoise Giroud, dans un article, qualifiera de « Nouvelle

Vague ». Les auteurs de ce mini-séisme sont, à l'origine et pour l'essentiel, de jeunes cinéphiles fréquentant assidûment la Cinémathèque française d'Henri Langlois, et se regroupant du côté des Champs-Élysées pour écrire leurs admirations et leurs rejets dans *Les Cahiers du cinéma*. Mais en réalité, ils avancent masqués. Plus que des rats de cinémathèque, ce sont des auteurs de films en puissance, qui ont bien l'intention de passer à l'acte – et le plus tôt sera le mieux. Pour ce faire, tous les coups sont permis. Notamment, s'arroger le droit de tirer sans ménagement sur un cinéma national qu'ils jugent sclérosé, à de rares exceptions près. Bousculant la tradition du métier, qui consiste à faire longuement ses classes, ils exigent de parvenir à la suprême fonction de réalisateur sans s'occuper d'une quelconque formation. D'ailleurs, « il n'y a rien à apprendre », affirme un certain Claude Chabrol, qui vient d'écrire, avec son compère Éric Rohmer, un livre sur Alfred Hitchcock, son cinéaste préféré.

Leur reste à trouver un système de production – autrement dit, de l'argent. Justement, Chabrol vient de bénéficier d'un petit héritage qu'il s'empresse d'investir, dès 1958, dans la réalisation de son premier film, tourné au fin fond de la Creuse, avec ses amis Jean-Claude Brialy, Gérard Blain et Bernadette Lafont, qui seront un temps ses acteurs fétiches. Ce sera *Le Beau Serge*, dont les coûts de production défient toute concurrence. En attendant le succès public au début de l'année suivante, l'œuvre émeut déjà tout le landerneau du cinéma, qui n'avait jamais imaginé qu'on puisse travailler de cette manière-là. D'autant qu'à la même époque, Louis Malle fait exactement la même chose en autoproduisant, sans passer par les structures habituelles, le non moins remarqué *Les Amants*, avec Jeanne Moreau et Alain Cuny. Au cœur de l'été 1958, Jacques Rivette, autre membre éminent de l'équipe des *Cahiers*, démarre le tournage de *Paris nous appartient* sans aucun appui financier. Encore plus facilement réalisables, les courts-métrages abondent. François Truffaut, aux avant-postes de ce combat, a déjà mis en boîte *Les Mistons*, avec Bernadette Lafont, quand il entame, toujours en 1958, le tournage de son premier long-métrage, *Les Quatre Cents Coups*, qui décrochera le prix de la mise en scène au Festival de Cannes.

Moins argenté que Chabrol ou Malle, moins introduit que François Truffaut, Jean-Luc Godard est à la traîne quand, tout en éreintant le film de Marc Allégret, il envoie ce message subliminal à sa future vedette. Car ce n'est pas avec *Opération béton*, classique court-métrage industriel tourné en 1954 sur la construction d'un barrage, qu'il va porter le fer dans un cinéma dont il dénonce les lacunes.

Alors, en attendant d'avoir l'occasion de mettre en pratique tout ce qu'il a dans la tête et sur le cœur, le cinéphile vaudois se fait la main avec des œuvrettes plus personnelles, qu'il bricole d'ailleurs parfois en farfouillant dans les chutes de ses copains en avance sur lui. Ainsi naît *Une histoire d'eau*, monté et sonorisé par ses soins, d'après des plans tournés – puis abandonnés – par François Truffaut lors d'inondations dans la région parisienne. Au moment où il traque Jean-Paul Belmondo, Godard a réalisé deux autres courts-métrages : *Une femme coquette*, très librement inspiré d'une nouvelle de Guy de Maupassant, et *Tous les garçons s'appellent Patrick*, avec Jean-Claude Brialy, l'histoire d'un dragueur dont les mauvaises manières sont éventées par des victimes plus malignes que lui. L'ensemble de ces premiers films tombera finalement dans le catalogue des Films de la Pléiade, la maison de production de Pierre Braunberger.

Le message parvint donc à Jean-Paul Belmondo. Celui-ci resta toutefois quand Godard vint lui proposer de jouer dans son prochain court-métrage, *Charlotte et son Jules*. Il s'était présenté à la célèbre brasserie Lipp, à deux pas de l'église de Saint-Germain-des-Prés : la nouvelle cantine du comédien, dont les finances s'étaient arrondies grâce à ses derniers contrats. Derrière ses lunettes fumées et avec son accent suisse légèrement traînant, Godard pouvait mettre mal à l'aise. Quand il précisa que le seul décor du film serait sa propre chambre, Belmondo crut un instant à une proposition malhonnête… Mais la ténacité de l'aspirant cinéaste ainsi que, dit-on, la lucidité de sa compagne Élodie, finiront par décider Jean-Paul Belmondo à se risquer chez Jean-Luc Godard.

Chez Jean-Luc Godard

Anne Colette, une copine de Jean-Paul, fera acte de présence dans *Charlotte et son Jules.* Elle n'a que peu de texte, son rôle consistant à venir fouiller dans la chambre de son ancien amant, lequel croit à un retour d'affection de sa part. Il ignore qu'il ne s'agit que d'une visite utilitaire pour récupérer sa brosse à dents. D'où un monologue plus ou moins improvisé de Jean-Paul Belmondo, dans le rôle du Jules abandonné, qui débute ainsi : « Je sais que c'est toi. Je savais que tu reviendrais. Je te l'avais dit. Tu ne peux pas te passer de moi. Tu es idiote ! Tu ne veux jamais écouter. Je sais pourquoi tu reviens, Charlotte. Je vais te le dire : tu viens demander pardon ! C'est trop tard ! Inutile de dire quoi que ce soit, ma petite fille. Tu n'as qu'à te taire. » Et ainsi de suite. Du vrai Godard déjà, du moins le Godard de la première période, qui s'emploie essentiellement à tournicoter autour du couple et de ses innombrables problèmes de communication. Un Godard qui n'hésite pas, déjà, à saupoudrer ses films d'aphorismes ou de réflexions personnelles, et qui fait dire à son personnage : « Qu'est-ce que le cinéma ? Une grosse tête en train de faire des grimaces dans une petite salle. Il faut être con pour aimer ça. Mais si, je sais ce que je dis, le cinéma est un art illusoire... » Sur un ton qui n'appartient qu'à Godard, ce clin d'œil aux frères Lumière, qui ne croyaient pas à leur propre découverte, c'est évidemment aussi leur rendre hommage. Et si l'on met bout à bout toutes ces caractéristiques de *Charlotte et son Jules*, à commencer par l'interprétation de Jean-Paul Belmondo, on s'aperçoit que ce petit film sans prétention, c'est déjà la mèche qui fera exploser la bombe *À bout de souffle*.

Pour l'heure, le comédien et le cinéaste se séparent, avec la vague promesse de se revoir. Mais une bien mauvaise surprise attend Jean-Paul. Lui, qui se croyait débarrassé des obligations militaires pour cause de saignements de nez, n'était pas pour autant réformé à vie. En 1958, la guerre d'Algérie s'amplifie et, faute d'effectifs, on commence à battre le rappel des classes précédentes. Apparemment, l'incident nasal n'a pas affolé les recruteurs qui consultaient son dossier, et le voilà s'embarquant depuis Marseille pour la terre de ses grands-parents, dans un rôle qu'il connaît déjà mais ne convoitait absolument pas.

À Paris, on demande à l'ami Jean-Pierre Cassel de reprendre en catastrophe le personnage de Christian Martin, dans *Oscar*, qui continue de faire les beaux soirs du Théâtre de l'Athénée. Envoyé dans la région d'Oran, le soldat Belmondo fera sans enthousiasme ce que des milliers d'autres bidasses font déjà. Ce qui le différencie de beaucoup d'autres, c'est qu'il parviendra à s'extraire assez vite de cette galère et sera, cette fois, définitivement reconnu inapte à la vie militaire. En outre, il reçoit une lettre de Jean-Luc Godard, qui lui demande la permission de substituer sa voix à la sienne sur le court-métrage *Charlotte et son Jules*. L'explication en est simple : afin d'avoir un produit cinématographique présentable, Godard doit achever montage, mixage et tout autres travaux de studios ou de laboratoire. Or, le tournage s'était apparemment déroulé sans ingénieur du son, et en tout cas, « à l'italienne », c'est-à-dire sans son direct. Dans ce cas, il faut postsynchroniser en studio, ce qui nécessite la présence des comédiens, qui doivent rejouer leurs scènes et leurs dialogues. Godard aurait pu demander à un autre comédien de remplacer Jean-Paul Belmondo. Après tout, c'est ce qu'on fait quand on double un film étranger. Mais Godard a décidé de faire l'acteur lui-même. D'où la méprise que voici.

En 1959, Jacques Becker, auteur du sublime *Casque d'or*, prépare ce qui sera malheureusement son dernier film, *Le Trou*, dont il doit le scénario à José Giovanni, promis à une longue carrière d'écrivain et de cinéaste. Jacques Becker cherche alors un acteur pour personnifier le jeune taulard qui trahit ses camarades de cellule. Dans son entourage, quelqu'un lui souffle le nom de Jean-Paul Belmondo : « Comment ? Mais je l'ai vu dans un film, un petit court-métrage. Franchement, c'est impossible ! Je n'aime pas du tout sa voix ! » Le rôle fut finalement confié à Marc Michel, qui s'en tira fort bien.

En 1959 toujours, le soldat Belmondo s'en revient de guerre et comme beaucoup de démobilisés, se retrouve au chômage. Il en profite pour convoler en justes noces avec la fidèle Élodie. Le maire du 14e arrondissement scelle leur union le 17 janvier, sous l'œil bienveillant des copains-témoins Pierre Vernier et Hubert Deschamps. Monsieur le curé bénit les jeunes mariés en son église Saint-Dominique. En attendant un hypothétique voyage à Venise remis *sine die* faute d'argent, les amoureux rejoignent sagement l'immeuble de la rue Victor-Considérant : « Jean-Paul avait gardé sa casquette pour amuser ses amis. Ce jour-là, nous étions seuls au monde… », se souviendra la première madame Belmondo.

Rideau !

Marié mais au chômage, Jean-Paul reprend sa recherche de travail, en privilégiant ce qu'il considère toujours comme la base de son activité artistique : le théâtre. Privé d'*Oscar* par les militaires, il lorgne du côté des comédies en gestation et trouve une pièce du jeune auteur Bernard Régnier, fils du célèbre chansonnier Max Régnier. Belmondo signe avec le Théâtre La Bruyère pour cette *Trésor Party*, qui puise son inspiration dans la littérature gentiment corrosive d'outre-Manche. Il se retrouve donc sur scène et évolue brillamment dans ce qu'il tient pour son élément naturel, en compagnie cette fois de Jean-Roger Caussimon, Évelyne Ker et Micheline Luccioni. En fait, il ne se trompe pas. La critique, qui l'a déjà repéré, confirme son jugement et lui fait la part belle dans des papiers préférant parler de lui que de la pièce. Mais ce succès personnel, toujours bon à prendre, n'empêche pas le spectacle de s'essouffler assez vite, avant de disparaître au bout de quelques semaines. Et quand le rideau tombe à la dernière de *Trésor Party*, il n'est pas près de se relever pour Belmondo, qui attendra vingt-huit ans avant de remonter sur les planches.

Si le spectacle n'est pas toujours très bon au théâtre, que dire alors au cinéma ? L'aventure suivante se nomme *Mademoiselle Ange*, et cette pellicule-là vaut encore moins que cette pièce-ci. Jean-Paul, pourtant, y prendra part. C'est Henri Vidal, son complice de *Sois belle et tais-toi*, qui le pistonne sur cette production franco-allemande. Vidal, dont c'est le dernier film, y est entouré de deux accortes comédiennes qu'il est difficile de ne pas remarquer : Romy Schneider et Michèle Mercier. En fait, si elle est encore loin de ses grands rôles au cinéma, Romy vit déjà fort bien des retombées de sa triomphale Sissi. Le problème est que l'argument, pourtant signé René Barjavel, est d'une telle nullité que seul un cinéaste de génie, peut-être, aurait pu sauver ce projet de la catastrophe : un coureur automobile est amoureux d'une princesse. Celle-ci disparaît ; mais, conseillé par son ange gardien, l'homme retrouve le chemin du bonheur avec une hôtesse de l'air… « Je jouais le copain du jeune premier, raconte Jean-Paul Belmondo. J'étais le mécano débrouillard du champion automobile. On tournait pendant le Grand Prix de Monaco. La vedette, c'était Romy Schneider, celle des Sissi. Mais je ne l'ai pratiquement jamais vue sur le tournage. Dans le film, il y avait une partie rêvée et une partie réelle. Géza Radványi, le réalisateur hongrois, s'embrouillait totalement entre les deux. "Maintenant, c'est le rêve ou c'est la réalité ?" demandait-il. Alors, on cherchait… »

De retour à Paris, après avoir quitté le Rocher, ses voitures de course et ses anges gardiens, Belmondo n'aura guère le temps d'arpenter ses rues préférées de la capitale. Il repart en catastrophe dans le sud pour remplacer au pied levé son ami Jean-Claude Brialy, que des douleurs dorsales empêchent d'honorer son contrat passé avec Claude Chabrol, lequel, entre Aix et Marseille, attaque *À double tour*, son troisième long-métrage. Belmondo sera le peu recommandable Lazlo Kovacs, pique-assiette et ange – damné, celui-là – de ce qui aurait dû être une respectable famille bourgeoise. Prenant pour prétexte un récit policier avec meurtre à l'appui, Chabrol se livre à son exercice favori, auquel, en témoigne sa carrière, il excellera bien souvent : l'analyse sans complaisance d'un milieu social en pleine décomposition, qui se raccroche comme il peut à des apparences de moins en moins trompeuses. Jean-Paul Belmondo entre avec une étonnante habileté dans ce personnage de Lazlo, cynique et corrupteur, le seul capable cependant d'extraire un semblant de vérité d'un océan de mensonges. Il aura aussi la chance d'y côtoyer la ravissante Antonella Lualdi, première des grandes actrices italiennes qu'il fréquentera en travaillant avec Vittorio De Sica, Alberto Lattuada et Mauro Bolognini.

À double tour représente la France au Festival de Venise, avant d'entamer une carrière commerciale très moyenne. Peut-être n'a-t-on pas encore bien perçu ce qui nourrit le cinéma hautement caustique de Claude Chabrol. Il lui faudra du temps pour s'imposer, mais le cinéaste est opiniâtre. Selon Belmondo, l'accueil vénitien fut « un massacre ». Pierre Billard, dans le mensuel *Cinéma 59*, tempère : « *À double tour* a été moyennement apprécié. Il n'est pourtant pas décevant, meilleur même que *Les Cousins*, ce qui n'est pas, bien entendu, mettre Chabrol au niveau d'Eisenstein… L'interprétation est bonne, souvent amusante dans une ambiance dure, les couleurs et les intérieurs provençaux sont remarquables. »

Pendant ce temps, Jean-Luc Godard l'attend de pied ferme. « Pour moi, à ce moment-là, le vrai film, c'était le Chabrol ! » dira Belmondo. Il va être surpris. Tout le monde va être surpris.

À BOUT DE SOUFFLE

« Les tournages, avec Carné par exemple, c'était encore très structuré. À l'époque, il y avait beaucoup de contraintes techniques. Moi, je venais du théâtre, je parlais fort, je trouvais le cinéma très emmerdant. C'est avec Godard que j'ai eu la révélation. Là, liberté totale ! Sa manière de tourner était assez extravagante. Comme ce n'était pas en son direct, il soufflait le texte. Le premier jour d'*À bout de souffle*, il m'a dit, avec son accent suisse et son ton traînant : "Tu entres dans cette cabine téléphonique et puis tu téléphones." J'entre dans la cabine. Alors, il me dit : "Bon, ça va. On retournera demain, j'ai plus d'idées." Pour moi, habitué à la rigueur du théâtre, c'était fabuleux ! Je rentrais chez moi le soir, je disais à ma femme : "C'est formidable ! C'est un fou !" J'étais persuadé que cela ne sortirait jamais. On était totalement décontractés : on prenait ça pour un truc d'amateur, un amusement. » Lorsque Jean-Paul Belmondo accorde cette interview à *Première*, près de quarante années se sont écoulées depuis le premier long-métrage de Jean-Luc Godard et pourtant, à l'entendre, on a l'impression que c'était hier. Mais comment le comédien pourrait-il oublier ce qui fut son premier vrai grand baptême de cinéma, ce tournage fusionnel qui va le révéler à lui-même ? Car *À bout de souffle* est un extraordinaire concentré d'innovations qui bouleversent non seulement la narration filmique, mais aussi les règles de l'interprétation.

« Godard a pulvérisé le système. Il a fichu la pagaille dans le cinéma, comme l'a fait Picasso dans la peinture et, comme lui, il a tout rendu possible. » Cette fois, c'est François Truffaut qui parle. De fait, le séisme d'*À bout de souffle* va longtemps diffuser son onde de choc dans une profession déjà bousculée par l'émergence des premiers films de la Nouvelle Vague. Jean-Luc Godard, qui connaît pourtant bien ses classiques, ne va pas tenter de les rattraper. Ou plutôt, il s'en inspirera pour alimenter sa propre réflexion sur l'art de filmer, sans se soucier d'imiter ses maîtres. Godard, comme Picasso, n'est pas un naïf qui filme à la va-comme-je-te-pousse. Il a ses idées : « Faire un film, explique-t-il dans un entretien aux *Lettres françaises*, c'est appréhender un ensemble d'un coup, par fragments. Chaque plan n'est pas organisé en vue d'une fonction dramatique. Un film n'est pas une suite de plans, mais un ensemble de plans… Moi, je filme un monde instinctif d'une manière réfléchie. » Il appliquera ce credo dès son premier long-métrage, et la notion d'un « ensemble » plutôt que d'une « suite » de plans conduira Louis Aragon à parler de « collage ».

Innovation structurelle, donc, mais pas seulement. La prise de vues aussi va subir un lifting, grâce à Raoul Coutard, un ancien reporter-photographe qui, sous l'œil réjoui du réalisateur, applique au cinéma une technique journalistique : filmer très souplement les acteurs, caméra à l'épaule. Mais de ce faisceau d'innovations, c'est le jeu libre, incroyablement naturel, de Jean-Paul Belmondo que l'on retient, à commencer par son metteur en scène, qu'il fascine : « J'ai cherché le sujet d'*À bout de souffle* pendant tout le tournage. Finalement, je me suis intéressé à Jean-Paul Belmondo. Je l'ai vu comme une espèce de bloc qu'il fallait filmer pour savoir ce qu'il y avait derrière », expliquera Godard aux *Cahiers du cinéma*.

Le sujet était censé être contenu dans quelques feuillets signés François Truffaut. Faute d'être la « bible » du plan de travail de Godard, ce texte aura du moins rassuré le producteur Georges de Beauregard, qui se contentait alors de projets pas follement excitants, genre des adaptations de romans de Pierre Loti. L'intrusion dans ses bureaux du jeune Godard venu lui demander du boulot va donner un sens à son entreprise productrice, et permettre l'éclosion de nombre de films de la Nouvelle Vague et apparentés. Bien que disparu en 1984, Georges de Beauregard aura eu le temps de produire pas loin d'une dizaine de Godard, quatre Chabrol, deux Melville, ainsi que des longs-métrages de Jacques Demy, Jacques Rozier, Agnès Varda, Éric Rohmer ou Jacques Rivette. C'est l'un des grands découvreurs de talents de l'époque. Avec Pierre Braunberger et Anatole Dauman, il est le chantre une production française qui s'intéressait vraiment au cinéma et savait faire autre chose que dresser des bilans chiffrés.

Beauregard accepte donc de produire Godard, tout en exigeant légitimement un scénario digne de ce nom. Godard n'a rien du tout à lui proposer, si ce n'est son envie de filmer – ce qui, en l'occurrence, est nettement insuffisant. Il se tourne alors en catastrophe vers son copain Truffaut, à qui il rappelle une histoire policière que celui-ci lui avait racontée quelques années plus tôt : « Si tu as le temps de me finir en trois lignes l'idée de film commencée métro Richelieu-Drouot, bien que je ne dispose pas de Françoise Sagan, je pourrais en faire des dialogues », lui écrit-il. L'auteur des *Quatre Cents Coups*, qui se bat depuis quelque temps pour aider l'ami Jean-Luc à passer à son tour à la réalisation, plonge dans ses cartons et sa mémoire, se remet au travail et finit par rédiger quelques feuillets qui seront l'ossature narrative du futur *À bout de souffle.* Le texte est suffisamment bien écrit pour convaincre Georges de Beauregard, lequel n'en espérait peut-être pas tant.

De cette histoire d'un petit malfrat qui vole une voiture à Marseille pour monter à Paris, tue un policier sur la route et vient mourir aux pieds de celle qui l'a trahi, Jean-Luc Godard croit avoir saisi la substantifique moelle. Peu avant le tournage, il écrit à Truffaut : « En gros, ce sera l'histoire d'un garçon qui pense à la mort et celle d'une fille qui n'y pense pas. » Mais il ajoute : « Ce qui me gêne, c'est d'avoir dû introduire quelque chose à moi dans un scénario qui était de toi. » En fait, Jean-Luc Godard ne sait toujours pas trop comment tourner ce scénario policier. Il dira plus tard qu'il avait eu l'impression de refaire une sorte de remake du *Scarface* de Hawks. D'ailleurs, il ne restera rien des feuillets de Truffaut. Quand il téléphone à Jean-Paul Belmondo pour le convaincre de faire le film avec lui, l'argument de François Truffaut est réduit à sa plus simple expression : « Voilà, lâche-t-il au comédien, C'est un type qui vole une voiture à Marseille. Il monte à Paris. Et puis on verra… » Des décennies plus tard, le comédien s'étonne encore d'avoir accepté : « J'avais refusé un film de Duvivier pour faire ça. Mon agent m'avait dit que je foutais ma carrière en l'air. Mais en fait, je me suis dit que ce serait sans doute plus facile avec Godard, qui me semblait plus proche de moi. Duvivier représentait un monde qui me faisait un peu peur. »

Le tournage d'*À bout de souffle* débute comme prévu le 17 août 1959, et s'achève le 12 septembre. Jean Seberg avait été choisie par la production pour incarner la jeune étudiante américaine qui vend le *New York Herald Tribune* à la criée sur les Champs-Élysées. Mariée depuis peu au cinéaste François Moreuil, elle venait de s'installer à Paris et arrivait d'Hollywood où elle avait subi, en guise de baptême du feu, la poigne de fer d'Otto Preminger, dont elle fut la *Sainte Jeanne*. Autant dire qu'elle fut surprise, elle aussi, par la méthode Godard. La veille du grand jour, il n'y a toujours pas de script. « Tout semblait improvisé, se souvient Jean-Paul Belmondo. Godard arrivait le matin sur les lieux du tournage avec, en poche, quelques feuilles de cahier gribouillées de notes et de petits dessins qu'il avait faits pendant la nuit et dont, du reste, il ne se servait jamais. »

Si le cinéaste hésite quelquefois, le travail avance très vite, d'où un tournage exceptionnellement court. Dans *Le Monde*, un témoignage de Pierre Rissient, assistant sur le film, vient contredire tout sentiment de laisser-aller : « J'avais déjà été stagiaire sur *Les Cousins* et dans des films d'Henri Decoin. *À bout de souffle* était bien plus préparé qu'on a dit. Godard apportait ses dialogues le matin. Ce n'était pas improvisé, ce n'est pas un film qui s'est fait dans le désordre. » L'équipe technique est réduite à sa plus simple expression. Raoul Coutard assure à lui seul les prises de vues, sans aucune aide. On se contente d'enregistrer les dialogues, qui seront postsynchronisés. Malgré tout, Jean-Paul Belmondo est enfin conquis par le cinéma : « Je me suis pris de passion pour mon personnage et l'ai vécu jusqu'au bout du film, sans jamais m'en déposséder. Il y a eu, entre Jean-Luc et moi, un travail en collaboration si étroite que l'on pourrait parler d'osmose, sans exagération. Je lui inspirais des répliques. Je lui en trouvais d'autres. » Et les incertitudes du début sont rapidement balayées : « Au bout de quelques jours de tournage, j'étais conscient que nous participions à une œuvre très importante. Je me disais : nous nous casserons la gueule ou nous réussirons, je n'en sais rien… mais, en tout cas, nous travaillons hors des sentiers battus. »

Tout cela se verra à l'écran : cette passion qui aura mobilisé toute l'équipe, cette somme d'intelligences en mouvement, ce « bricolage » génial qui se moque d'être une machinerie bien huilée et qui, en même temps, réoxygène le cinéma. Quand le film sort, le 16 mars 1960, le bouche à oreille fonctionne immédiatement. Plus de deux millions de spectateurs se précipitent dans les quelques salles qui le programment. Le « Qu'est-ce que c'est, un dégueulasse ? » de Jean Seberg, ou le « Si vous n'aimez pas la mer, si vous n'aimez pas la montagne, si vous n'aimez pas la ville, allez vous faire foutre ! » de Jean-Paul Belmondo, ces dialogues inventés dans la furia du tournage, deviennent de véritables slogans publicitaires qui propulsent *À bout de souffle* en tête du box-office. Un triomphe d'autant plus imprévisible qu'il sort peu avant le Festival de Cannes.

À bout de souffle est boudé par les sélectionneurs. Pour représenter la France, on lui préfère un documentaire de François Reichenbach, l'excellent *Trou* du regretté Jacques Becker, mais aussi, ce qui est plus contestable, le lourdement littéraire *Moderato cantabile* de Peter Brook. Interrogé à ce sujet, Jean Cocteau, président d'honneur du festival, s'en tire par une étrange argumentation : « Godard a réussi ce que tous les autres ont raté ! Mais envoyer le film à Cannes, c'est exactement comme si vous faisiez baptiser votre enfant par les cannibales. À la fin de la cérémonie, vous ne le retrouverez plus. Ce film est un chef-d'œuvre… Et ce jeune homme, dont je ne veux même pas savoir le nom, il est au-dessus de tous les autres. » Le « président d'honneur » apprendra tout de même le nom du jeune homme en question, puisque Jean-Paul Belmondo est l'une des vedettes de *Moderato cantabile*, avec Jeanne Moreau. Et comme nul n'est prophète en son pays, *À bout de souffle* ira chercher ses lauriers en Allemagne, où le Festival de Berlin lui décerne l'Ours d'Argent. Sur son sol, il récoltera quand même les prix Georges Méliès et Jean Vigo.

Quant à la presse, elle se livre à un véritable concert de louanges, qui s'adresse autant au réalisateur qu'à ses interprètes. Les exceptions confirment la règle. Elles ne sont certes pas nombreuses et recoupent généralement la petite guerre idéologique qui oppose alors certaines revues de cinéma aux *Cahiers*. Il est piquant de les relever. Ainsi, Robert Benayoun, qui ne cessera plus guère de batailler contre le cinéma de Jean-Luc Godard, écrit en 1962 dans *Positif* : « *À bout de souffle* instaure une mode de n'importe quoi, fait n'importe comment, qui certes procédait d'un mécontentement foncier envers le langage filmique traditionnel, mais dont les convulsions ne dépassaient pas le niveau du débraillé. C'était, dans toute l'acception du terme, le cinéma-brouillon. » Plus radical encore, Freddy Buache, pourtant citoyen suisse, se montre le plus âpre, et affirme dans *Premier plan*, revue lyonnaise de Bernard Chardère : « *À bout de souffle* pose le premier prototype non ambigu de l'arrogance fasciste qui se dissimule au creux de la Nouvelle Vague. »

Le mot de la fin est à la défense : citons le beau texte de Raymond Lefèvre, dans la revue *Image et son* : « Et puis, ce fut *À bout de souffle*, ce film-manifeste qui restera comme l'une des plus grandes dates de l'histoire du cinéma. Certes, il y avait eu auparavant Jean Vigo et *L'Atalante*, Jean Renoir et *Boudu*. La Nouvelle Vague venait quand même d'assez loin… N'empêche que 1960, l'année d'*À bout de souffle*, fut la nuit du 4 août du cinéma académique et glacé des Delannoy et autres faiseurs. Des garnements doués, ambitieux et passionnés s'attaquaient au système. Sus aux cocotiers. Et ouvrons les fenêtres. »

Jean-Paul Belmondo ne tarde pas à prendre la mesure de la rançon de sa nouvelle gloire, jusque dans l'intimité de sa vie avec Élodie qui, après Patricia, vient de mettre Florence au monde. Le téléphone ne cesse plus de sonner. Journalistes, paparazzi, chroniqueurs mondains ont tôt fait de débusquer son adresse et de le traquer jusque chez lui. Sa légende commence à naître.

Mais revenons au lendemain du tournage : en septembre 1959, il n'est encore qu'un comédien débutant, à qui l'on offre un premier rôle au cinéma pour la première fois. S'il est encore peu connu du public, la profession l'a déjà repéré. Notamment Claude Sautet, qui, après des années d'assistanat, a décidé, lui aussi, de diriger ses propres films. Il est certes déjà crédité d'un long-métrage, *Bonjour sourire*, mais cette comédie avec Annie Cordy, Henri Salvador et Louis de Funès ne lui appartenait pas vraiment. Alors assistant de Robert Dhéry, il avait dû le remplacer au pied levé pour cause de profond désaccord avec la production du film. Beaucoup plus intéressante avait été sa collaboration comme coscénariste, avec Maurice Labro, de *Le fauve est lâché*. Sautet y avait fait la connaissance de Lino Ventura, qui rêvait d'incarner le héros malheureux de *Classe tous risques*, un roman de José Giovanni, et insistait pour qu'il en assure la réalisation. Les trois compères, Ventura, Giovanni et Sautet, travaillèrent donc de conserve à l'adaptation, jusqu'au moment où se posa le problème du casting.

Une tête de voyou

Quel jeune acteur saura camper Éric Stark, le faux ambulancier de *Classe tous risques*, qui vient en Italie au secours du truand Abel Davos, alias Lino Ventura ? Claude Sautet a la réponse : « J'ai connu Jean-Paul Belmondo grâce à lui, se souvient José Giovanni. Un soir, il me dit : "Je vais te montrer un comédien qui sort vraiment de l'ordinaire." Nous débarquons à L'Échaudé. Il n'était pas encore arrivé. La porte du café s'ouvre : c'était lui. J'avoue qu'à ce moment-là, quelque chose s'est passé. Il y a eu comme une onde. Il avait une dégaine, une allure à contre-courant des beaux jeunes premiers de l'époque, un peu gravures de mode. Il dégageait une énorme sympathie. J'étais vraiment épaté. » Cette rencontre avait eu lieu bien avant le tournage d'*À bout de souffle*.

Convaincu sans peine par les deux complices, Lino Ventura donne son accord. « Lino a été immédiatement emballé par Jean-Paul, sa jeunesse, sa mobilité, son côté sportif, son "look" comme diront plus tard les magazines, rapporte Claude Sautet. Son côté maigre, osseux lui donnait une dimension romantique qui, forcément, touchait Lino. Ce que Belmondo avait de chouette, à ses débuts, c'était ce regard de compassion qu'il portait sur les choses et qu'il a un peu perdu, à mon avis, en prenant du poids et de l'âge. »

Classe tous risques peut démarrer. Mais il ne démarre pas : Bob Hamon, le producteur, ne l'entend pas de cette oreille : le physique de Jean-Paul Belmondo ne lui convient pas. « Il disait qu'avec cette tête-là, il ne ferait jamais croire à l'histoire d'amour du film, qu'il avait une tête de voyou, poursuit José Giovanni. Il s'opposa farouchement à ce choix et alla jusqu'à nous dénoncer au CNC, nous accusant de chantage. Texto. Lui, il pensait à Dario Moreno pour le rôle ! Bref, on s'est battu, et on a fini par l'emporter. »

Ainsi, libéré par Jean-Luc Godard, Belmondo s'envole pour Nice et rejoint l'équipe de *Classe tous risques.* « Un film d'une très solide facture, à la mise en scène rapide, sobre, ferme », notera *L'Express* à sa sortie. En passant de Godard à Sautet, on peut penser que le comédien changeait de planète. À l'improvisation de Jean-Luc Godard, en effet, semblait répondre la minutieuse et longue élaboration d'un Claude Sautet qui, outre sa carrière de réalisateur, sera l'un des grands spécialistes du travail purement scénaristique. François Truffaut le surnommera le « ressemeleur » de scénarios. Contrairement à ses jeunes collègues de la Nouvelle Vague, qui rejetaient toute idée de formation, Sautet a d'abord appris son métier à l'IDHEC, aujourd'hui la FEMIS, puis sur le tas pendant dix longues années d'assistanat. Il fut même étudiant à l'École des Arts décoratifs, et critique musical. Mais de ce laborieux parcours naîtra une œuvre pas si classique que cela.

Contrairement à Godard, Sautet n'est pas un iconoclaste. Au fil de sa carrière, il sut respecter la tradition tout en la dépoussiérant. *Classe tous risques* en est le premier exemple, avec cette approche sensible de personnages délestés de leur gangue conventionnelle. Il est vrai qu'il y fut aidé par l'apport tout neuf de José Giovanni, ainsi que par le jeu net et pur, somme toute « moderne », de Lino Ventura et de Jean-Paul Belmondo. Malheureusement, *Classe tous risques* sortit à la même période que le raz-de-marée *À bout de souffle*, et ne fit pas long feu à l'affiche. Il se rattrapera par de multiples rediffusions à la télévision. Avec le recul, Belmondo lui rendra même un bel hommage, dix ans plus tard, confiant à Guy Braucourt : « J'aime énormément Sautet et je pense – cela m'embête de le dire parce que je joue dedans – que *Classe tous risques* est le meilleur film policier français. Du reste, pour ce genre, il n'y a que Sautet et Melville. » À l'aube des années 1960, Melville non plus, ne tardera pas à lui faire signe.

Son ambulance à peine remisée au garage, l'impatient et boulimique Belmondo prend deux rendez-vous : l'un avec Brigitte Bardot, l'autre avec Jeanne Moreau. La première, après avoir fait la folle dans *Babette s'en va-t-en guerre*, avait décidé de changer radicalement d'emploi, acceptant d'être la superstar du prochain film d'Henri-Georges Clouzot. Pour *La Vérité*, le réalisateur cherchait un acteur capable de séduire le blond sex-symbol. Jean-Paul fut convoqué en même temps que d'autres comédiens de charme du cinéma français, avec la mission de « prendre Brigitte dans ses bras, de l'enlacer très fort et de l'embrasser amoureusement ». En langage belmondien : « Clouzot m'a fait peloter le sein de Bardot pendant un quart d'heure. À droite, à gauche… Mais ma prestation s'est arrêtée là… » Si l'affaire ne se conclut pas malgré l'insistance du cinéaste, c'est, selon le comédien, parce qu'il ne se sentait pas d'incarner un musicien. La version de Brigitte Bardot est assez différente, si l'on s'en tient à son livre de souvenirs, *Initiales B.B.* : « Mon heure de "Vérité" approchait. Je fis des essais avec plusieurs jeunes acteurs. Je réapprenais le studio, la comédie, en donnant leur chance à des jeunes hommes pétrifiés par le trac. Clouzot me fit tourner la même scène pendant une journée entière avec Jean-Paul Belmondo, Hugues Aufray, Gérard Blain, Marc Michel, Jean-Pierre Cassel et Sami Frey. C'était une scène d'amour ! Je les prenais dans mes bras, sentant leur panique, leur sueur, leur trac. Je leur disais les mêmes mots avec la même conviction. Ils me répondaient chacun avec leur personnalité différente. Jean-Paul Belmondo était trop sûr de lui, même si son cœur battait fort contre moi… Sami Frey était comme il fallait être, lointain et proche, tendre et dur, amoureux et lucide. Il fut engagé. » Ainsi s'écrit la – petite – histoire du cinématographe !

Du côté de Jeanne Moreau, l'aventure fut tout autre, mais là encore les atermoiements n'ont pas manqué.

L'actrice s'était mise en tête de participer à l'adaptation d'un livre de Marguerite Duras, *Moderato cantabile* – voire de le produire. Or, elle n'était pas seule à décider : on avait engagé Peter Brook, metteur en scène de théâtre britannique qui avait réalisé quelques films. Et surtout, l'auteur s'était fait scénariste : en tant que telle, elle était bien décidée à suivre de près la préparation du long-métrage. Fascinée par le cinéma, Marguerite Duras passera plus tard aux commandes de ses propres films.

Quel comédien pour donner la réplique à Jeanne Moreau ? On convoqua Jean-Paul Belmondo à une audition. Peter Brook hésitait. Quant à Marguerite Duras, elle avait une autre idée, comme le rapporte avec humour un certain Jorge Semprun, futur ministre de la Culture de l'Espagne post-franquiste, alors écrivain en exil et membre du comité central du parti communiste espagnol : « Un jour, Marguerite me téléphone. J'habitais alors boulevard Saint-Germain. C'était urgent, dit-elle. Elle me donne rendez-vous une demi-heure plus tard, en bas de chez moi. Marguerite voulait que je joue Chauvin dans *Moderato cantabile.* Et voilà que Peter Brook se pointe à son tour. Il s'exclame : “C'est lui, c'est lui !” Je ne pouvais pas leur dire pourquoi il m'était impossible d'accepter le rôle, étant dirigeant du parti communiste espagnol et effectuant de fréquents séjours clandestins en Espagne. Marguerite et Peter ont fini par se résigner face à mon refus, dont je ne pouvais expliquer les motifs. Peter Brook a dit : “Tant pis, j'ai rendez-vous avec Raoul Lévy chez Maxim's : je vais signer avec Belmondo.” »

Mais Brook, occupé à d'autres tergiversations, met des semaines avant de passer à l'action. Beaucoup trop long pour une star en devenir, qui sent enfin sa bonne étoile le guider vers les sommets. Aussi, quand le réalisateur de télévision Claude Barma lui propose de participer à son spectacle inspiré des *Trois Mousquetaires* de Dumas, il accepte sans rechigner. On en est encore à la chaîne unique. Voilà donc notre héros en d'Artagnan, ferraillant avec les gardes du Cardinal aux côtés de Robert Hirsch, Hubert Noël, Daniel Sorano, Georges Descrières, et même Michel Galabru, son ancien mentor des tournées banlieusardes. À l'époque, le téléfilm n'existait pas encore et, plutôt que singer le cinéma, la télévision se cantonnait à imiter le théâtre. Mais les cadences infernales étaient déjà à l'ordre du jour. Jean-Paul Belmondo gardera un souvenir assez terrifiant de cette expérience, qui tenait plus de l'abattage de comédiens que de l'expression artistique. Il fallait apprendre son texte et se familiariser avec son personnage lors de répétitions-éclair, puis tout le monde était poussé sur « scène », au milieu de caméras qui renvoyaient ce qu'elles voulaient, en direct, aux heureux et rares propriétaires de récepteurs en noir et blanc.

« J'ai fait une seule télé dans ma vie, dira-t-il, en pleine gloire, au *Film français.* Les gens ne savent même pas si c'est un film ou une émission. Faire de la télévision ne m'intéresse pas. Si je fais un film demain, je vais le vendre cher. Si je le vends à la télévision pour un prix modique, vingt millions de personnes le voient à l'œil. Il faut choisir. Je ne parle pas des acteurs, parce que, naturellement, il faut bien vivre. Mais les vedettes ne devraient pas faire de télévision. Même pas passer dans les émissions de variétés. Je m'y suis toujours refusé... Si j'ai envie de jouer *Hamlet*, je préfère aller jouer à Pontivy ou à la Maison de la culture de Créteil. » Longtemps, Jean-Paul Belmondo s'en tiendra à cet évangile, et il faudra attendre l'aube du troisième millénaire pour le revoir sur le petit écran.

Le tournage de *Moderato cantabile* sera moins fatigant, mais tout aussi décevant pour Jean-Paul Belmondo : « Marguerite Duras compliquait tout et Brook parlait très mal le français. Parfois, il me demandait si je comprenais ce que je disais, alors que c'est lui qui ne comprenait rien », dira-t-il. Si encore il n'y avait eu que ça ! Mais le film est encombré des dialogues trop écrits de la romancière-scénariste-dialoguiste qui le plombent sans jamais parvenir à s'y intégrer. Belmondo semble traverser *Moderato cantabile* en total étranger. Interprétant un simple ouvrier des docks, il a effectivement du mal à dire avec naturel des répliques du genre : « Je vous ai vu si souvent passer sur le quai qu'il me paraît difficile de croire que vous êtes là. » Les plans de Peter Brook, quant à eux, réussissent l'exploit d'être à la fois anodins et lourdement signifiants. « Voilà un film d'un ennui parfait, vivement recommandé aux personnes qui ont le sommeil difficile », conclura *Le Canard enchaîné.* Seule à tirer son épingle de ce jeu de dupes, Jeanne Moreau récoltera un prix d'interprétation à Cannes.

Pour corser le tout, alors qu'en ce mois de février 1960, les dissensions entre Brook et Belmondo et son metteur en scène allaient croissant, celui-ci fut victime d'un accident de voiture qui faillit coûter la vie au fils de Jeanne Moreau, âgé de dix ans. Fuyant chaque fois que possible ce tournage rébarbatif, Belmondo quittait régulièrement les Charentes pour de longues balades à bord de sa petite Dauphine Gordini flambant neuve. Suralimentée par son constructeur, elle avait une très mauvaise tenue de route. Une flaque d'eau suffit à l'envoyer contre un platane. Soigné à l'hôpital de Saintes, l'acteur s'en tira avec un poignet cassé. Mais le petit Jérôme, qui l'accompagnait ce jour-là, tomba dans un coma de plusieurs jours. Si Jeanne Moreau fit face avec sang-froid et intelligence, une certaine presse se déchaîna contre le comédien. Jérôme finit par se réveiller sans la moindre séquelle, et le tribunal conclut que la responsabilité du conducteur de la Dauphine n'était pas engagée. Mais ce fut une rude épreuve pour Jean-Paul Belmondo, qui rendra plus tard hommage à l'élégance de Jeanne Moreau : « Elle a été extraordinaire avec moi. Elle ne m'a jamais fait le moindre reproche, pas la moindre allusion à mon éventuelle imprudence. Elle a agi comme si je n'étais pas responsable. Dans leur douleur, peu de femmes auraient eu cette grandeur d'âme. Je lui en voue une reconnaissance éternelle. »

Le décès de son grand ami Henri Vidal bouleverse le nouveau plan de travail d'Henri Verneuil. Belmondo entame alors avec le réalisateur une longue et fidèle collaboration. Vidal devait jouer le mari dans un épisode de *La Française et l'amour*, un film à sketches – genre alors à la mode en France comme en Italie. La production n'avait pas lésiné sur les moyens : pas moins de sept sketches étaient prévus : *L'Enfance*, *L'Adolescence*, *La Virginité*, *Le Mariage*, *L'Adultère*, *Le Divorce*, *La Femme seule*. C'est *L'Adultère* qui incombait à Verneuil. Les autres étaient signés Jean Delannoy, Henri Decoin, Jean-Paul Le Chanois, Michel Boisrond, Christian-Jaque et René Clair. Le projet ayant été confié à d'irréductibles tenants du cinéma dit « classique », on aurait pu croire à une sorte de manifeste de « l'Ancienne Vague » face à la montée en puissance des jeunes rebelles des *Cahiers du cinéma*.

Paul Meurisse reprenant le personnage initialement prévu pour Henri Vidal, on lui donne Dany Robin pour épouse, à la place d'Annie Girardot, déplacée dans un autre sketch. Initialement destiné à Daniel Gélin, le rôle de l'amant échoit à Jean-Paul Belmondo. L'idée du film était d'égrener les caractéristiques-type de la « femme française » de l'époque, très sérieusement recensées en amont du tournage par une agence de sondages. Si l'enquête peut paraître contestable, il est indéniable qu'on propose à Jean-Paul Belmondo de plus en plus d'emplois de séducteur. Cette nouvelle figure atypique interpelle fortement la presse, y compris hors de nos frontières. C'est ainsi qu'en 1960, on peut lire dans l'hebdomadaire suisse *L'Illustré* : « Il n'est même pas beau. Le nez de travers, les oreilles décollées, la bouche fait le tour de la tête, la barbe est rare et mal rasée. Mais des paupières lourdes lui font l'œil tendre, et son sourire, quand il veut bien, lui ouvre la face comme une tirelire d'enfant sage. Cela plaît aux filles. [...] Aujourd'hui, il tourne à Paris *Les Distractions*, sous la direction de Jacques Dupont. Demain, il part pour l'Italie tourner avec Vittorio De Sica. Un autre film l'attend avec Sophia Loren. De vedette française, il deviendra vedette internationale. Bientôt, toujours sans cravate et son éternelle cigarette pendant à la lèvre inférieure, il ira jusqu'à Hollywood, puis au bout du monde, montrant aux populations étonnées comment sont les gars de Paris quand ils ont vingt ans, du sang dans les veines, la tête pas trop pleine, le cœur un peu vide, mais des mains et une bouche pour prendre et pour hurler. »

Clairvoyant, l'auteur de l'article ne se trompait que sur Hollywood… et sur la cigarette, qu'il finira par abandonner.

VOYAGES EN ITALIE

Ses nouveaux cachets n'ayant plus rien à voir avec ceux qu'il gagnait quelques mois plus tôt, Jean-Paul Belmondo va pouvoir remplacer sa Dauphine en miettes par une Sunbeam, autre petit monstre roulant, et offrir à Élodie le voyage de noces dont ils ont été privés l'année de leur mariage. Ce sera très classiquement Venise. Un avant-goût, aussi, du séjour en Italie qu'il prépare au plan professionnel. En France, il emmène sa fille Florence sur les fonts baptismaux de l'église Saint-Dominique. Une occasion de plus de faire la fête et de régaler les copains dans un bon restaurant du Bois de Boulogne.

C'est alors qu'il signe, un peu vite, avec Jacques Dupont, dont l'expérience cinématographique se réduit à un documentaire partisan sur la guerre de Corée. Dans *Les Distractions*, Belmondo doit incarner un ancien parachutiste reconverti en reporter-photographe et volant au secours d'un ancien camarade de régiment, campé par Claude Brasseur, que la police prend en chasse pour avoir renversé un motard. Vous avez dit *À bout de souffle* ? Le dessein inavoué de Jacques Dupont était de placer son film dans les traces toutes fraîches de Jean-Luc Godard, voire d'adopter ses méthodes de filmage. Mal lui en prend : « Dès le deuxième jour de tournage, se rappelle Jean-Paul Belmondo, on a compris que tout était foutu. Jacques Dupont n'avait rien préparé, et se montrait parfaitement incapable d'improviser sur le plateau. C'était une pagaille indescriptible, provoquant des disputes et des déceptions incessantes. » Ce qui vaudra au film ce jugement sans appel de *Cinéma 61* : « Il n'y a rien à sauver de cette bande, même pas le talent d'acteurs comme Belmondo, Claude Brasseur et Françoise Prévost qui se promènent là-dedans avec détachement et sans être le moins du monde concer nés par cette histoire. » La même revue nuancera son jugement deux ans plus tard : « On peut se demander ce que seraient *Les Distractions* sans la création de Belmondo. Il tient le film sur ses épaules et lui donne une dimension dont Dupont aurait été incapable. »

Quand on est un comédien plein d'avenir, il est naturel d'avoir envie de participer à ce cinéma italien de l'après-guerre, si roboratif et créatif. C'est, par exemple, chez Luchino Visconti qu'Annie Girardot et Alain Delon jetèrent les bases ô combien solides de leurs longues carrières. Jean-Paul Belmondo n'aura pas cette chance, mais son nom restera néanmoins attaché à deux œuvres fort estimables au moins, et ce qu'il appellera sa « campagne d'Italie » mérite que l'on s'y attarde. Lorsqu'il arrive à Rome pour tourner *La Novice* (*Lettera di una novizia*) d'Alberto Lattuada, aux côtés de Pascale Petit, il est déjà en terrain conquis, et sera pratiquement accueilli comme une vedette internationale. Il était venu présenter lui-même *À bout de souffle* lors de sa sortie à Rome, et avait créé l'événement, notamment auprès de jeunes spectatrices particulièrement enthousiastes : « Quelques *ragazzine* débordantes de francophilie m'ont suivi, mais c'est tout, rapportera-t-il. Le film, lui, a été jugé excellent, ce qui est normal, il me semble. » N'empêche : les photographes sont sur le pied de guerre au moment où Jean-Paul Belmondo débarque en compagnie d'Élodie, laquelle profitera de l'occasion pour aller se reposer aux thermes d'Albano.

Alberto Lattuada est une solide référence dans le cinéma transalpin, mais bien moins pour ses films que pour son action antifasciste du temps du Duce et sa participation à la création de la Cinémathèque italienne. Il choisit donc *Lettere di una novizia*, roman de Giuseppe Piovene, scénarisé et dialogué par l'écrivain Roger Vailland. Ladite novice a bien du mal à prononcer ses vœux, ayant sur la conscience le meurtre du jeune amant de sa mère, dont elle était éprise.

L'argument ne casse rien. En fait, l'idée n'est pas tant de nous émouvoir que de bâtir un scénario à la gloire de Pascale Petit, à cette époque « numéro un des jeunes premières françaises » selon *Cinémonde*. Et Lattuada s'empresse de justifier son choix : « Pour traduire l'âme de cette jeune fille découvrant la liaison de sa mère, pour figurer ce mélange de sensualité et de refoulement, il fallait Pascale

Petit, et pas une autre. Seule, celle que j'avais admirée dans *Les Tricheurs* pouvait incarner l'héroïne de Piovene, de Vailland et de la mienne. » C'est un prêtre, Dom Paolo, qui découvrira le secret de la jeune fille. Jean-Paul Belmondo était prévu pour le rôle : il le refuse. À l'évidence, il ne voyait pas du tout venir Melville et son *Léon Morin, prêtre*, et déclara tout de go à *Cinémonde* : « J'ai relu le scénario à Collioure, avec ma femme et ma belle-mère. Eh bien, j'ai senti d'une façon définitive que porter la soutane, ce n'était pas, disons, dans mes cordes. »

Il sera donc l'amant, sans conviction : « Ma partenaire Pascale Petit n'était pas exactement à mon goût. Je n'aime pas les petites cérébrales qui pratiquent le yoga et vous citent la Bhagavad-Gîta quand, à la cantine, vous leur demandez si, avec le bifteck, elles veulent des épinards ou des pommes Pont-Neuf. J'estime, d'autre part, que Pascale est une comédienne de peu de talent, et je ne suis pas étonné qu'elle soit finalement passée au rayon des laissés-pour-compte. »

Passer les Alpes pour tomber sur une actrice française qu'on n'aime pas du tout n'a rien de très affriolant : il ne reste qu'à aller à la rencontre d'une vraie star féminine du terroir. Ce sera chose faite grâce au cinéaste Vittorio De Sica, qui l'engage dans *La Ciociara*. En osmose totale avec Cesare Zavattini, le grand théoricien de la fameuse école du néoréalisme italien, De Sica a déjà tourné l'un des plus grands films de l'histoire du cinéma : *Le Voleur de bicyclette*.

Il s'agit cette fois d'adapter un roman d'Alberto Moravia. Par les yeux d'une femme et de sa fille, *La Ciociara* est la douloureuse chronique d'une Italie détruite par le fascisme et livrée aux derniers affrontements qui ensanglantent son sol et accélèrent sa déchéance. Sophia Loren est la « Ciociara », celle qui porte la *ciocia*, espadrille fixée par des lanières montantes. Elle quitte Rome pour rejoindre son village natal, et ne rencontre sur sa route que violence et désespoir. Seul, peut-être, un jeune intellectuel pacifiste pourrait lui apporter le soutien dont elle a cruellement besoin. Mais en voulant porter secours à une poignée d'Allemands en déroute, le jeune homme disparaît. Le corps engoncé dans des vêtements râpés, Jean-Paul Belmondo devient le personnage porteur d'espérance que Moravia, par la bouche de son héroïne, décrivait ainsi : « C'était un type curieux, Michel... Il portait des lunettes et cheminait, fier et superbe, avec l'air d'un homme que rien n'intimide. Très studieux, il avait vingt-cinq ans environ, mais à cause de son sérieux et de ses lunettes, on lui en aurait donné trente au moins. En fait de femmes, il n'avait, selon moi, jamais eu d'expériences amoureuses. C'était un homme qui avait lu beaucoup de livres et savait beaucoup de choses. »

Entre Sophia Loren et Jean-Paul Belmondo, l'humeur est au beau fixe. Le jeune homme va jusqu'à taquiner la star, alors mariée au producteur Carlo Ponti, en lui fredonnant des chansons du style *Vous n'aurez pas l'Alsace et la Lorraine.* Son rôle étant plutôt modeste, Jean-Paul Belmondo prendra le temps d'observer l'actrice au travail : « Sophia est une nature impressionnante. Elle n'a jamais appris à jouer et par conséquent, elle ne joue pas. Elle *vit* ses rôles, au sens plein et premier du terme. On lui dit de pleurer, elle pleure vraiment du fond du cœur et tout se met en marche : les glandes lacrymales fonctionnent à plein tube. On lui dit d'aimer, et elle aime sincèrement, le temps d'un plan. Cette grande bonne femme – elle mesure près d'un mètre quatre-vingts – et aux proportions impudiques possède un potentiel érotique absolument exceptionnel. Quand elle montre un genou, elle est déjà entièrement à poil. Et quand elle est à poil, ce doit être apocalyptique. » L'hommage ne manque pas de sel, mais au printemps 1961, le jury de Cannes saluera à son tour la belle Italienne en lui décernant le prix d'interprétation féminine.

Il n'a pas encore quitté De Sica que Belmondo songe déjà à rejoindre Jean-Luc Godard et son ami Jean-Claude Brialy pour *Une femme est une femme.* En outre, il vient de signer avec Jean-Pierre Melville pour l'adaptation d'un roman de Béatrix Beck : *Léon Morin, prêtre.* Le comédien dément alors son aversion pour le port de la soutane : « Lattuada m'avait demandé de jouer un rôle de prêtre. J'avais préféré le personnage du gigolo, plus conforme à mon style habituel. Mais le charme de ce métier n'est-ce pas, justement, sa variété et la possibilité de changer ? Aussi, je viens d'accepter de revêtir la soutane de *Léon Morin, prêtre*, que je vais tourner sous la direction de Jean-Pierre Melville. »

Auparavant, il croise la route de Gina Lollobrigida, engagée par Renato Castellani, autre adepte du néo-réalisme, pour un film court sur les aléas du métier de marin : *Mare matto*, dont la traduction littérale est *La Mer folle*, mais qui deviendra, pour son exploitation en France, *La Mer à boire*. L'occasion de travailler aux côtés de cette immense star a certainement davantage pesé dans ce choix que le personnage improbable de marin caboteur qu'on lui propose. Quoi qu'il en soit, il s'embarque sur le bateau de Castellani, sans savoir qu'il ferait bientôt naufrage. À l'origine, il s'agissait d'aborder un problème social : débarqués tous les quatorze mois, les marins qui vivent du cabotage doivent trouver des expédients pour survivre à terre, dans l'attente d'un nouvel engagement. Mais, emporté par son élan, le cinéaste ne cessera d'apporter des compléments à l'histoire. Il en résulte un long-métrage perdant son propos en cours de route, et se diluant dans de fumeuses aventures tragi-comiques. « Personne n'y a rien compris », reconnaîtra, impuissant, Jean-Paul Belmondo, non moins ravi d'avoir côtoyé la fameuse Bersagliera de *Pain, amour et fantaisie*. Une joie partagée : « Entre acteurs, explique Gina Lollobrigida, il y a toujours un peu de compétition. Pas avec Jean-Paul. Il est lui-même sur un tournage, très naturel, c'est vraiment un plaisir de travailler avec lui. C'est comme être avec un ami, un ami qui ne sent pas la caméra, ni les lumières, qui ne sent même pas qu'il y a un metteur en scène. » En France, le public ne sent pas grand-chose non plus : parvenir à dépasser les trente mille entrées, c'était vraiment « la mer à boire ».

Jean-Paul Belmondo retrouve la France, plutôt satisfait de sa campagne d'Italie. De son côté, Jean-Luc Godard a terminé le tournage de son deuxième long-métrage avec Michel Subor, *Le Petit Soldat*, qui sera interdit par la censure. Il est passé aux préparatifs d'*Une femme est une femme*, et il n'est pas question de faire faux bond à son acteur-fétiche. Retour au bercail donc, mais… fausse sortie ! Des producteurs italiens n'ont qu'une idée en tête : enrôler Belmondo dans le prochain opus de Mauro Bolognini : *La Viaccia*. Le scénario, auquel ont travaillé l'écrivain Vasco Pratolini et Pasquale Festa Campaline, est adapté de *L'Eredità* (*L'Héritage*), roman de Mario Pratesi. L'histoire se déroule en Toscane en 1876. Le fils d'un paysan, vivotant dans une pauvre ferme, la « Viaccia », s'amourache d'une ravissante prostituée qui vend ses charmes dans une maison close de Florence. Au sujet de ce film, Vasco Pratolini, spécialiste de Pratesi, refuse le mot de « naturalisme », qui équivaudrait à intégrer le projet cinématographique dans le courant du néoréalisme, et préfère parler d'une « histoire psychologique de mœurs ». Au final, ces mots s'appliquent fort bien à la carrière de Mauro Bolognini.

Remis de la fatigue de ses trois tournages précédents, et bénéficiant d'un sursis de trois semaines avant le Godard, Jean-Paul Belmondo finit par céder à l'insistance d'Alfredo Bini, le producteur de *La Viaccia*, qui raconte : « Ayant engagé une coproduction avec la France, il me fallait un acteur français dans le rôle d'Amerigo. Qui pouvait se mettre dans la peau d'un jeune paysan toscan de la fin du XIXe siècle ? Je ne sais pas si Mastroianni aurait fait l'affaire… À ce moment-là, Belmondo était en Italie. Il travaillait avec De Sica. On a discuté, mais il avait des engagements jusqu'en 1962. Je me suis rendu à Paris pour prendre contact avec Sami Frey. Mais le matin même, il entrait en clinique. J'ai contacté Delon, il ne pouvait pas non plus. Après quelques jours de recherches infructueuses, j'entre un soir dans un restaurant et je tombe sur Belmondo. Je lui fais part de mes ennuis. Il me répond qu'il en est désolé car le film l'intéresse : "Je le ferais volontiers si j'en avais le temps, se justifie-t-il. Mais, vois-tu, là, je m'arrête une vingtaine de jours pour mettre mes affaires en ordre et..." Je ne l'ai pas laissé finir : "Vingt jours, ça me suffit." Belmondo me les accorda. Je l'ai emmené à Rome sans délai et, quelques jours plus tard, nous commencions les prises de vues. »

Un grand comédien doit aussi avoir du flair. En l'occurrence, Jean-Paul Belmondo n'en manque pas : *La Viaccia*, connu aussi en France sous le titre *Le Mauvais Chemin*, restera son meilleur film italien. Présenté l'année suivante à Cannes, en même temps que *La Ciociara*, *La Viaccia* se verra gratifier d'une mention spéciale du jury. Bianca, la prostituée, est interprétée par la ravissante Claudia Cardinale : « La meilleure actrice dont on puisse rêver pour ce rôle ! » dira Bini. Contrairement au script, qui les voit s'affronter, Claudia et Jean-Paul s'entendent à merveille : « Belmondo, je l'ai rencontré pour la première fois à la sauvette, raconte-t-elle. J'avais commencé à tourner quand il est arrivé. Nous nous sommes vus sur le seuil du studio, mais personne n'a pensé à nous présenter, croyant que nous nous connaissions déjà. J'étais un peu gênée, d'autant plus qu'en le voyant, j'avais été déçue !... Je l'imaginais plus grand, plus imposant, plus "vilain". Mais tout a été facile. Dès que nous avons commencé à parler français, nous sommes devenus amis. C'est un grand acteur, je crois, mais c'est un ami encore plus exceptionnel. En Italie, il est difficile de rencontrer quelqu'un comme lui, qui sache créer une atmosphère de camaraderie. Un acteur italien, sous prétexte qu'il travaille avec vous et vous trouve jolie, se croit autorisé à envisager des rapports différents. Jean-Paul, au contraire, vous fait tout de suite comprendre qu'il veut être votre ami, et qu'il n'a pas d'idées derrière la tête. Je ne l'ai jamais entendu dire du mal de quelqu'un, jamais un gros mot. Il faut l'entendre parler de ses amis, surtout de ceux, comme le pauvre Henri Vidal, qui l'ont aidé alors qu'il crevait de faim, et lui ont offert des petits rôles. Quand il ne parle pas de ses amis, il évoque sa famille, sa femme, ses filles, sa voiture neuve, tout comme un fils de bourgeois. »

Jean-Paul et Claudia auront d'autres occasions de s'apprécier : Philippe de Broca les réunira bientôt dans *Cartouche*.

Amant, prêtre et truand

Jean-Paul Belmondo s'apprête à tourner son deuxième « long » Godard : *Une femme est une femme.* La femme, c'est Anna Karina. La brune égérie de Jean-Luc Godard est née Anna Karin Bayer, au Danemark. Depuis, elle a écourté son patronyme, mais elle a su entretenir son délicieux accent, très identifiable. Si elle a raté *À bout de souffle*, elle s'est rattrapée en sautant dans le train suivant : *Le Petit Soldat*, l'histoire de Bruno Forestier, déserteur de l'armée française en Algérie et membre de l'OAS en Suisse. Au moment d'*Une femme est une femme*, on ne la connaît toujours pas, la sortie du *Petit Soldat* ayant été bloquée par la censure jusqu'en 1963. Piquante et moderne, Anna Karina donnera la pleine mesure de son talent dans tous les films de Godard jusqu'en 1966. Le synopsis d'*Une femme est une femme* a déjà été publié dans *Les Cahiers du cinéma* en 1959. On y apprend que Josette (qui deviendra Angela) est strip-teaseuse dans un dancing de la porte Saint-Martin, qu'elle vit avec Émile, un libraire qu'elle aime, mais qu'elle convoite en même temps Paul – qui deviendra Alfred Lubitsch, en hommage au roi de la comédie américaine. Car Angela veut un enfant, et Émile s'y oppose.

Le tournage suivra à peu près cette trame, mais, du propre aveu du cinéaste, les dialogues seront largement improvisés : « Sur *À bout de souffle*, j'écrivais la veille du tournage, sur *Le Petit Soldat,* le matin. Sur *Une femme est une femme*, j'écrivais au studio pendant que les acteurs se maquillaient. Mais, encore une fois, on ne trouve jamais que des choses à quoi l'on pensait depuis longtemps. » Une méthode qui s'avère parfois payante, en témoigne cet échange devenu célèbre :

ÉMILE : Angela, tu es infâme !
ANGELA : Je ne suis pas *un* femme, je suis *une* femme.

Cette comédie, atypique dans l'œuvre du cinéaste, se situe dans le décor banal d'un appartement, reconstitué en studio. Mais le lieu reste paradoxalement ouvert – le libraire Émile aime d'ailleurs y faire de la bicyclette. Une ouverture sur tous les possibles, favorisée par la largeur du Cinémascope : « J'ai découvert le scope avec *Une femme est une femme*, expliquera Godard. Je pense que c'est le format normal et que le 1,33 est un format arbitraire. Le scope est le format dans lequel on peut tout tourner. » Complices de toujours, Brialy en cycliste et Belmondo en amant occasionnel, trouveront d'emblée le ton juste et léger que nécessitait un tel sujet, et sauront mettre en valeur l'appétit de vivre de la belle Angela. Jean-Paul est ravi de retrouver cette liberté d'improvisation. Mais, là encore, Godard sait où il va : « Ma position envers les acteurs a toujours été celle de l'intervieweur en face de l'interviewé. Je cours derrière quelqu'un et je lui demande quelque chose. En même temps, c'est moi qui ai organisé la course. » Quant aux couleurs franches qui dominent le film, elles semblent posées sur l'écran comme par un peintre qui les aurait étalées au couteau. Tournant le dos à tout naturalisme, le cinéaste colore son film lui-même, au lieu de laisser la pellicule enregistrer de manière neutre décors et personnages.

Ces qualités novatrices ne parviendront à convaincre ni le public ni la critique, qui avaient, en son temps, porté *À bout de souffle* aux nues. *Une femme est une femme* n'enregistrera qu'un dixième des entrées de son illustre prédécesseur. En revanche, le film est bien accueilli au Festival de Berlin, où il reçoit deux prix : l'un pour Anna Karina et l'autre pour le film lui-même. Rien pour Jean-Paul Belmondo. Il se consolera plus tard, avec le succès de son troisième Godard. En attendant, l'aventure Melville commence.

Lorsque le cinéaste était venu lui proposer le rôle de Léon Morin sur le tournage de *La Ciociara*, il avait peut-être eu vent de son refus de porter la soutane pour Alberto Lattuada. Toujours est-il qu'il avait pris soin d'en emporter une dans ses bagages. Là encore, le flair de Jean-Paul Belmondo s'avéra son meilleur allié. En définitive, cet uniforme peut être seyant, voire devenir un accessoire de séduction. Beau joueur, et oubliant ses ultimes réticences, l'acteur essaiera la soutane de Melville devant toute l'équipe du film de Vittorio De Sica, médusée. La métamorphose se fera très naturellement : Léon Morin, prêtre, prenait vie sous leurs yeux. La romancière Béatrix Beck l'avait imaginé une dizaine d'années plus tôt, sur le papier. Bien lui en prit, puisqu'il lui valut le prix Goncourt 1952. Parmi ses nombreux lecteurs, Jean-Pierre Grumbach, alias Jean-Pierre Melville, réalisateur indépendant qui venait d'adapter à l'écran *Les Enfants terribles* de Jean Cocteau. Immédiatement, Melville avait songé à en faire un film. Son intransigeance de metteur en scène, sa farouche volonté de ne jamais rien devoir à personne et sa passion communicative pour le meilleur cinéma américain firent de lui l'un des modèles, puis des parrains de la Nouvelle Vague. C'est ainsi que dans *À bout de souffle*, on le retrouve exprimant ses idées, sous le masque d'un écrivain. Cette participation lui avait permis de faire la connaissance de Jean-Paul Belmondo.

Dans son *Léon Morin, prêtre*, Béatrix Beck décrit le cheminement de Barny, une femme isolée dans une petite ville française, pendant la Seconde Guerre mondiale. Athée, elle va tenter de combattre son infernale solitude en allant provoquer un jeune prêtre, sous prétexte de se confesser. Cette troublante rencontre l'amène à engager une relation ambiguë avec cet homme de Dieu, qui n'en est pas moins homme. En réalité, comme l'explique Jean-Pierre Melville, ce n'est qu'une péripétie d'un livre foisonnant dont la sincérité avait aussi provoqué un petit scandale : « J'ai été fasciné par le contexte, par toute une foule d'anecdotes plus captivantes les unes que les autres, par les personnages... Mais ce film-là, il ne fallait pas y songer : trop de monde, trop de décors. Et puis il aurait fallu la couleur. Alors j'ai songé à me rabattre sur l'aventure de Léon Morin, un personnage important dans le livre de Béatrix Beck, mais qui n'est pas le personnage central, en dépit du titre. Malheureusement, je ne voyais pas d'acteur pour ce rôle. Pour Barny non plus, d'ailleurs. Je n'allais pas prendre Michèle Morgan ou Martine Carol, tout de même ! Alors, j'ai attendu... » Melville attendra donc *Hiroshima, mon amour*, révélation du cinéaste Alain Resnais, mais aussi d'une actrice à la voix entêtante, psalmodiant les mots de Marguerite Duras : Emmanuelle Riva. « En voyant *Hiroshima*, poursuit Jean-Pierre Melville, j'ai su qu'Emmanuelle serait Barny. Mais je n'avais toujours personne pour jouer Léon Morin. Habillés en curé, tous les acteurs français, même les meilleurs, ont l'air déguisé. Alors, j'ai attendu... » Il a bien fait.

Jean-Paul Belmondo rejoint Melville et son équipe début 1961. Le cinéaste embarque tout son monde dans les Alpes, du côté de Grenoble, pour tourner les extérieurs. Entre Jean-Paul et lui, c'est un premier vrai contact professionnel. Il y en aura deux autres : *Le Doulos* et *L'Aîné des Ferchaux*. Dans ce rôle de composition très inattendu, non seulement l'acteur se révèle remarquable, mais il revisite son personnage et lui donne une dimension nouvelle, comme le souligne Jean Wagner, critique et ancien assistant de Melville : « Jusqu'alors, quand un prêtre n'était pas objet de dérision, il était sujet d'exception : c'était soit un saint martyr et un ascète, soit une machine dégoulinante de bons sentiments. Mais un prêtre qui soit avant tout un homme charnel, aux réactions d'homme en même temps que de prêtre, l'écran ne nous en avait guère montré avant *Léon Morin*. C'est en ce sens, du reste, que le film diverge du livre dont il est adapté. Le récit étant biographique, Béatrix Beck avait donné la part du lion à Barny. Léon Morin n'existait qu'en fonction de Barny. Dans le film, l'œuvre répond à son titre : c'est Léon Morin qui envahit l'écran, et c'est aussi ce portrait de prêtre qui a passionné Melville. En cela, il a été aidé par son interprète principal, Jean-Paul Belmondo, qui a su offrir tout le poids charnel désiré par le réalisateur. Il fallait que l'acteur soit un prêtre possible, ce qui était d'autant plus difficile que le nom de Belmondo était indissociable d'*À bout de souffle*. Mais il fallait aussi que ce prêtre soit suffisamment homme pour qu'une femme tombe amoureuse de lui, sans pour autant sombrer dans la gaudriole. C'est un jeu de corde raide perpétuel, que Melville et Belmondo ont réussi à la perfection. »

Ce point de vue sur la prééminence du personnage interprété par Jean-Paul Belmondo est confirmé par Melville lui-même, qui déclare aux *Cahiers du cinéma* : « Franchement, ce n'est pas en voyant *À bout de souffle* que j'ai reconnu mon personnage. J'étais même assez loin d'y penser. Mais cette évidence s'est imposée lorsque j'ai vu *Classe tous risques* de Claude Sautet. En définitive, Belmondo a pris une place envahissante. À cause de lui, j'ai été amené à développer le rôle de Léon Morin. Au début, je ne me lassais pas d'ajouter des scènes pour Emmanuelle Riva. À la fin, je disposais de trois heures et quart de film, dont une heure avec Emmanuelle seule. Maintenant, le film est réduit à deux heures de projection exactement, et Belmondo y tient une place prépondérante. Belmondo est le plus extraordinaire acteur de sa génération. Son registre est infiniment plus varié que celui de Gabin à son âge, par exemple. Voyez-vous, on peut faire répéter la même phrase de vingt manières différentes à un acteur. La dire de dix-neuf manières fausses et la vingtième de manière juste, c'est à la portée de n'importe quel acteur. Mais la dire de vingt manières différentes, et toutes justes, c'est une autre histoire. Cela, Belmondo est capable de le faire. Je le sais, puisque je lui ai demandé des tours de force de ce genre. Je crois que, depuis la mort de Gérard Philipe, c'est la plus grande révélation de notre cinéma. »

Pourtant, Belmondo ne sera que moyennement heureux sur ce tournage. Il est vrai qu'il sort d'un film de Godard où tout se passe, du moins apparemment, dans un climat de permissivité absolue et le voilà soudain travaillant avec un metteur en scène bien plus directif et au caractère entier. Il y aura frictions, bouderies, et incartades : « Melville était très choqué par mon attitude. Quand, le soir, je partais au Ricard, il croyait que je me foutais du film. Il me disait : "Allez vous concentrer !" Je lui répondais : "Si je me concentre, je m'endors." Et en effet, un jour où il m'avait envoyé dans ma loge, on m'a retrouvé endormi. Pareil avec Emmanuelle Riva. Il y avait une scène où je devais lui parler en latin, et ils voulaient, elle et Melville, que j'apprenne tout le texte en latin. J'ai refusé. Je leur ai dit : "Vous me collez des papiers derrière et je vais le dire très bien, ce texte !" C'est ce qu'ils ont fini par faire. Et si vous voyez le film, j'ai l'air très inspiré parce que, tout en lisant, je cherche mon texte, et ça me donne l'air troublé. » Jean-Pierre Melville, de son côté, donne les raisons de cette mésentente qui, finalement, ne nuira pas au film : « Le défaut de Belmondo, c'est qu'il a été habitué à improviser son texte, à varier à chaque prise. Moi, je voulais qu'il dise le dialogue qui était écrit, et rien d'autre. Pour lui, ce changement de méthode était très dur. Malgré tout, il s'est plié à cette discipline et s'en est admirablement tiré. »

Léon Morin, prêtre ayant été produit de façon très conventionnelle par Georges de Beauregard, Jean-Pierre Melville espérait toucher le grand public et faire ainsi un peu oublier sa réputation de franc-tireur et d'artiste maudit ; il déchanta. L'accueil public fut tiède et la presse, en général, se demanda si c'était du lard ou du cochon : « C'est un film qui rappelle l'écriture d'un Bresson, mais en plus vulgaire et en plus insistant », lit-on dans *Combat.* Avec le temps, le film deviendra pourtant un classique. Mais Jean-Paul Belmondo, qui n'a pas le temps d'attendre, aura au moins eu confirmation qu'il est capable de porter les galons d'un comédien de premier plan, un an seulement après sa consécration dans *À bout de souffle.*

Pour se refaire une santé après ce tournage relativement austère, il s'empresse de jeter sa soutane aux orties et d'enfiler un costume dix-septième autrement plus flamboyant. Fines moustaches et longue perruque brune, le revoici dans un nouveau rôle de composition et, tant qu'à faire, aux antipodes du précédent. Car le duc de Lauzun n'est jamais qu'un coureur de jupons, très prompt à interférer dans les amours royales. D'où le titre de ce nouveau film à sketches : *Amours célèbres.* Ces amours, également aventureuses, se divisent en quatre volets traversant l'Histoire, du Moyen Âge à la IIIe République. Une noria de comédiens en vogue ont été conviés par Michel Boisrond à ce cossu divertissement. Des dialoguistes de choc aussi : Françoise Giroud, Jacques Prévert, Marcel Achard et Michel Audiard. Jean-Paul Belmondo, lui, est dans la case Louis XIV et son sketch s'intitule *Lauzun.* Il s'y amuse à enfermer le roi pour conquérir en toute quiétude Dany Robin, alias Madame de Monaco. Et il y parviendra, tout comme ce défilé de vedettes qui saura séduire des centaines de milliers de spectateurs. « Lauzun ? Oui, ce personnage me convient. Il n'était pas de haute lignée, et puis son côté aventurier n'est pas fait pour me déplaire. De plus, ma tenue est agréable au toucher », précisera le comédien à *Cinémonde* avant de monter dans son Alfa Romeo, qui a remplacé la Sunbeam. Mais elle sera bientôt supplantée à son tour par une Daimler. Car Jean-Paul change de voiture comme de costume.

Malgré tout, il trouve encore le temps de prolonger sa vie d'étudiant et de flâner dans les rues de la capitale : « Même marié à Élodie, il lui arrivait de mener une vie de patachon, dira José Giovanni. Quand il était chez lui, par exemple, il avait du mal à sortir. Mais quand il était dehors, pareil : impossible de le faire rentrer. Il était très copain avec Pierre Brasseur. Ils sortaient ensemble et s'offraient des bringues mémorables ! » Jean-Paul ne néglige pas le sport pour autant, fait toujours le goal avec ses Polymusclés, suit de près l'actualité de la boxe et tape lui-même de temps en temps sur un punching-ball, quand il ne sert pas de partenaire à son ami et champion Maurice Auzel. C'est cette passion pour la boxe qui pousse le documentariste François Reichenbach à faire appel à lui pour les besoins de son film *Un cœur gros comme ça.* Se plaçant à la lisière de la fiction, Reichenbach reconstitue le destin d'un boxeur sénégalais, Abdoulaye Faye, venu à Paris exercer son métier et rechercher la gloire. Belmondo, dans son propre rôle, prodigue ses conseils à l'Africain débutant. Cette curiosité ne passa pas totalement inaperçue, puisqu'elle obtint le très prisé prix Louis Delluc.

Jean Becker se lance alors dans l'adaptation d'un nouveau livre de José Giovanni, *L'Excommunié* : « Jean et Jean-Paul avaient immédiatement sympathisé sur *Classe tous risques*, se souvient Giovanni. Jacques Becker, son père, qui avait porté à l'écran mon roman *Le Trou*, m'avait dit qu'il avait beaucoup aimé *L'Excommunié*, un autre ouvrage de moi. Il avait ajouté que ce roman pourrait fort bien être mis en scène par Jean, son propre fils. J'en ai donc parlé à Jean-Paul. » Il était un peu trop jeune pour le rôle, mais il a néanmoins accepté, et c'est devenu *Un nommé La Rocca.* Jean-Paul Belmondo et Jean Becker se retrouveront plus tard pour deux autres films. *L'Excommunié*, à l'intrigue un peu compliquée, se veut avant tout un témoignage sans concession sur le milieu de la grande criminalité, que Giovanni a bien connu, au « facteur humain » à peu près nul. Alliances et trahisons s'y succèdent au gré des intérêts de chacun. Jean Becker s'y perdra un tantinet, d'autant que la production avait exigé une révision à la baisse de la violence décrite par le romancier, affadissant encore le projet. Jean-Paul Belmondo, dans le rôle principal aux côtés de Pierre Vaneck, ne parviendra pas à sauver le film de l'insuccès, et José Giovanni le filmera à son tour onze ans plus tard, sous le titre *La Scoumoune*.

Un nommé La Rocca reste néanmoins « le film de l'amitié » : Belmondo, Becker et Giovanni sont sur la même longueur d'onde. Mais en plein tournage, Belmondo se voit, pour la troisième fois, réclamé par les militaires qui n'en finissent apparemment pas de classer et déclasser son dossier. À sa grande stupéfaction, le comédien reçoit une convocation à laquelle il ne donne pas suite. Quand José Giovanni a vent de l'affaire, il réagit immédiatement : « Jean-Paul devait rejoindre une caserne à Bourges. Or, il était en train de tourner à Marseille. Il était donc une sorte d'insoumis. La productrice du film disait que ce n'était pas la peine qu'il s'y rende, qu'elle ferait le nécessaire, qu'il lui suffisait de passer un coup de fil au général commandant la Place de Marseille. Je n'étais pas de cet avis. J'étais persuadé que, le film achevé, on viendrait le chercher en lui passant les menottes. J'ai donc conseillé à Jean-Paul de me suivre sans tarder et nous sommes montés dans sa

Daimler, direction Bourges. On a roulé toute la nuit. Arrivé à la caserne, Jean-Paul s'est tout de suite présenté au colonel, qui s'est dit fort touché qu'un comédien de sa trempe se déplace en plein tournage pour venir le voir. Et il a reclassé son dossier. »

Après *Un nommé La Rocca*, Belmondo et Giovanni se retrouveront régulièrement pour faire du cheval à Bois-le-Roi, dans la banlieue de Fontainebleau. « Il montait bien, Jean-Paul », se souvient l'écrivain. Et fort de l'expérience des *Trois Mousquetaires*, il préparait aussi sans doute son retour dans un grand film de cape et d'épée.

Cartouche

Il était petit duc, il sera grand voleur. En cet été 1961, Jean-Paul Belmondo va faire beaucoup pour la légende de Louis Dominique, dit Cartouche, chef d'une bande d'assassins et de voleurs sévissant sous la Régence, que les gens d'armes royaux auront beaucoup de mal à capturer… Sous l'impulsion du jeune réalisateur Philippe de Broca, dont le penchant pour la comédie ne fera que se confirmer, cette version cinématographique de *Cartouche* sera davantage un grand film d'aventures qu'une scrupuleuse fresque historique. Le personnage de Cartouche, originellement peu recommandable, est ici présenté comme une sorte de flamboyant Robin des Bois, rebelle qui ne s'attaque qu'aux riches et au pouvoir écrasant les miséreux du royaume de France. Avec un Jean-Paul Belmondo en pleine forme, la prestation sera comparable à celle d'un Gérard Philipe, d'un Errol Flynn ou d'un Douglas Fairbanks. Du reste, Cartouche n'est pas tout à fait un inconnu pour le cinéma français. Déjà, en 1721, l'année de sa condamnation à mort, il devint le héros d'un spectacle théâtral intitulé *Arlequin Cartouche*. Et, avant Philippe de Broca, le cinéma lui avait rendu hommage dans deux films aujourd'hui oubliés : *Cartouche*, en 1934, du débutant Jacques Daroy et avec l'éphémère Paul Lalloz dans le rôle-titre, qui ne tournera rien d'autre ; *Cartouche, roi de Paris*, en 1950, du non moins oublié Guillaume Radot, avec Roger Pigaut. Philippe de Broca se frotte ici à un genre qui continue d'inonder les écrans de l'époque, de *Fanfan la Tulipe* à la énième version des *Trois Mousquetaires*. Et s'il se permet quelques libertés avec l'histoire, il n'en demeure pas moins fidèle à un cinéma au langage rodé depuis longtemps.

Inutile, donc, d'aller chercher dans ce nouveau *Cartouche* un portrait vériste. Mais, porté par la fougue de Belmondo, le mythe du brigand au grand cœur crève l'écran. Le film bénéficie d'un budget de cinq millions de francs, somme colossale en des temps où le cinéma n'était pas encore victime d'une frénésie inflationniste. La production a décidé d'être généreuse : pourquoi se priver ? Philippe de Broca compose une prestigieuse distribution, attribuant des seconds, voire des troisièmes rôles à des acteurs chevronnés : Noël Roquevert, Philippe Lemaire, Jacques Charon, Marcel Dalio, lequel revenait d'Hollywood, où il n'était pas passé inaperçu, et cherchait du travail en France : « Françoise Christophe me présente à Philippe de Broca, racontera dans ses mémoires l'inoubliable Rosenthal de *La Grande Illusion*. J'ai envie de jouer à la vedette et je lui donne rendez-vous chez Maxim's, où je n'ai jamais mis les pieds. Philippe me propose un bon rôle dans *Cartouche*. Grâce à Philippe, je fais un semblant de rentrée et j'ai la joie de connaître Jean-Paul Belmondo. » De Broca donne aussi leur chance à de jeunes talents, dont Jess Hahn, qui a porté sur ses solides épaules le premier long-métrage d'Éric Rohmer, et Jean Rochefort qui… n'a encore rien fait du tout.

Dans cette coproduction franco-italienne, la jeune Claudia Cardinale sera Vénus, la compagne de *Cartouche*. Jean-Paul s'en réjouit : « Nous nous sommes beaucoup amusés pendant les prises de vues. Philippe est un garçon très drôle qui communique à chacun sa bonne humeur. Claudia Cardinale est une des filles les plus sympathiques et les plus gentilles qui soient. Elle est ma meilleure camarade parmi les actrices, et donne à toutes ces starlettes imbéciles, qui gravitent autour du cinéma comme des ivrognes, une insolente leçon de modestie et de simplicité. » Le tournage de *Cartouche* est parfois sportif, ce qui n'est pas pour déplaire à Jean-Paul Belmondo. Mais à Claudia ? Alors que, en ce mois d'août torride, toute l'équipe est dans l'Hérault, du côté de Pézenas, Belmondo et Cardinale sont censés traverser la rivière pour échapper aux gendarmes du petit roi Louis XV. « Mouillée, elle va peser des tonnes, cette robe ! » se plaint-elle à Philippe de Broca… qui la jette tout de même à l'eau. Revenue sur la berge, son charmant sourire au vestiaire, Claudia Cardinale bougonne de plus belle : « Il y a des endroits où je n'avais plus pied ! – Parfait, j'espère que tu les as bien repérés, railla le cinéaste, car on va recommencer ! »

Jean-Paul Belmondo empoche ici deux millions et demi de francs. Le temps des vaches maigres semble bel et bien révolu. À un journaliste indiscret qui l'interroge sur l'emploi de ces premiers gros cachets, il répond : « Eh bien, d'abord, je prends soin de ma famille, c'est-à-dire de ma femme Élodie et de mes deux filles, Patricia et Florence. Le reste, je le fais travailler dans une banque. Mais je vais prendre un homme d'affaires parce que, vous comprenez, ce n'est plus possible de faire tout à la fois. Je vais aussi m'acheter une maison à la campagne. Ensuite, je vais acheter une affaire pour mon frère Alain, qui est dans les pétroles en Algérie et qui va rentrer en France. Et, enfin, je vais acheter un bistrot à Belleville pour mon copain, le boxeur Maurice Auzel, qui s'en occupera. Attention, le vrai bistrot, hein ! Pas le genre vison et menu à cinq mille balles par tête. Un bistrot pour les gens du quartier, quoi ! Voilà où passe mon argent. »

Alexandre Mnouchkine et Georges Dancigers récoltent, eux aussi, les opulents fruits de *Cartouche*, qui triomphe en salles : 3 596 422 entrées. La presse n'est pas en reste : « Voilà de l'excellent travail, lit-on dans *L'Express*, qui puise son inspiration à la meilleure source : le film d'aventures américain. Dire de Belmondo qui est un merveilleux Cartouche n'est pas assez. Il est l'âme du film, lui donne son rythme et sa vitalité. » Pierre Billard, alors rédacteur en chef de *Cinéma 62*, développe : « Les auteurs de *Cartouche* ne se sont guère piqués de fidélité à l'Histoire, et il est permis de le regretter… Mais ce portrait, ils l'ont fait avec verve, entrain, invention, sans jamais reculer devant les gros effets burlesques ou dramatiques nécessaires au rebondissement de telles entreprises avec, en plus, un sens poétique inattendu et charmeur… Jean-Paul Belmondo trouve là son meilleur emploi et son rôle le plus séduisant. Jean Rochefort et Jess Hahn sont remarquables dans les rôles des lieutenants. On retrouve avec plaisir Marcel Dalio qui, dans un sombre rôle de traître, semble parodier trente ans de carrière. »

« MÔME, T'ES MES VINGT ANS... »
Jean Gabin

Après le beau succès de *Cartouche*, Belmondo retrouve un cinéaste qui désire aller loin, tout en revenant de plus loin encore : « Difficulté de langue : je ne parlais pas le français. Difficulté de s'appeler Achod Malakian, quand tout le monde s'appelle Durand ou Dupont. Difficulté d'être orthodoxe, alors que les autres sont catholiques. Difficulté de ne pas être habillé tout à fait comme les autres : la tendre sollicitude de trois mères – l'amour maternel était multiplié par trois, avec mes deux tantes – m'imposait un accoutrement pour "ne pas prendre froid". Je résistais aux basses températures, mais pas à la férocité de mes camarades. En quatre ans, je n'ai jamais connu la cour de récréation. Je rentrais dans la classe pour échapper aux tracasseries et aux attrapes de mes camarades qui n'ont jamais su le mal qu'ils faisaient. » Cette terrible description du mal-être d'un petit garçon, c'est celle d'Henri Verneuil répondant au journaliste Christian-Marcel Musso. C'était, en même temps, l'ordinaire d'un enfant d'immigrés dans les années 1930. Lui, il venait de Turquie, là où il ne fallait pas naître quand on était arménien. Ses parents s'étaient réfugiés à Marseille, où son père s'échinait dans une raffinerie de sucre. Ingénieur des Arts et Métiers à l'École navale un peu par hasard, le jeune Achod ne touchera jamais une machine de sa vie, mais accumulera un nombre considérable de courts-métrages, avant de s'embarquer pour Paris et, grâce à l'appui de Fernandel, devenir Henri Verneuil. Si on lui demande ce qu'il pense de Godard, il répond : « Godard ? Je crois que c'est un aéronaute français. Ou alors, vous voulez parler de Benjamin Godard. Mais je ne suis pas musicologue. » La réaction est normale. Quand on a été si longtemps un soutier du cinéma, sans jamais perdre de vue son rêve, on ne peut guère accepter facilement la « révolution » de jeunes gens qui remettent en cause de longues et dures années de labeur. Ce ne sont donc pas les expériences godardiennes qui ont convaincu Henri Verneuil d'engager Belmondo. Il l'apprécie beaucoup depuis *La Française et l'amour.*

Jean-Paul Belmondo n'a encore jamais rencontré Jean Gabin : il va lui donner la réplique dans *Un singe en hiver* de Verneuil. Gabin frise la soixantaine et cherche à redonner un nouveau souffle à une carrière déjà longue et que le temps érode quelque peu, mais qui se prolongera cependant durant de nombreuses années, jusqu'à sa mort, en 1976. Parmi les nombreux problèmes qui se posent à Gabin, il y a d'abord un manque de sujets forts pouvant convenir aux personnages de notables ou de patriarches bougons qu'il se plaît à incarner. Et les grands talents du type Jean Renoir ou le couple Carné-Prévert, propres à mettre en valeur son génie de comédien, se font rares. Des réalisateurs qu'il connaît bien, seul Henri Verneuil parvient encore à faire vraiment bouger cet imposant monolithe. Dans cette adaptation d'un roman d'Antoine Blondin, la participation de Jean-Paul Belmondo va se révéler primordiale. D'emblée, le monstre sacré et la star montante entrent dans le film d'Henri Verneuil comme des complices de toujours, et subliment les plans du cinéaste : « Quand on m'a proposé de tourner *Un singe en hiver*, j'étais mort de trac ! confiera Belmondo. Moi, jeune loup de vingt-sept ans, face à l'ours sacré du cinoche ! Et j'avais encore plus peur de ses films que de lui. Et puis, dès le premier jour, j'ai compris que j'allais devenir son ami. D'abord, on a parlé foot. J'avais demandé un ballon pour jouer avec les machinos. Il nous regardait, assis sur son fauteuil. Je me suis approché de lui tout doucement, et toc ! le ballon entre ses pattes. Silence total sur le plateau. On savait que Gabin ne se levait jamais, qu'il restait de marbre entre les prises. Tout à coup, on l'a vu se lever, et il a tiré droit au but ! C'est comme cela que tout a commencé entre nous : par un shoot en plein cœur. On s'aimait beaucoup. Le matin, il arrivait en me disant : "J'ai mal aux burlingues, môme, alors ce soir, ce sera jambon-salade !" Passé huit heures, il me disait : "On va se prendre un petit whisky, quand même." Et hop ! Tous à table ! Pendant deux mois, tous les soirs, on s'est arsouillés. Et chaque matin, il me refaisait le coup du jambon-salade. Quelle rigolade ! »

« Dans ce film truculent et joyeux, il y a aussi beaucoup de tendresse et d'amitié, souligne *Le Canard enchaîné*. Une réussite complète. Inutile d'ajouter que Jean Gabin est magnifique. À côté de lui, Belmondo tient admirablement le coup. Un fameux tandem ! » L'affaire aurait pu tourner moins bien. Noctambule averti, l'écrivain Antoine Blondin témoigne, avec son livre *Un singe en hiver*, de sa nette propension à boire. Même sur ce ton badin, il s'agit là d'un hymne aux vapeurs d'alcool, joyeux moyen de fuir une réalité parfois difficile. Entre Quentin-Gabin, ancien alcoolique même pas repenti, achevant sa vie aux côtés d'une femme qui « l'emmerde », et Gabriel-Belmondo, qui a bien du mal à trouver sa route, le film aurait pu sombrer dans de sombres délires éthyliques. Ce ne sera pas le cas, les deux comédiens parvenant à un subtil dosage, et créant un inoubliable duo. Curieusement, les deux comparses ne tourneront plus jamais ensemble.

Belmondo, malgré les réticences de son copain Gabin, exécute déjà quelques dangereux morceaux de bravoure, prélude à sa réputation de comédien-cascadeur. Tel son numéro de toréador cerné par des voitures roulant à vive allure. Il est vrai que cet exercice, il l'avait déjà pratiqué dans les rues de Paris, hors caméra, avec ses copains du Conservatoire. Mais si Jean Gabin s'en inquiète, il s'en amuse beaucoup aussi, ce que Michel Audiard résume joliment, lui faisant dire : « Môme, t'es mes vingt ans ! » Il ne faut pas se fier à l'apparente décontraction de Belmondo, se jouant du danger et entraînant son aîné dans des nuits d'ivresse éhontées. Cette fois encore, il fait preuve d'un grand professionnalisme et restitue intelligemment l'ambivalence de son personnage. « Le miracle, c'est que Jean-Paul Belmondo recrée plus encore Antoine Blondin que son héros Gabriel Fouquet, se réjouit Claude Mauriac, alors critique de cinéma au *Figaro littéraire.* C'est la même désinvolture, la même fantaisie et, le soleil de joie de vivre soudain caché, le même obscurcissement du visage et de l'âme, avec cette inextinguible, cette pathétique lueur subsistante. » Un « miracle » qui réjouit Antoine Blondin : « Je suis tenté de dire que mon livre a trahi le très beau film d'Henri Verneuil. »

Pour la quatrième fois de l'année 1961, Jean-Paul Belmondo se retrouve donc en haut de l'affiche... lui dont, l'année précédente, la carrière hésitait encore entre rôles de premier plan et modestes compositions. C'est la reconnaissance par l'ensemble de la profession, toutes sensibilités confondues.

Un, deux, trois Melville

À la voie ouverte par *À bout de souffle*, ont succédé de belles confirmations, solides bases sur lesquelles la carrière de Belmondo va pouvoir se bâtir. Or, il n'a pas de « plan de carrière » : il est trop bon vivant pour être un stratège méthodique. Si plan il y a, c'est, d'abord et avant tout, de pouvoir continuer à exercer par tous les moyens le métier qu'il a choisi : « Un acteur n'est malheureux que lorsqu'il ne tourne pas, explique-t-il. Si je n'avais pas la chance de recevoir des propositions vraiment intéressantes et importantes, j'en accepterais d'autres, moins intéressantes et importantes. Je jouerais n'importe quoi, n'importe où ! Comme un sportif, un acteur doit, pour garder la forme, s'exercer constamment, rester "chaud". »

Qu'il se rassure : rue de Savoie, où il vient d'acheter un appartement, les scénarios affluent. C'est Élodie qui s'y colle et donne son avis à Jean-Paul, trop paresseux, dit-il, pour les lire. Il a quand même ses idées. Il aurait bien voulu faire un film avec Claude Chabrol, l'un de ses parrains de cinéma, qui avait le projet d'une adaptation de *Lamiel*, œuvre inachevée de Stendhal. Cela ne se fera pas. Autre éminence de la Nouvelle Vague, François Truffaut garde un œil sur lui pour son grand projet de science-fiction, *Fahrenheit 451*, alors embourbé dans d'inextricables problèmes de production.

Ce n'est pas le cas de Jean-Pierre Melville, dont le contrat avec Georges de Beauregard est parfaitement clair. L'homme au Stetson et aux lunettes noires, qui connaît le cinéma américain sur le bout des doigts, est censé, en 1962, livrer un film policier au producteur d'*À bout de souffle* et de *Léon Morin, prêtre*. Pour le reste, il a carte blanche. Une carte blanche qu'il change en Série Noire : il avait envie depuis longtemps d'adapter un roman de Pierre Lesou, publié en 1957 dans la célèbre collection de Marcel Duhamel. Il a tôt fait d'en tirer un scénario en quelques nuits de travail, à son studio de la rue Jenner. L'histoire se situait à Montmartre, toujours un haut lieu de la grande truanderie parisienne : Melville néglige cet aspect du roman, privilégiant le personnage de Silien autour duquel se bâtit son propre récit. Silien est un « doulos », dont Jean-Pierre Melville donne la définition dès le début du film : « En argot, "doulos" veut dire "chapeau". Mais dans le langage secret des policiers et des hors-la-loi, "doulos" est le nom que l'on donne à celui qui en porte un : l'indicateur de police. » Et il s'empresse de demander à Jean-Paul Belmondo d'interpréter le personnage. Élodie donne son accord.

Il est fréquent qu'on s'esclaffe ou qu'on s'extasie quand un acteur s'aventure dans un rôle dit « à contre-emploi ».

Que dire alors de Jean-Paul Belmondo passant, sans prévenir et en souplesse, du gigolo au curé, du curé au libertin, du libertin au brigand, du brigand à l'alcoolique et de l'alcoolique à l'indic ? Un directeur de casting y perdrait ses fiches. Jean-Paul, lui, s'y retrouve, changeant constamment de personnage, tout en restant lui-même. Peut-être est-ce cela, un grand acteur. Cet étonnant prestidigitateur sans emploi fixe n'en finit pas de démontrer, à chacun de ses films, que l'humain peut se conjuguer à n'importe quel temps et sous n'importe quelle défroque. Il sera donc sans problème le *Doulos* de Melville, dont le sang-froid est aux antipodes de la sensibilité de *Léon Morin*.

Silien, suprêmement élégant avec son doulos mou et ses trench-coats à la Bogart, se faufile et glisse comme une insaisissable couleuvre dans le jeu habituellement très codé qui oppose depuis toujours gendarmes et voleurs. *Le Doulos* anéantit toute forme archétypique du film policier au profit d'un récit étonnamment moderne, où tous les ingrédients du genre sont remis à plat. Avec son allure de jeune homme bien sous tous rapports, à qui n'importe quelle mère donnerait sa fille à marier, le Silien de Belmondo est une sorte d'ovni indéchiffrable dans la représentation généralement admise de la voyoucratie et de son corollaire – le monde policier. Héros foncièrement solitaire, il est aussi l'âme damnée d'une tragédie qui se déroule autour de l'argent, sur fond de sang et de trahisons. D'où un film hors normes et hors des modes, qui traversera les décennies sans aucun signe de vieillissement. Ce n'est pas un produit, mais l'œuvre d'un auteur omniscient. L'assistant de Melville se souvient : « Leica à l'œil, j'ai suivi Jean-Pierre Melville tout un après-midi dans l'exercice de son métier. J'ai notamment saisi une expression de son visage où on le sent timide, inquiet, peu sûr de lui. La photographie suivante, une seconde plus tard, est celle d'un homme, au contraire, plein d'une superbe maîtrise. »

Précisément, cette volonté « melvillienne » de vouloir tout maîtriser, y compris les acteurs, ne convient guère à Belmondo, lequel désire faire valoir sa propre idée du personnage dont il a la charge. Il retrouve donc, sur *Le Doulos*, le même malaise que sur *Léon Morin*. Dans un entretien accordé à Guy Braucourt, il confiera plus tard : « Direction d'acteurs, c'est une expression qu'on emploie de façon un peu vague, et, souvent, je trouve que cela ne veut rien dire. En fait, un "bon directeur d'acteurs", c'est le cinéaste qui met l'acteur dans une bonne situation : c'est tout, et c'est beaucoup. Si demain, vous faites un film, que vous pensez que Delon ou Brialy est votre personnage, qu'aucun autre ne pourra l'être, vous allez mettre votre acteur dans de bonnes situations, et il sera automatiquement bon. Alors que, parfois, je vois des metteurs en scène commencer à torturer leurs acteurs, à critiquer leur intonation, à les modeler physiquement : c'est le meilleur moyen pour "casser" complètement un acteur. Si l'on estime qu'il n'est pas tout à fait le personnage, il ne fallait pas l'engager. »

On ignore si Jean-Paul Belmondo pense à Melville en lâchant ces mots, mais il n'est pas interdit de le croire.

Cela ne l'empêchera nullement, plus tard encore, de rendre finalement hommage à son « bourreau » : « Quand je tournais sous la direction de Melville, je me retenais de faire des farces. Cela valait mieux, il les aurait sûrement mal prises. Pourtant, cet homme si noir, qui ressemblait aux personnages de Chandler ou de Faulkner, devenait à la ville un merveilleux compagnon. Il ne sortait que rarement et préférait recevoir chez lui, dans son appartement bleu-gris, où il caressait ses chats. C'était son refuge : un endroit à la fois étrange et poétique, où il se laissait aller totalement. Je pouvais l'écouter pendant des heures. Il avait une passion pour le polar et une culture du cinéma américain absolument encyclopédique. Résultat : tous ses films sont devenus des classiques. Une exception dans notre métier. »

On ne tranchera pas sur la différence d'opinions qui oppose implicitement l'école de Melville à celle de Belmondo. Si le débat est intéressant, il ne permet pas de donner raison plus à l'un qu'à l'autre : les chefs-d'œuvre de Sternberg « torturant » Marlene Dietrich valent bien ceux de Pagnol glorifiant la faconde naturelle de Raimu. Mais la dissension larvée entre Jean-Pierre Melville et Jean-Paul Belmondo atteint son summum, semble-t-il, sur leur troisième et dernier film en commun : *L'Aîné des Ferchaux.* On peut le regretter. À l'issue, Melville se tournera vers Lino Ventura et Alain Delon, pour de brillants exercices de fin de carrière, du *Deuxième souffle* au *Cercle rouge.*

Dans *L'Aîné des Ferchaux*, Michel Maudet est un jeune boxeur minable, devenu chômeur à la suite d'une série d'échecs. Par le biais des petites annonces, il rencontre un vieil homme qui lui propose, moyennant salaire, de l'accompagner à New York. Si Dieudonné Ferchaux quitte le territoire national, c'est pour échapper à la police. Cet ancien banquier est sur le point d'être arrêté pour le meurtre de porteurs noirs en Afrique. Flairant la bonne affaire, le boxeur déchu accepte… Jean-Pierre Melville axe son film sur les rapports de ces deux personnages en cavale, au lieu de reprendre *in extenso* le roman de Georges Simenon qui montre, entre autres, le banquier dans sa vie antérieure. Jean-Paul Belmondo le regrettera et s'en épanchera lorsque, quelque quarante ans plus tard, il reprendra le rôle du vieil homme pour la télévision. Dans la version cinéma de 1962, c'est au grand Charles Vanel, soixante-dix ans, qu'échoit le personnage de Ferchaux. Si une grande complicité unit les deux comédiens, Vanel conteste le travail du réalisateur. Et comme Jean-Pierre Melville lui-même s'est vu refuser par son producteur Fernando Lumbroso les frais d'un tournage aux États-Unis, une certaine tension sera palpable sur le plateau.

Il en résulte néanmoins un film singulièrement attachant, analyse troublante et lucide de deux hommes qui se jaugent avant de se reconnaître, comme le note très intelligemment Jean Domarchi dans *Les Cahiers du cinéma* : « Nul besoin de connaître personnellement Melville pour être touché par les rapports entre ces deux forbans. Ces rapports déconcertants rappellent par leur texture un schéma qui est familier à la philosophie moderne. Il s'agit bel et bien d'une lutte pour la reconnaissance : Belmondo cherche à être reconnu par Vanel comme l'un des siens. » Finalement, les tensions sur le tournage n'auront pas détourné Jean-Pierre Melville de sa route, et le résultat correspondra tellement à son exigence artistique qu'il considérera longtemps *L'Aîné des Ferchaux* comme son film-testament. Fidèle en amitié, comme il le prouvera tout au long de sa carrière, Jean-Paul Belmondo avait demandé à son vieux copain de l'Avia Club, Maurice Auzel, devenu champion de France, d'être le « cogneur » qui met fin à la carrière pugilistique de Michel Maudet dans *L'Aîné des Ferchaux*.

Aller voir « le dernier Belmondo »

Par amitié, et au nom de leurs mésaventures pyrénéennes, Belmondo accepte en 1962 l'invite de son ancien complice Guy Bedos, embringué dans l'écriture d'un film loufoque : *Dragées au poivre*, dont Jacques Baratier assurera la mise en scène. Tout est dans le titre : on est ici plus proche du rayon farces et attrapes que de la longue maturation créatrice d'un Jean-Pierre Melville. Guy Bedos n'ayant pas pu entrer au Conservatoire, les deux comédiens s'étaient un peu perdus de vue. Depuis, il s'est rattrapé en écrivant et en jouant d'excellents sketches avec Sophie Daumier, sa comparse à la ville comme à la scène. *Dragées au poivre* relève du même souci de fustiger avec humour les mœurs du temps, une veine que Guy Bedos saura brillamment exploiter par la suite. On est aussi dans le domaine du pastiche : l'idée est de singer un cinéma à la mode pour mieux s'en moquer, de la Nouvelle Vague au cinéma-vérité, en passant par un clin d'œil caustique au triomphe du moment, la comédie musicale

West Side Story. Or, comme pour tout pastiche, cinématographique ou littéraire, il vaut mieux posséder d'abord la grammaire de base et une bonne connaissance de ce à quoi l'on s'attaque, ce qui n'est pas tout à fait le cas de Jacques Baratier. De ce film beaucoup moins alerte qu'il se voulait, on se permettra de ne retenir que l'amusant et bref dialogue téléphonique entre Jean-Paul Belmondo, légionnaire borné, et Simone Signoret, conquête d'un soir avide de compliments.

Pendant ce temps, Marcel Ophüls, fils du brillant Max, se demande s'il pourra suivre les traces de son illustre père. Journaliste de télévision à Baden-Baden, il aimerait bien essayer de faire ses preuves. Jusqu'à présent, ses projets cinématographiques ont échoué, même avec François Truffaut, dont la société de production, Les Films du Carrosse, cherche de nouveaux réalisateurs. En 1960, il lui avait signé un contrat pour l'adaptation du *Retour de Casanova* d'Arthur Schnitzler, finalement impossible à monter. Truffaut n'abandonnera pas pour autant Marcel Ophüls, et interviendra pour débloquer un autre projet : l'adaptation de *Peau de banane* de Charles Williams, l'auteur du délirant *Fantasia chez les ploucs*. Une trame pseudo-policière servira de toile de fond à des rebondissements essentiellement comiques. À la fin de l'année, Marcel Ophüls signe avec le producteur Paul-Edmond Decharme et envoie ce message à son mentor et ami : « Depuis trois ans, c'est vous, François, qui avez rendu possible mon film. Votre amitié fidèle a été la plus créative que j'aie jamais connue. Je ne l'oublierai jamais. » Il charge Claude Sautet et Daniel Boulanger du scénario et des dialogues. Et comme il ne manque pas d'humour, il reconstitue le couple Belmondo-Moreau du fade *Moderato cantabile* de Peter Brook et Marguerite Duras, l'orientant cette fois du côté de la loufoquerie. Heureuses de se retrouver dans une aventure un peu plus souriante, les deux vedettes acceptent. Jean-Paul en profite pour imposer, non sans mal, son grand copain Jean-Pierre Marielle, un peu en mal de cachets.

Le tournage de *Peau de banane* démarre sous la neige, en février 1963. Pour l'acteur, qui sort de la sévère école Melville, ce sera une grande récréation. Les scénaristes, en outre, lui ont réservé une jolie surprise : Michel, son personnage, endossera diverses identités. Contrebassiste dans une boîte de nuit, estivant allemand sur une plage bretonne, ingénieur, vétérinaire, puis tout simplement époux sans histoires : un vrai régal pour cet amateur de fantaisie ! Car, dans cette drôle d'affaire d'escroquerie, tout le monde avance masqué, au sens propre du terme, ou presque. Le polyvalent Michel sera trompé à son tour par des lascars plus malins que lui. Une trame emberlificotée et assez maladroite : au final, la mayonnaise ne prend guère. Toutefois, retrouvant sa liberté et ses copains – Claude Brasseur est aussi de la fête –, Jean-Paul fera régner sur ce tournage une bonne humeur communicative, qui ne sera pas du goût de tout le monde. Et surtout pas, selon Jean-Pierre Marielle, du patron de l'hôtel camarguais où l'équipe est descendue. Il vaut mieux savoir rester philosophe quand on héberge Jean-Paul Belmondo, maître ès facéties !

À la sortie de *Peau de banane*, la critique aura au moins deviné l'ambiance du tournage : « Reste un petit film agréable, écrit Pierre Philippe dans *Cinéma 62*, où les comédiens s'ébattent avec un plaisir si évident qu'ils nous le font partager souvent. Mais, convention pour convention, les films de ce genre, lorsqu'ils étaient encore réalisés par papa, avaient un chic, un luxe, toc mais champagnisé, qui manquent au fils Ophüls. » Celui-ci sera suffisamment lucide pour faire la même analyse. Abandonnant la voie paternelle, il trouvera fort brillamment son propre chemin, reconverti dans l'enquête documentaire de grande envergure, avec *Le Chagrin et la pitié* ou *Hôtel Terminus*.

Malgré l'accueil boudeur de la presse spécialisée, le public se laisse allégrement glisser sur cette *Peau de banane*, triplant les recettes enregistrées par les deux Melville-Belmondo sortis la même année. Le charisme de l'acteur, ici fort bien entouré, n'est évidemment pas étranger à ce mini raz-de-marée. Au point que l'on peut se demander si la relation du comédien à ses films n'est pas en train de se modifier ; si aller voir *Peau de banane*, comédie farfelue et sans grand intérêt, ce n'est pas, d'abord et avant tout, aller voir le dernier Belmondo, dit « Bébel », cette bête curieuse dont on guette désormais les exploits à l'écran, quel que soit le contexte. C'est peut-être bien à partir de *Peau de banane* que le label « Belmondo » commence à prévaloir, à quelques exceptions près. Une chose est sûre : on assiste là à l'intronisation de la *star* Belmondo. Dès lors, la presse magazine commence à s'interroger sur le « belmondisme », un concept qui restera plutôt flou. La popularité croissante de l'acteur engendre un zèle médiatique parfois intempestif, comme le montre l'incident que voici, bientôt transformé en une « affaire Belmondo » de la première importance.

Quelques jours après avoir fêté ses trente ans chez Maxim's, Jean-Paul est témoin à Boulogne d'un accident de la circulation impliquant une voiture et un scooter, dont le propriétaire, blessé, gît à terre. Arrive un car de police-secours, mais on tarde à s'occuper du blessé. Dans la foule qui se forme, la tension monte et quelqu'un finit par crier : « – Dépêchez-vous donc ! Qu'est-ce que vous attendez ? Emmenez-le à l'hôpital ! – Ta gueule ! » réplique un agent du tac au tac. C'est alors qu'intervient Jean-Paul Belmondo : « La tienne ! » Il n'aura pas le temps d'en dire davantage : frappé à la nuque, il s'écroule, pour se réveiller quelques heures plus tard aux urgences. Pas de casse, mais il est établi qu'il a été assommé par l'un des occupants du car de police-secours. « L'affaire Belmondo » est lancée. La presse s'en empare immédiatement. Le général de Gaulle est au pouvoir, et la fermeté du régime qu'il a instauré titille certaines consciences républicaines qui voient, dans le cas Belmondo, une « bavure policière » inhérente à un système faisant la part belle aux forces de l'ordre. En se servant de la réputation du comédien, les médias voient là une bonne occasion de dénoncer un nouvel abus. Jean-Paul Belmondo s'en défendra : « On a présenté tout ça comme si c'était “Belmondo contre la police”. Faux : c'était simplement “Belmondo contre un policier”. Mon agresseur aurait pu être charcutier ou pâtissier, le problème aurait été rigoureusement le même pour moi. »

« L'affaire » fait cependant grand bruit. Un certain monsieur Couret, Boulonnais pur jus qui habite le quartier, déclare à un reporter : « À cette heure-là, les voitures passaient en rang serré, c'était à l'heure de la sortie des bureaux. Comme elles risquaient d'écraser le blessé qui gisait sur la chaussée, j'ai commencé à régler la circulation en attendant l'arrivée des secours. Il faut vous dire qu'à l'armée, j'étais dans la circulation routière. Quand le car de police est arrivé, il s'est rangé derrière moi. Ils ont chargé le blessé, puis j'ai entendu des bruits de voix, une discussion, des cris… Et quand je me suis retourné, j'ai vu quatre pieds qui dépassaient de la voiture de police, et non deux. Alors, un copain m'a expliqué : "C'est un flic qui vient d'assommer l'acteur Belmondo !" Je n'en revenais pas… Je lui ai répondu : "C'est du cinéma que tu me racontes !" Mais c'était la vérité. »

Un autre témoin se fait plus précis : « Vers dix-neuf heures dix, j'ai entendu un grand boum au croisement de l'avenue Édouard-Vaillant et de la rue des Peupliers. J'ai l'habitude : à cet endroit, les accidents sont presque quotidiens. On m'a crié qu'il y avait une victime, alors j'ai appelé police-secours. Près du scootériste, un médecin s'est arrêté, puis un agent qui rentrait chez lui l'a rejoint. Quand le car de police-secours est arrivé, ils ont commencé par apostropher le médecin : "Qu'est-ce que vous foutez-là ? – Vous voyez bien : je lui tourne la tête pour qu'il ne s'étouffe pas avec son sang." Après, ils ont quand même chargé le blessé sans trop de ménagement. Comme ils prenaient tout leur temps, une dame âgée a fait une réflexion : “Tout de même, ils pourraient se dépêcher…” Au bout d'un moment, tout le mode s'y est mis. Le chauffeur du car, qui téléphonait, a dit “Ta gueule !” à quelqu'un. Le ton est monté. Et, tout d'un coup, j'ai vu un jeune policier, blond, plutôt râblé, descendre du car. Il était blanc de colère. Je l'ai vu prendre son élan et bondir sur un grand type qui lui tournait le dos. Il l'a frappé de toutes ses forces avec le tranchant de la main, un peu comme un atemi, au judo. Le type est tombé de toute sa hauteur. Moi, quand j'ai vu ça, je suis rentré au garage, écœuré. »

Le « grand type », à l'évidence, était Jean-Paul Belmondo. L'affaire trouvera sa conclusion deux ans plus tard. Malgré ses dénégations, le policier frappeur sera condamné à un mois de prison avec sursis et à une amende symbolique. Quant à l'acteur, il écopa de mille francs d'amende pour outrage à agent. Une victoire à la Pyrrhus, illustrant bien, à travers le prisme grossissant d'une star de cinéma, le malaise qui s'insinuait à l'époque entre la société française et sa police.

Le père de Paul et l'homme de Rio

Le 23 avril 1963, deux semaines après cet épisode rocambolesque, Élodie met au monde Paul, fils de Jean-Paul, mais aussi petit-fils et arrière-petit-fils d'autres Paul Belmondo. Il arrive dans une famille que la fulgurante ascension de son père met dorénavant à l'abri des problèmes matériels. Pour l'acteur, l'arrivée d'un troisième enfant est une raison supplémentaire de se battre et de réussir. Habituellement discret au sujet des siens, il confie à *Cinémonde*, qui lui demande s'il est heureux : « Évidemment. J'espère avoir le prix Cognacq-Jay dans quelques années, quand je serai un acteur oublié. Plus sérieusement, mes enfants, c'est toute ma joie. Pourquoi m'en priverais-je ? Avec eux, je suis obligé de lutter contre ma tendance au farniente. Car je suis fainéant... Demain, je peux très bien me retrouver avec Élodie dans une chambre de bonne. Cela ne changera rien à notre bonheur. Mais à cause de mes enfants, je suis prêt à défendre le nom de Belmondo. J'ai eu une enfance heureuse. Mon père est un être que j'admire beaucoup. C'est un artiste, au vrai sens du terme. Je suis un rigolo, à côté de lui. Ma seule ambition est de continuer à travailler, pour apporter à mes enfants la même compréhension que j'ai reçue de mes parents à leur âge. »

À peine a-t-il salué la venue du petit dernier, qu'il s'envole, à l'autre bout du monde, vivre l'étonnante aventure d'un film « bricolé », selon la propre expression de son réalisateur Philippe de Broca, mais qui séduira l'année suivante, rien que sur le territoire national, près de cinq millions de spectateurs : *L'Homme de Rio*. Ce triomphe est d'abord le fruit d'un cinéaste revenu au plus près de lui-même, après le succès de son *Cartouche*, jubilatoire mais insuffisamment délirant pour être un pur produit de Broca, ainsi qu'il l'expliquera à *Télérama* : « *L'Homme de Rio* est un film d'aventures à base policière. Mais ce n'est pas un film policier, car l'intrigue n'a pas d'importance. Voyez-vous, je cherche à mettre de moins en moins de choses dans mes films, en dehors de ce que l'on voit. J'aime de plus en plus faire des pirouettes et lâcher des bulles. Dans *Cartouche*, il y avait encore une belle histoire qui pouvait toucher les foules. Ici, il n'y a rien qu'un garçon qui court après une fille qu'il n'aime même pas. Il court pour le plaisir de courir. Ce qui compte, ce n'est pas pourquoi il court, c'est la grâce de sa démarche. »

Ayant fréquenté, à ses débuts, les jeunes loups de la Nouvelle Vague, sans pour autant avoir eu envie de se mêler au troupeau, Philippe de Broca trouvera néanmoins en son ami François Truffaut le plus éloquent de ses supporters et le plus perspicace analyste de son fameux style : « C'est du côté de Tex Avery qu'il faut chercher la filiation de Philippe de Broca. Comme Tom et Jerry, il sait que la vie est une blague, que les bureaux sont occupés par des faux adultes qui se prennent pour des ministres, des avocats, des critiques d'art, des anarchistes, des experts-comptables. Il a donc raison de ne jamais les filmer assis ou couchés, mais cavalcadant à dix-huit images par seconde, toujours en poursuites, toujours en fuite pour échapper à la pesanteur du monde moderne. »

Philippe de Broca se lance dans un projet d'autant plus difficile qu'il est « aérien », comme le suggère François Truffaut, c'est-à-dire sans attaches connues. « Bizarrement, ce scénario qui a l'air très Tintin, nous avons eu du mal à l'écrire, confiera de Broca. J'ai commencé avec Ariane Mnouchkine, puis j'ai fait intervenir Rappeneau et j'ai terminé avec Boulanger. Nous avions vraiment tout : les Indiens, les fléchettes, une emmerdeuse, un type qui lui court après, une intrigue très compliquée. Mais il nous manquait la base même. Finalement la base, c'est ce type qui a une permission de huit jours. Ça a été le déclic. » Ce fleuron du cinéma d'aventure est non seulement un « pur » de Broca, mais aussi un objet cinématographique que tout écrit trop détaillé risquerait de faire disparaître comme un mirage. Inutile, donc, d'en dire davantage sur une histoire échevelée, dans laquelle les protagonistes sont seuls à s'y retrouver. Et encore.

Pour *L'Homme de Rio*, on parlera plutôt « de rythme, de pétillance, de spontanéité, de l'art de faire virevolter les personnages et les situations pour qu'ils ne rebondissent jamais là où on les attendait » (*Le Nouvel Observateur*). Jean-Paul Belmondo trouve l'occasion rêvée de donner toute sa mesure. Déchaîné, il est l'étincelle qui fera de ce film un formidable feu d'artifice. D'ailleurs, il décide d'assurer lui-même les cascades, initialement destinées au spécialiste Gil Delamare. Mais le casse-cou est aussi un élève attentif : il profite de ce tournage pour apprendre du maître cascadeur les ficelles d'un métier qui le fascine : « Dans *L'Homme de Rio*, témoigne Claude Sautet, il a accepté de tourner sans doublure des scènes périlleuses qui faisaient frémir d'épouvante Gil Delamare lui-même ! Bien des acteurs auraient refusé de les tourner. Lui n'a pas reculé devant la difficulté. Il s'est promené sur des câbles à neuf mètres de hauteur. Il a piloté lui-même des hélicoptères. Il a nagé dans les rapides de l'Amazone. Il a traversé des bûchers enflammés. À part Jean Marais, je ne vois pas un seul acteur qui ait son courage. » Cet apprentissage spectaculaire lui servira à asseoir son image de marque.

Dès son arrivée à l'hôtel Lancaster de Rio, Jean-Paul Belmondo est traqué par les paparazzi locaux et submergé d'invitations en tout genre. La *jet society* du cru redouble d'imagination pour des fêtes en son honneur… pas forcément désintéressées. Ainsi, *Cinémonde* rapporta qu'au cours d'une soirée, sa cavalière, fille d'un planteur de café propriétaire de milliers d'hectares, lui avait déclaré qu'il était son acteur préféré, avant de lui livrer d'autorité le rapport annuel en dollars des terres de son papa ! Et de conclure en lui demandant sa main. Se sentant harcelé, Jean-Paul Belmondo préféra couper court à ce type d'assiduités : « Je n'ai aucune intention de devenir bigame. Je suis déjà marié à une Française. Elle s'appelle Élodie, et c'est un être merveilleux. Elle ne m'a pas accompagné parce qu'elle a donné le jour à un garçon, mon troisième enfant, l'avant-veille de mon départ de Paris. Elle viendra dès que les médecins le lui permettront. Et maintenant, je suis au regret de refuser toutes les invitations de la "bonne société", car je ne veux laisser subsister aucune équivoque. » Bon enfant, la presse brésilienne changea de ton à son égard et le gringo séducteur devint du jour au lendemain « bon père de famille et époux modèle ». Et comme, sous ces latitudes, on a la plume lyrique et le sang chaud, cela donna des échos du genre : « Il pleure en regardant l'océan qui le sépare de sa douce Élodie. Et quand il entend crier un bébé, il est profondément ému en pensant à son dernier-né. »

Jean-Paul n'est pas le seul ambassadeur de charme du cinéma français sur cette terre lointaine. L'avion affrété par l'heureux producteur Alexandre Mnouchkine emmène aussi, au sein d'une équipe minimum, la séduisante Françoise Dorléac qui sera Agnès Villermosa, la turbulente fiancée d'Adrien Dufourquet. La sœur de Catherine Deneuve est à l'aube d'une carrière qui culminera avec *Les Demoiselles de Rochefort*, avant de s'achever tragiquement dans un terrible accident de la route. Bien que se déclarant actrice de fantaisie, elle tournera cette même année 1963 *La Peau douce*, de François Truffaut, où explose sa délicate sensualité. Jean-Paul et Françoise composent un couple épatant, qui conduira *L'Homme de Rio* jusque dans les salles américaines, pourtant peu enclines à programmer des produits étrangers. Il eut même l'honneur d'être apprécié par la famille de Robert Kennedy, le frère du Président américain en exercice, ce qui lui assura une promotion aussi inattendue qu'efficace. Mieux encore, le jeune Steven Spielberg hurla son enthousiasme et s'empressa, paraît-il, d'analyser *L'Homme de Rio* comme le fit, à ses débuts, Orson Welles avec *La Chevauchée fantastique* de John Ford.

En osmose avec le public, la grande presse française couvrit le film d'éloges au moment de sa sortie, le 28 février 1964. Parmi les rares voix discordantes dans ce chœur de louanges, il y aura tout de même celle, à deux doigts du mutisme absolu, des *Cahiers du cinéma* : « Bande dessinée à rebondissements perpétuels ; sur le plan du spectacle, le pari est gagné ; mais peut-on s'attacher, deux heures durant, à des marionnettes ? » Fin du télégramme. *Positif*, la petite sœur ennemie des *Cahiers*, s'empressera évidemment d'exprimer son désaccord : « Philippe de Broca, qui parodie dans son film tous les ressorts du genre, a tenté et réussi la gageure de faire tenir en deux heures un scénario des plus touffus qui puise beaucoup de ses ressources dans le "serial" plutôt que dans le cinéma traditionnel. »

Mais qu'importe ! L'indocile élève de Pierre Dux est désormais en prise directe avec le public, il ignore les leçons des uns et des autres. L'art de plaire ne s'apprend pas au Conservatoire, et le succès ne dépend guère des analyses critiques. Jean-Paul Belmondo sait maintenant qu'il plaît, grâce à son indéniable talent, mais pas seulement : ce qui reste problématique pour le commun des mortels semble inné chez lui. Sa stratégie de comédien va donc essentiellement reposer sur cette affirmation de soi, sur ce charme en liberté que viennent saluer les millions d'entrées d'un public qui, très longtemps, lui sera fidèle.

Il ne reste plus rien de la vie de bohème, plus ou moins dorée, qui était la sienne hier encore. La reconnaissance du public aidant, les voitures de sport se succèdent à un rythme accéléré. Sa petite MG fera bientôt place à une Aston Martin. Élodie lui fait la surprise d'un canot automobile, qu'il étrenne pendant des vacances à La Farigoule, plaisante villa de Beauvallon, dans le Var. Il songe à acheter un petit bistrot de Belleville à son ami Maurice Auzel, et investit quelques cachets dans une affaire de grands vins de Bourgogne, qu'il abandonnera plus tard. Mais l'homme d'affaires paraît déjà poindre dans le négociant en herbe.

D'Henri Verneuil à Jacques Deray

À la rentrée, Belmondo traverse de nouveau les mers, laissant l'Atlantique pour la Méditerranée. Destination : Ouarzazate, au sud du Maroc. Le motif de ce voyage, on le doit à Henri Verneuil, qui y trouve le décor idéal du quatuor de « gros-culs » de *Cent mille dollars au soleil.* En langage plus soutenu, on parlerait de véhicules de gros tonnage. Verneuil s'apprête à les mettre en scène à sa façon, d'après *Nous n'irons pas au Nigeria* de Claude Veillot. L'écrivain-scénariste y raconte les exploits de Rocco, conducteur de poids lourd dans une entreprise saharienne, détournant l'un des camions de son employeur, afin de négocier sa cargaison à son profit. Il sera pris en chasse à son tour… Pépa, la seule touche féminine de l'aventure, va venir contrecarrer tous leurs plans. « Je voulais enfermer les chevaux des westerns sous les capots de gros camions », résumera Verneuil.

Jean-Paul Belmondo retrouve donc le cinéaste d'*Un singe en hiver*, mais aussi Lino Ventura, qui connaît bien le désert depuis *Un taxi pour Tobrouk* et qui sera, pour l'occasion, son poursuivant. Avec eux, le solide Bernard Blier, routier de fantaisie, en passe de devenir un vieux routier du cinéma. Un trio gagnant et un carton au box-office, malgré nombre de défauts. D'abord, la prestation des trois comédiens peine à masquer un vide scénaristique, dont le livre de Veillot était déjà coupable, et que Marcel Jullian, aux commandes de l'adaptation, n'a guère pu combler. L'idée de transposer les chevaux du Far West en montures à moteur ne suffit pas à hisser *Cent mille dollars au soleil* au niveau d'un chef-d'œuvre d'Howard Hawks ou de John Ford : même un western a besoin d'une bonne histoire. Au mieux, Henri Verneuil aura signé une version romancée du futur Paris-Dakar.

Et l'erreur, sans doute non imputable à l'équipe artistique du film, est d'avoir soumis *Cent mille dollars au soleil* au comité de sélection du Festival de Cannes qui, curieusement, s'empressa de le mettre en compétition, aux côtés, pour la France, de *La Peau douce* de Truffaut et des *Parapluies de Cherbourg* de Jacques Demy, lequel remportera le Grand Prix du Festival. Sur place, Jean-Paul Belmondo se fait voler son portefeuille au cours d'une séance d'autographes, et repart doublement bredouille, le film étant souverainement ignoré par le jury de Fritz Lang. *Cent mille dollars au soleil* fait figure de chien dans un jeu de quilles : la presse, écrite et parlée, n'a d'yeux que pour un jeune cinéma qui se mondialise à la suite de la Nouvelle Vague française. S'ensuivra une virulente polémique au sujet de cette sélection et une pluie d'anathèmes sur un film qui n'en méritait pas tant. Même Pierre Billard, habituellement débonnaire, trempe sa plume dans l'acide : « Durant les quelques semaines qui précèdent le Festival de Cannes, règne une vive agitation parmi les pontifes de la profession. D'avance irrités par une sélection qui risque toujours d'inclure l'un de ces films indépendants, l'un de ces films produits hors des règles traditionnelles et qui donnent le mauvais exemple aux cinéastes de demain, nos nantis d'aujourd'hui manœuvrent pour faire sélectionner un film "commercial", un film "public" qui vienne un peu rappeler, dans ce temple de l'art qu'est ou devrait être le Palais de Cannes, que le cinéma, c'est d'abord une question de gros sous. L'an dernier, ce rôle de Cheval de Troie de l'industrie était tenu par *Carambolages*, de Marcel Bluwal. Il ne rencontra que mépris au Festival. Ensuite, l'indifférence du public vint confirmer le désastre. Cette année, c'est *Cent mille dollars au soleil* qui est désigné ambassadeur du cinéma commercial. Encore un film Gaumont, et c'est justice : Gaumont est, à la fois, l'une des plus anciennes et des plus solides sociétés productrices françaises. C'est aussi l'une des plus rétrogrades et des plus nuisibles à l'évolution du cinéma. »

Cet accueil houleux ne servira pas les intérêts de la jeune star, dont les rapports avec le Festival demeureront tendus, malgré quelques rares éclaircies. Mais Cannes est aussi un lieu de rencontres, et le militant syndicaliste qu'il est devenu va pouvoir multiplier les contacts pour remplir au mieux sa nouvelle mission. Jean-Paul Belmondo est, en effet, président du puissant Syndicat français des acteurs depuis le 5 novembre 1963. En tant que tel, il a bien l'intention de travailler pour défendre une profession quelque peu négligée par le Code du travail et guère mieux prise en compte par les systèmes de protection sociale. Cette nouvelle casquette lui va bien. D'abord, il la doit à la reconnaissance de ses pairs, qui saluent en lui le comédien de Godard comme celui de Verneuil. Ensuite, le temps n'est pas si loin où il courait le cacheton et demandait à ses parents de l'aider. Peu soucieux du caractère honorifique de sa présidence, il a opté, dès son élection, pour une ligne claire, résumée dans son premier communiqué de presse : « J'ai accepté d'être président du Syndicat français des acteurs pour défendre la profession. Si c'est un inconnu qui est président, il manque de poids. Si moi, je demande une audience au Premier ministre, il me reçoit. Le métier d'acteur a besoin d'être défendu. »

Ce faisant, le président Belmondo s'asseyait dans le fauteuil de Gérard Philipe, qui avait dirigé le syndicat jusqu'en 1959, date de sa disparition. Le premier *Fanfan la Tulipe* avait été le maître d'œuvre d'une fusion entre deux syndicats existants : le Syndicat national des acteurs et le Comité national des acteurs. Selon le principe que l'union fait la force, ce regroupement ne pouvait que donner davantage de poids aux légitimes revendications des acteurs. Il s'agit, pour eux, de batailler sur plusieurs fronts, du droit de regard sur la carrière commerciale de leurs films à l'élaboration de règles sur les tournages de télévision. C'est ce cahier de charges que trouve Jean-Paul Belmondo dès son arrivée. Soutenu par la puissante CGT, fort de deux mille cinq cents adhérents et de son propre charisme, il sera reçu plusieurs fois par André Malraux, le ministre de la Culture en place.

Sur cette action et sa propre ligne de conduite, Jean-Paul reviendra, à l'occasion d'un numéro spécial de *La Vie ouvrière*, consacré au statut social des comédiens. Le président du SFA y fait preuve d'un beau réalisme et développe une argumentation qui, depuis, n'a pas pris une ride et mérite donc d'être largement citée : « Les acteurs sont comme tous les autres corps de la société. Pour qu'on s'occupe d'eux, pour qu'on entende leurs voix, il faut qu'ils soient groupés. J'ajouterai même que l'action du Syndicat des Acteurs doit profiter à tout le monde, aussi bien aux vedettes qu'aux autres. Car on ne se bat pas seulement pour les salaires, il y a aussi les conditions de travail. Tenez, moi, par exemple, quand je signe un contrat pour l'étranger, je ne manque jamais de faire inscrire la clause "travail quotidien : huit heures". Sans cela, certaines personnes en prendraient à leur aise. C'est un syndicat comme les autres. Je sais que vous allez penser aux vedettes, aux gros cachets que la presse à sensation lance souvent aux quatre vents sans savoir de quoi elle parle. Mais je vous répondrai tout de suite : laissez de côté ces cas exceptionnels. Nous sommes quoi, une dizaine peut-être ? N'en parlons pas, car, là, il ne s'agit plus à proprement parler de notre métier d'acteur. Nous sommes, à ce niveau, traités non pas comme des comédiens mais comme des marques de pâte dentifrice. Ce n'est pas cela, le spectacle. Le spectacle, ce sont les quelque vingt mille comédiens, acteurs de cinéma, de théâtre, de télé, qui travaillent quand on veut bien leur en donner l'occasion, et beaucoup ont bien du mal à vivre de leur métier, ce métier qu'ils ont choisi et qu'ils aiment. Et ceux-là, je vous assure, ils ont besoin d'être syndiqués et de se battre pour vivre. J'ai des tas d'amis qui travaillent trois mois par an, et parfois moins. Mais il faut manger pendant douze mois. Les sources d'emploi : voilà le problème. Notre syndicat doit étudier ces problèmes et avancer des solutions. D'abord, bien sûr, nous devons exiger que la télévision paie correctement le service des acteurs. On n'exagère vraiment pas en disant que, parfois, ils se moquent de nous, à la direction des programmes. Et puis, nous veillons au respect du droit de l'interprète pour le paiement des redevances à toutes les rediffusions. Bref, je vous le disais bien, nous sommes un syndicat comme les autres. L'ouvrier a besoin de son syndicat à l'usine ou sur le chantier. L'acteur, le comédien ont besoin du leur sur le plateau, au studio, sur la scène. Vraiment, j'ai beau chercher, c'est bien pareil. [...] J'ai parfaitement conscience de la responsabilité que me confère mon nom. Je pourrais m'endormir sur mes lauriers et aller au plus facile. Ce ne serait pas bien. Ce serait lâche. Je me dois d'aider la cause cinématographique et d'essayer d'œuvrer avec ceux qui ne sont pas pourris et qui y croient encore. »

Malgré son récent statut de vedette, le président du Syndicat français des acteurs est toujours ce jeune comédien en quête de reconnaissance, prêt à signer tout contrat honorable qui se présente à lui. Et comme il a pris l'habitude de tourner trois à quatre films par an, parfois au bout du monde, il aura donc la sagesse de déléguer une partie de ses pouvoirs, tout en restant la figure de proue du navire qui emmène ses milliers d'acteurs vers des jours meilleurs. Et puis, il lui faut continuer de s'occuper de ses proches. En ce début 1964, il commence par aider son frère Alain qui, revenu d'Algérie pour cause de changement radical de régime, s'initie en terre française à la production. Puis, il entre dans un projet de Jean Becker, plutôt déconfit à la suite du ratage d'*Un nommé La Rocca* et de l'insuccès absolu d'un deuxième long-métrage : *Pas de caviar pour tante Olga.* « Eh oui ! Il m'a donné deux fois ma chance, ce bonhomme-là ! » reconnaîtra Becker fils. Ce sera *Échappement libre*, adapté d'un roman de Clet Coroner, mi-comédie sentimentale, mi-road-movie : Belmondo y effectuera un périple de Brême à Grenade, Barcelone, Athènes, Naples, Rome, Gênes, et même Beyrouth. Cette course à travers le sud de l'Europe paraît moins dictée par le roman que par les exigences de cette coproduction hispano-italo-française. À bord du véhicule, quelques centaines de kilos d'or que son personnage, reporter vénal, tente de s'approprier. Jean Seberg y retrouve avec plaisir son partenaire d'*À bout de souffle.*

Ici, le *happy end* est de rigueur, à la grande satisfaction de l'actrice, et le célèbre couple de Godard convolera finalement en justes fiançailles, malgré leur magot envolé. Cette pâlotte bluette saura pourtant attirer deux millions de spectateurs, un succès inespéré, largement imputable à la montée en puissance du mythe Belmondo. L'assistant

Costa-Gavras y aura appris quelques ficelles de son futur métier, et Jean-Pierre Marielle y trouve un rôle, grâce à son camarade Jean-Paul. L'ami Michel Beaune est aussi de la partie, inaugurant une collaboration régulière avec la star, cinéma et théâtre confondus, qui ne cessera qu'à sa disparition prématurée, en 1990. L'ancien compagnon du Conservatoire était entré par la grande porte à la Comédie-Française, tandis que Jean-Paul courait démarcher tous les théâtres. En attendant de l'épauler à son grand retour sur scène, Michel Beaune sera, entre autres, le maître-chanteur de *Stavisky*, l'ami d'enfance du *Corps de mon ennemi*, le ministre de *L'Incorrigible*, un général dans *Les Morfalous*, etc. À sa disparition soudaine, Jean-Paul Belmondo dira de celui qui fut sans doute son ami le plus intime : « Je pense sincèrement, en dehors de l'amitié qui nous liait, que Michel était un comédien merveilleux. Quand je suis entré dans *Kean*, j'avais des doutes et je l'ai écouté sur beaucoup de choses. Il m'a redonné confiance. » Bien avant cet hommage posthume, le Sociétaire de la Maison de Molière exprimait aussi couramment son admiration pour la star : « Il y a deux Belmondo. Celui que le public connaît, ébouriffant, casse-cou, haut en couleur. Mais, derrière tout cela, il y a aussi un homme pudique, grave et fidèle en amitié. La gloire ne l'a pas changé : c'est bien la marque des grands. »

En mars 1964, Jean-Paul Belmondo enchaîne presque immédiatement avec *La Chasse à l'homme*, sous la houlette d'Édouard Molinaro, d'après un scénario de France Roche, censé offrir à l'acteur un rôle lui permettant de montrer toute l'étendue de son talent comique. En effet, il nous gratifie d'un numéro très enlevé de faux dur, soumis du jour au lendemain aux sévères lois du matriarcat. Mais comme dans *Dragées au poivre*, il ne faudrait conserver de l'ensemble que ce délectable one man show, qui détone avec la mollesse générale d'une comédie quelque peu ratée, et paradoxalement très misogyne. Et pourtant... *La Chasse à l'homme* bénéficiait d'un générique extraordinaire : Jean-Paul Belmondo, Jean-Claude Brialy, Claude Rich, Marie Laforêt, Catherine Deneuve, Marie Dubois, Hélène Duc, Bernadette Lafont, Mireille Darc, Francis Blanche, Bernard Blier, Micheline Presle, Michel Serrault. Une débauche de talents, tous victimes de ce naufrage artistique. Au box-office, *La Chasse à l'homme* fera moins bien qu'*Échappement libre*, et notre star nationale cherchera désormais à éviter ce type d'aventure collective. D'ailleurs, si Jean-Paul croit en sa nature comique, il garde aussi un côté sauvage. Marie Laforêt, qui a pris le temps de l'observer sur ce tournage, confirme : « J'ai une grande tendresse pour Belmondo, mais il représente un mystère pour moi. Il a un côté désespéré, comme tous les solitaires. Le fait d'avoir son nom en haut de l'affiche pourrait être une sorte de thérapie à sa fragilité. Il est sans doute moins bien dans sa peau que ne le paraît le personnage public. Il a trouvé un langage qui le relie au monde : le sport. Jean-Paul est, selon moi, un être complexe, difficile à saisir, le contraire du cascadeur casse-cou. Il est plus subtil, plus introverti. »

La Fille aux yeux d'or met le doigt sur la part d'ombre que semblent vouloir masquer les fanfaronnades d'un « Bébel » indomptable et surpuissant. En tout cas, la solitude et la fragilité ici évoquées définissent parfaitement le personnage qu'il incarne, juste après, dans l'intéressant *Week-end à Zuydcoote* d'Henri Verneuil. Le soldat Julien Maillat est égaré dans l'offensive de l'armée allemande, faisant pleuvoir un déluge de feu sur les plages de Dunkerque en 1940. Abandonnées par leur hiérarchie, les troupes françaises verront en outre le contingent britannique se replier, leur refusant l'accès à leurs bateaux. Restera aux soldats le choix de mourir ou de se constituer prisonniers. « Ce film ne pouvait être tourné qu'avec des budgets américains, estime Verneuil. Le nôtre nous obligeait à tourner en huit semaines. On a mis des pneus dans Dunkerque et on les faisait flamber pour faire croire que la ville brûlait ! J'avais en tout dix-sept voitures d'époque, qui ne roulaient pas. Quand je filmais Belmondo qui marchait le long des camions, je faisais un plan puis, dans la nuit, les grues prenaient les voitures et les déplaçaient pour qu'on continue à avoir des voitures sur l'image. Avec dix-sept voitures, j'en ai montré cinq mille ! Nous avons même gagné deux jours sur les huit semaines. »

Cette prouesse sera saluée par la presse corporative, sensible aux allures de superproduction que Verneuil, bricoleur de génie, est parvenu à donner au film : « Henri Verneuil a le sens de l'épopée, écrira *La Cinématographie française*, et, disposant de moyens importants, il les a parfaitement dominés. L'ouvrage abonde en morceaux de cinéma qui font penser aux meilleurs ouvrages américains du genre. » *Le Film français* est d'accord : « Jamais encore le cinéma français – sauf, peut-être, avec *Les Croix de bois* – ne nous avait donné une vision aussi vraie et aussi angoissante de ce tragique jeu de massacre de la guerre, dont les soldats sont les victimes sans défense. » Reste que *Week-end à Zuydcoote* est bien davantage qu'une reconstitution historique. L'errance du soldat Maillat, à la fois gouailleur et désemparé, jouisseur et désespéré, donne tout son sens à cette adaptation d'un roman de Robert Merle qui venait d'obtenir le prix Goncourt. Il faut saluer la performance de son interprète, Jean-Paul Belmondo, qui donne au film sa dimension humaine par un jeu subtil, parfait numéro d'équilibriste entre fureur de vivre et phobie de mourir. Le tout sous l'œil élégant et précis de la caméra d'un maître de la photographie, Henri Decae, et servi par l'intelligente musique de Maurice Jarre, lequel se prépare à écrire la partition du *Docteur Jivago*, sans savoir qu'elle lui vaudra un Oscar et lui ouvrira une carrière aux États-Unis.

À Dunkerque, le tournage, placé sous le signe de l'amitié et de la bonne humeur en compagnie de Georges Géret, Pierre Mondy et du fidèle Jean-Pierre Marielle, est assombri par une nouvelle qui inquiète Jean-Paul Belmondo. Ses filles Patricia, onze ans, et Florence, cinq ans, sont alors élèves de l'école paroissiale de l'Abbaye, rue de la Petite-Boucherie. Patricia rentre seule à la maison après l'étude, et elle a repéré depuis plusieurs jours le manège de deux hommes qui la suivent et la photographient. Et un soir, c'est un inconnu en pantalon clair et chemisette qui vient l'attendre à l'école. Alertés par la directrice, Élodie et Jean-Paul couperont court à la menace.

Quant à Henri Verneuil, il aura, quinze ans plus tard, une assez mauvaise surprise : bien que *Week-end à Zuydcoote* ait été transposé au cinéma en étroite collaboration avec Robert Merle, celui-ci soulèvera plusieurs points de désaccord, arguant que Belmondo n'était pas l'intellectuel décrit dans son ouvrage largement autobiographique, et que la guerre était par trop présente. Sage, Henri Verneuil choisira de ne pas répondre à cette étrange attaque. Le film avait largement fait ses preuves et enthousiasmé des millions de gens, y compris un certain Darryl F. Zanuck, producteur du *Jour le plus long*, qui l'avait acheté pour le montrer, suprême honneur, au public américain. Quant à la pseudo-polémique, Jean-Paul Belmondo la balaiera de ces mots : « *Zuydcoote*, c'est un film qui tient très bien la route. »

Tournant à l'époque un film par saison, Belmondo passe l'automne 1964 en compagnie de Jacques Deray qui, comme en écho à la mésaventure de la jeune Patricia, a planché sur une sombre affaire d'enlèvement. « En 1964, je lis *Un beau matin d'été*, une Série Noire de James Hadley Chase, raconte le cinéaste dans son ouvrage *J'ai connu une belle époque*. Ce roman, très dur, raconte le kidnapping d'une riche héritière, organisé par un gangster chevronné et deux jeunes voyous, le frère et la sœur, prêts à tout pour de l'argent. Je frappe à la porte des producteurs Borderie et Decharme. Le projet les intéresse, mais à la seule condition que je puisse convaincre Jean-Paul Belmondo de tenir le rôle masculin. Pour la première fois, je vais devoir mesurer mes qualités de séduction. Je suivais attentivement la carrière de Jean-Paul, au théâtre comme au cinéma. Il représentait la nouvelle génération, à l'égal d'un Claude Brasseur. Il m'impressionnait et je n'avais pas encore tourné avec une tête d'affiche aussi prestigieuse. C'est non sans une certaine crainte que je vais à sa rencontre sur le tournage d'*Échappement libre* de Jean Becker. Le producteur du film m'avertit que Jean-Paul privilégie une certaine continuité avec ses réalisateurs : de Broca, Verneuil, Becker, Melville, Chabrol. Après de nombreuses mais courtes discussions et un autre voyage pendant le tournage de *Week-end à Zuydcoote*, il me donne pourtant son accord. Je lui parle peu de l'histoire, beaucoup de la distribution. Je m'aperçois qu'il connaît bien les comédiens. Le nom de Sophie Daumier est lancé, celui de Georges Géret également. »

Jacques Deray racontera aussi comment il a demandé à la famille Chaplin la participation de leur fille Géraldine, vingt ans et quasiment vierge de tout rôle au cinéma, hormis une furtive apparition dans *Limelight* (*Les Feux de la rampe*). Elle lui sera finalement accordée au terme de longues négociations, qui ouvraient à la jeune femme une longue et fructueuse carrière. Ce sera, malheureusement, le seul piquant de *Par un beau matin d'été*, un film sans relief dont le tournage s'éternise, au grand dam d'un Jean-Paul Belmondo fatigué par une année déjà bien remplie. C'est que Jacques Deray, réalisateur scrupuleux et précis, ne trouve pas le ton : d'une part, il est embarrassé des dialogues à l'emporte-pièce d'un Michel Audiard que la production, décidément directive, lui a imposé ; d'autre part, il subit une forte pression pour que cette série noire ne le soit pas trop. Jean-Paul, qui s'ennuie, n'en est que plus facétieux. Conscient de ces tensions, il simule une grève sous prétexte qu'il est fâché avec Jacques Deray. Celui-ci, qui n'est pas au courant, voit alors débouler le producteur, effrayé, venu tenter de réconcilier sa vedette et son réalisateur. Le cinéaste ne lui en tiendra pas rigueur : « Je prends plaisir à travailler avec Jean-Paul Belmondo, même si je reste éloigné de son univers, sans doute par timidité. Le scénario ne se prête pas aux délires et je suis loin de cette joie de vivre et des blagues énormes qu'il affectionne. » Pourtant, tous deux partageront encore trois autres aventures cinématographiques.

« La plus belle fille du monde »

« J'étais tellement surpris par le succès de *L'Homme de Rio* que je me suis dit : je vais faire un film où le public en aura pour son argent. Mais là, j'ai exagéré. J'ai pris la plus belle fille du monde, l'acteur le plus charmeur et le plus dynamique dans une histoire pleine de gags, de cascades et d'aventures extravagantes. J'ai transporté le tout dans des lieux étonnants avec, en plus, des pirates chinois et un trafic d'opium. Bref, il y avait tout, et surtout trop. » On doit cette autocritique à Philippe de Broca, au sujet des *Tribulations d'un Chinois en Chine*, d'après l'œuvre éponyme de Jules Verne. Roman d'aventures, certes, le livre était avant tout une fable morale, à l'usage de ceux pour qui la vie ne mérite pas d'être vécue. L'argument : un homme qui n'a plus le goût de vivre demande à un tiers d'organiser sa propre mort. Hélas, à trop vouloir plaire au public, à exacerber le mythe d'un Jean-Paul Belmondo toujours plus téméraire et bondissant, on finit par perdre en saveur ce qu'on gagne en acrobaties.

N'ayant rien oublié des leçons du cascadeur Gil Delamare, qui l'accompagne de nouveau, Belmondo s'envole donc pour Hong Kong, la Malaisie et le Népal, avec la ferme intention de mettre tous ses dons sportifs au service de ce scénario débridé. Daniel Boulanger n'a pas trop cherché à fouiller la psychologie du héros Arthur Lempereur, milliardaire suicidaire qui remet son destin entre les mains du peu scrupuleux monsieur Goh, avant de changer d'avis en rencontrant une superbe strip-teaseuse. Le scénariste préfère se rappeler qu'en Extrême-Orient, il y a de vertigineux précipices à franchir au cœur d'immenses jungles ; qu'à Hong Kong, cité verticale, on peut se promener à des dizaines de mètres au-dessus du sol. Pour un scénariste, ce n'est pas bien compliqué de jouer, sur le papier, avec ces paramètres. Pour un réalisateur, c'est déjà moins simple. Quant au comédien-cascadeur, il va lui falloir un tonus et un courage exemplaires.

La presse française n'aura guère pu observer les exploits de Jean-Paul Belmondo sur le terrain, le prix du billet d'avion étant généralement dissuasif pour n'importe quelle rédaction. Ce sont donc essentiellement les acteurs de l'aventure qui témoigneront. Ainsi, Jean Rochefort, fidèle valet du héros suicidaire des *Tribulations*, sera lui aussi sommé de se soumettre aux caprices du script : « Un jour, nous étions, Jean-Paul et moi, accrochés sous un pont de lianes au Népal. Il y a eu un petit problème avec une poulie en aluminium. Nous sommes restés assez longtemps suspendus dans le vide, à quarante ou cinquante mètres. Il y avait du vent, il commençait à faire froid et Jean-Paul, qui était très maigre à l'époque, avait le harnais qui lui rentrait dans les côtes et le faisait souffrir. Il était à la fois fâché et énervé. Pour lui remonter le moral, accroché moi-même à un harnais au-dessus de lui, je lui ai crié : “Pense que je gagne trente mille francs de moins que ton imprésario !” Ça l'a tellement fait rire qu'il en a oublié ses douleurs. »

Même l'abondance de cascades prévues par le plan de travail des *Tribulations d'un Chinois en Chine* ne suffira pas à rassasier un Belmondo totalement déchaîné. Il n'aura de cesse d'aller aux limites extrêmes de ses capacités physiques, de se mettre véritablement en danger, dans une sorte de pari comparable à celui de son personnage. Comment expliquer autrement le défi qu'il lance au directeur de l'hôtel Hilton, haut de soixante-cinq étages ? « Philippe de Broca avait décidé qu'il y aurait des cascades toutes les trois minutes, confie Belmondo. Par exemple, je devais descendre une vingtaine d'étages accroché à des bambous. Et quand je m'entraînais à la barre fixe avec l'ami Gil Delamare, le patron de l'hôtel avait l'habitude de dire en passant : “Alors, ça va toujours, la gonflette ?” À la fin, ça nous a énervés et on a parié mille dollars qu'on marcherait sur le rebord de son toit. On a tenu parole. De là-haut, avec Gil, on l'apercevait. Il était à genoux, répétant : “Revenez, revenez, je vous en supplie !” Delamare, je l'aurais suivi les yeux fermés jusqu'au bout du monde. »

Le problème c'est que les comédiens avaient tendance à oublier qu'ils étaient aussi là pour jouer la comédie. Mais peut-on à la fois peaufiner la psychologie de son personnage et se préparer à une scène où l'on se retrouve dans le vide, retenu par un simple filin ? *Les Tribulations d'un Chinois en Chine* ne sera guère qu'un catalogue de cascades réglées au millimètre, et d'agiles comédiens plus ou moins téléguidés. « C'est un cinéma spectaculaire, sans l'ombre d'une critique sociale, sans le moindre point de vue original et sans autre ambition que de distraire », constate la revue *Jeune cinéma.* Le public lui-même exprimera sa perplexité en ne lui réservant qu'un accueil honorable. Et ce, malgré la forte présence à l'écran, aux côtés de Jean-Paul, de la « plus belle fille du monde », slogan alors courant dans la presse internationale pour désigner Ursula Andress. Surtout depuis son apparition, trois ans plus tôt, vêtue d'une chemise moulant son corps mouillé dans *James Bond contre Docteur No*, de Terence Young, le tout premier épisode de la série la plus longue de l'histoire du cinéma. Le film voire la seule plastique de son héroïne auront séduit Philippe de Broca au point de la faire venir à grands frais d'Hollywood, lui offrant le rôle de la strip-teaseuse Alexandrine, celle qui ressuscite le milliardaire déprimé. La superbe Suissesse est née à Berne en 1936. Après de brèves études, elle arrive à Paris pour tester ses facultés de comédienne. Mais c'est en Italie qu'elle trouve ses premiers emplois, sous la direction du bon faiseur Steno et sous le nom d'Ursula Andrews. Plus tard, elle épouse le comédien américain John Derek, et on lui prête entre-temps une liaison avec James Dean, qui n'aura sans doute été que platonique.

À l'époque, « la plus belle fille du monde » était aussi qualifiée de « plus bel animal », amalgame que le féminisme d'alors n'avait même pas cru bon de fustiger : « Ursula Andress, j'ai toujours pensé qu'on avait eu raison de la surnommer "le plus bel animal du monde après Ava Gardner", confiait alors Sean Connery à *Cinémonde*. Quand Terence Young nous a présentés, ce qui m'a frappé chez elle – une fois débarrassée de son lourd manteau de fourrure –, c'est sa beauté naturelle. Quelle fille saine ! Elle a l'air, même à la ville, faite de silex ambré et de satin. » Britt Nini, la biographe d'Ursula Andress, décrit le mythe de manière beaucoup plus sophistiquée : « En 1962, Marilyn Monroe se suicide, Brigitte Bardot est en convalescence. Année particulièrement sombre pour le star-system, où les masques tombent, révélant les échecs privés derrière les sourires radieux. C'est la crise des valeurs : la Beauté, même sublime, ne suffit plus à remplir le vide d'une vie ; le cinéma n'est plus le domaine privilégié des stars, puisqu'il s'avère incapable d'alimenter les rêves des déesses qu'il nourrit. Brigitte s'en va se ressourcer au soleil de la Méditerranée : elle opère ainsi un clivage entre l'univers froid et artificiel de la pellicule et la Nature protectrice. C'est à ce moment-là qu'Ursula intervient : le cinéma a besoin d'une figure de proue qui ne soit pas fragile et qui condense dans son image de marque toutes ces valeurs souterraines, "écologiques", commençant à sourdre un peu partout en Occident. »

« J'ai toujours adoré rire, mais je crois que Jean-Paul Belmondo m'a plus fait rire que n'importe qui, racontera plus tard Ursula Andress au magazine *Photo*. C'est comme cela qu'il m'a séduite. Avec lui, j'ai connu la grande folie, la passion. J'avais l'impression de vivre dans l'œil d'un cyclone qui attirait un ouragan. Sept ans de bonheur, de passions, de drames. » Elle était pourtant arrivée un peu hésitante sur le plateau de Philippe de Broca, se retrouvant pour la première fois au sein d'une équipe française. Un peu isolée aussi. Mais cette étrangère, cette star venue d'un autre monde, se verra invitée un beau soir par Jean-Paul Belmondo. L'ami Rochefort, présent à la table, témoigne du coup de foudre : « Dès les hors-d'œuvre, je n'existais plus ! » De cette liaison, qui aura d'importantes conséquences sur leur vie, naîtra d'abord le besoin d'en garder le secret. Peu après le tournage des *Tribulations d'un Chinois en Chine*, *Cinémonde* interroge Ursula sur sa vie privée et ses rapports avec son mari John Derek : « Je sais que, bien souvent, des milliers de kilomètres nous séparent. Cela a toujours été, car je suis une grande voyageuse. Je suis néanmoins persuadée que certaines séparations ne font que fortifier la vie d'un couple. Les retrouvailles sont merveilleuses. Depuis le démarrage des *Tribulations d'un Chinois en Chine*, j'ai pris l'avion plus d'une fois pour retrouver mon époux. Est-il besoin de préciser que je suis la femme d'un seul homme et que j'aime cet homme ? » mentira-t-elle.

Quelques numéros plus tard, alors qu'a débuté le Festival de Cannes, le même *Cinémonde* tente à son tour d'étouffer la rumeur d'une liaison : « Ursula et Belmondo, leur idylle est à l'eau ! » Officiellement, la belle Suissesse est à Cannes pour présenter le film de son mari, *No toys for Christmas.* En réalité, c'est pour y retrouver Jean-Paul Belmondo, affirment les mauvaises langues. Certains jurent même qu'ils seront reçus à Cannes par la Bégum Aga Khan. Il est vrai que Jean-Paul n'est pas loin, qui se prépare au tournage, sur la Côte d'Azur et en Provence, de son troisième Godard. Pour l'instant, affirme le magazine, il se repose sur la plage de Porquerolles avec Élodie et les enfants. Bien entendu, toutes ces rumeurs et contre-rumeurs finiront par laisser place à l'évidence. Élodie se sent de plus en plus délaissée : « Oui, Bébel est envoûté, avouera-t-elle. Au point d'avoir changé : on dirait un squelette. Cette fille n'est venue en Europe que pour trouver une "aventure". Elle est venue chercher à la fois de la publicité et une consolation à la monotonie de la vie qu'elle mène depuis dix ans à Hollywood où, d'ailleurs, elle est bourgeoisement mariée. » Madame Belmondo engagera une procédure de divorce dès l'année suivante.

Pierrot le Fou

Le tandem Belmondo-Godard se reforme en 1965. « On peut dire que *Pierrot le Fou* n'est pas vraiment un film. C'est plutôt une tentative de cinéma. Et le cinéma, en faisant rendre gorge à la réalité, nous rappelle qu'il faut tenter de vivre. » Si ce texte de Jean-Luc Godard n'avait pas été publié dans *Les Cahiers du cinéma* après le tournage, il aurait pu lui servir d'introduction ou de note d'intention, tant il en éclaire le sens. Or, en ce mois de mai, tandis que l'équipe se met en place, Godard est loin de pouvoir en dire quoi que ce soit : « Deux jours avant de commencer, je n'avais jamais été aussi inquiet. Je n'avais rien, rien du tout. Enfin, j'avais un bouquin. Et un certain nombre de décors. Je savais que cela se passerait au bord de la mer. Tout a été tourné, disons, comme au temps de Mac Sennett. » Doit-on alors, encore une fois, parler de spontanéité, d'innocence, de cette fameuse « improvisation » qui continue de coller aux basques du réalisateur d'*À bout de souffle* ? Jean-Paul Belmondo, qui connaît désormais bien son Godard, est beaucoup plus prudent : « J'ai retrouvé le même Godard. Pas de script. Pour la scène où je me peins la gueule, il me dit : "Prends le pinceau et puis peins-toi." On peut appeler ça de l'improvisation, et c'est ce qu'ont dû croire beaucoup de jeunes metteurs en scène après. En fait, il savait très bien ce qu'il faisait. Il avait toujours ses petits cahiers. *À bout de souffle* et *Pierrot le Fou*, ce sont des cadeaux formidables pour un acteur ! »

Jean-Luc Godard filme ici une tragédie. Celle de Ferdinand, jeune homme sans travail, qui, après une réception mondaine, réalise combien son existence est vaine. C'est alors qu'il retrouve Marianne, une jeune fille qu'il a aimée, laquelle lui avoue que son frère est un gangster, alors qu'elle-même est l'espionne d'une bande rivale. Après s'être débarrassés d'un cadavre encombrant, tous les deux partent dans le Midi. Marianne y est enlevée par un nain, qui assomme Ferdinand. Il part à sa recherche. C'est alors qu'il découvre que Marianne lui a menti : elle est la maîtresse d'un gangster. Il les tuera tous les deux, avant de se suicider.

Cette trame, vaguement inspirée d'un livre de Lionel White dont Godard possédait les droits cinéma, sera évidemment cannibalisée par le trio Karina-Belmondo-Godard qui fait donc, selon la formule du cinéaste, du « cinéma » avant de faire un « film ». Et si Mac Sennett tournait plus volontiers des farces rocambolesques que des films d'amour, l'état d'esprit des deux cinéastes est comparable. « Quand on voit des films anciens, fait remarquer Godard, on n'a pas l'impression qu'ils travaillaient dans l'ennui. Sans doute parce que le cinéma était quelque chose de plus neuf. » C'est exactement cela que nous restitue, par la grâce de son tournage et malgré la noirceur de son sujet, le *Pierrot le Fou* de Jean-Luc Godard.

Étonnamment, l'air de fraîcheur qui souffle sur le film s'accommode en même temps d'une évidente crispation, dont on peut aller chercher l'origine dans le vécu des trois protagonistes. Au moment où *Pierrot le Fou* commence à prendre vie, chacun d'eux est en train d'expérimenter une rupture sentimentale. On vient de le voir pour Jean-Paul Belmondo. Il en est de même pour Anna Karina et Jean-Luc Godard, dont le couple est en crise. Loin d'être à la marge, cet imbroglio sentimental nourrit, bien plus que le texte de Lionel White, le corps même de la tragédie qui se déroule sous nos yeux, et illustre ce cinéma qui, selon Godard, fait donc « rendre gorge à la réalité ».

Sur cette interdépendance vécu-fiction, qui fait de *Pierrot le Fou* le dernier grand film romantique de Godard, plane aussi la fantaisie d'un cinéaste piquetant son ouvrage de séquences insolites ou franchement décalées. Le cinéaste Samuel Fuller, en *producer* américain, et le grand Raymond Devos viennent y faire un petit tour. Anna Karina ajoute, elle, un élément de plus à l'anthologie des plus célèbres dialogues godardiens, psalmodiant au bord du Rhône : « Qu'est-ce que je peux faire, j'sais pas quoi faire »… et d'entraîner Jean-Paul Belmondo à pousser la chansonnette dans le fameux duo écrit par

Cyrus Bassiak : « Ma ligne de chance, ta ligne de hanche. » Personne n'oubliera non plus, évidemment, le pathétique juron de Jean-Paul Belmondo, grimé comme un Indien sur le sentier de la guerre, la tête cerclée de bâtons de dynamite.

Godard terminera *Pierrot le Fou* juste à temps pour le présenter au Festival de Venise en septembre 1965, sous le titre provisoire – et heureusement abandonné – du *Démon de onze heures.* Au Lido, le film fera date : « Godard a secoué la torpeur du festival avec une œuvre étincelante », écrit le critique de *La Stampa.* Le mini-scandale provoqué par ce « démon » s'achèvera néanmoins par la reconnaissance de la critique internationale, qui lui décernera son Grand Prix. Un honneur qui ne troublera guère les censeurs français, interdisant dans la foulée *Pierrot le Fou* aux moins de dix-huit ans pour cause « d'anarchisme moral et intellectuel ». Ce classement dans l'enfer de l'exploitation est souvent fatal aux films d'auteur. Près d'un million et demi de cinéphiles braveront pourtant l'ukase de la commission de censure et, en 1979, *Pierrot le Fou* sera reconnu comme l'un des dix meilleurs films français de tous les temps par les membres de l'Académie des Césars, ceux-là mêmes que Jean-Luc Godard se plaît à désigner comme les « professionnels de la profession ».

Mais cette triple adhésion du public, de la critique et de la « profession » n'a pas toujours existé. Le front ne se soudera qu'au terme d'une assez longue bataille contre de farouches opposants au film. Ce qui amènera Louis Aragon lui-même à prendre parti dans son journal *Les Lettres françaises* : « Qu'est-ce que l'art ? se demande le poète. Je suis aux prises avec cette interrogation depuis que j'ai vu *Pierrot le Fou*, où le Sphinx Belmondo pose à un *producer* américain la question : "Qu'est-ce que le cinéma ?" Il y a une chose dont je suis sûr, aussi puis-je commencer tout ceci, devant moi qui m'effraie, par une assertion, au moins, comme un pilotis solide au milieu des marais : c'est que l'art, aujourd'hui, c'est Jean-Luc Godard. C'est peut-être pourquoi ses films, et particulièrement ce film, soulèvent l'injure et le mépris, et l'on se permet avec eux ce qu'on n'oserait jamais dire d'une production commerciale courante, on se permet avec leur auteur les mots qui dépassent la critique, on s'en prend à l'homme. » Aragon ne sera pas le seul à assurer la défense du cinéaste, soutenu par *L'Humanité*, *L'Express*, *Le Nouvel Observateur*, *Les Nouvelles littéraires*, *Combat* ou encore *Le Monde*, dans lequel Jean de Baroncelli se départit de sa prudence habituelle : « Comme d'autres le font avec la littérature, la musique, la peinture, Godard s'empoigne avec le cinéma. Il le secoue, il le bouscule, il le malmène ; il s'efforce de le tirer des ornières où paresseusement il s'enfonce, il essaie de le pousser en avant sur des chemins nouveaux ; bref, il accomplit à sa manière son devoir de créateur. »

C'est l'apothéose de la légendaire collaboration Belmondo-Godard. Celui-ci n'avait jamais été plus enthousiaste sur son comédien-fétiche qu'au moment de *Pierrot le Fou* : « Belmondo, c'est un acteur, confiait-il au futur cinéaste Pascal Thomas. Un acteur que j'aime.

Fernandel est un acteur que je n'aime pas. Belmondo sait marcher et courir. Dans *À bout de souffle* et *Pierrot le Fou*, il a besoin de marcher et de courir. Une oxygénation nécessaire. Il rend intéressants les choses, les immeubles, les gens devant lesquels il passe. Il ajoute une dimension à un trottoir des Champs-Élysées, par exemple. Je me demande si Fernandel court ou a couru au cinéma. Jean-Paul Belmondo, c'est quelqu'un d'adaptable, adaptable non seulement aux situations, aux événements, mais aussi aux objets. Lorsqu'il pénètre dans une pièce, on sent qu'il a déjà placé, jaugé chaque objet, qu'il a prévu l'utilisation de chaque bibelot, la manière de se mouvoir entre les meubles sans se cogner, sans se gêner. Non seulement il s'inscrit dans un décor, mais il s'y organise, sans jamais être ridicule. Belmondo n'est jamais ridicule. Et c'est dur de lire un texte d'Élie Faure sur Velasquez dans une baignoire quand on a une tête de boxeur. Belmondo n'est jamais déplacé, que ce soit dans une boîte de nuit, au cours d'une réception, dans une baignoire, en chaussettes, dans une salle de bains, en voiture, à bicyclette, dans une chambre. Chaque fois, il donne l'impression de n'avoir vécu que dans ces différents endroits et depuis longtemps. Il sent son corps, il vit son corps mais ne l'interroge pas. […] La voix aussi est particulière. On ne sait pas très bien d'où elle sort. Du nez ? du larynx ? des tripes ? ou des trois à la fois ? Celle de Fernandel a l'air de sortir d'un micro. Jean-Paul Belmondo est un des rares acteurs qui sachent mourir. Bogart savait. Belmondo sait. André Bazin écrivait que, dès que la tête de Bogart apparaissait, le spectateur sentait la présence de la violence, de la mort. Avec Belmondo, c'est un peu la même chose, mais chargé d'un sens un peu plus romantique, avec un côté un peu plus juvénile, un peu plus insouciant : quand Belmondo meurt, c'est de façon anarchique, par maladresse. Est-ce que Fernandel est mort dans un film ? »

Qui aurait cru que, quinze ans plus tard, une vive polémique, aussi vaine que fratricide, opposerait Godard à Belmondo ? *Le Matin de Paris* interrogeait le cinéaste au sujet d'un projet avorté sur Jacques Mesrine, qui venait de publier son autobiographie : « Je lui ai proposé [de tourner avec moi] mais il a refusé. Je voulais tourner avec lui le bouquin de Mesrine. Je crois que Belmondo a encore plus peur de moi que de Mesrine. » Pour corser le tout, Jean-Luc Godard ajouta quelques gentillesses sur son interprétation du *Stavisky* d'Alain Resnais, clamant qu'il aurait mieux valu prendre Alain Delon, qui « fait de meilleurs films que Belmondo ».

« Dans l'interview qu'il vous a accordée, répliqua aussitôt le comédien *via* un droit de réponse au *Matin*, M. Jean-Luc Godard propose à vos lecteurs une relation des plus fantaisistes des deux entretiens que j'ai eus avec lui. Lorsque, il y a un an, M. Godard a demandé à me rencontrer, c'était pour me proposer un film tiré du roman *Bugsy Siegel*. Tout en me parlant de son projet, il m'a demandé si j'avais acquis les droits d'adaptation cinématographique de *L'Instinct de mort*, ce que je lui ai confirmé. Il s'est proposé d'en être le metteur en scène, justifiant le vif intérêt qu'il portait au sujet... Je n'ai jamais demandé à M. Godard, ni d'ailleurs à aucun metteur en scène, s'il savait faire du cinéma. J'ai seulement voulu m'assurer qu'il était bien dans ses intentions de réaliser un film le plus fidèle possible à l'esprit du livre, et non une expérience de laboratoire. "S'il s'agit d'un film dans le style *Pierrot le Fou*, lui ai-je dit pour résumer ma pensée, je suis partant." Or, ce que voulait M. Godard, c'était un film sur les raisons qui m'avaient poussé à vouloir le faire. Son intention était que j'interprète le rôle d'un acteur désirant jouer le rôle de Mesrine, lui se réservant probablement le rôle du metteur en scène, ou peut-être même du héros. Ses explications m'avaient semblé confuses, incohérentes même. Bref, M. Godard tournait autour du pot car, effectivement, il avait peur du sujet. De là à prétendre que j'aurais moi-même peur de Godard, cela ne prête qu'à sourire. [...] Décidément, celui que j'ai vu et qui se fait appeler Godard, avec ses mensonges et ses petits trucages, n'a rien à voir avec l'auteur d'*À bout de souffle*, de *Bande à part* ou de *Pierrot le Fou*. Le Godard des années 1960 est mort à jamais. »

Quinze ans avaient passé. Quinze longues années, durant lesquelles leurs routes avaient sensiblement divergé. En 1980, Jean-Luc Godard sortait *Sauve qui peut (la vie)* ; Jean-Paul Belmondo allait tourner *Le Professionnel*. Un monde les séparait.

Divorce et contre-emplois

Le Pierrot de l'artisan Godard se retrouve bientôt noyé dans la masse d'une superproduction de René Clément, le réalisateur de *La Bataille du rail* et de *Jeux interdits*, réputé pour faire un cinéma au cordeau. On aurait aimé qu'il sût employer un peu mieux Jean-Paul Belmondo dans son ambitieux *Paris brûle-t-il ?* Non que son personnage épisodique de jeune chef de la Résistance soit totalement inintéressant, mais il est dilué au milieu d'un tourbillon de stars, engagées pour dynamiser cette reconstitution en noir et blanc de la Libération de Paris : Alain Delon en jeune gaulliste Chaban-Delmas s'opposant au colonel communiste Rol Tanguy, alias Bruno Cremer ; Anthony Perkins en sergent ; Gert Froebe en général allemand qui reste sourd aux ordres du Führer ; Kirk Douglas en Patton ; Leslie Caron en épouse de Chaban ; Orson Welles en consul négociateur suédois ; Claude Rich en général Leclerc ; Glenn Ford et Robert Stack en généraux américains ; Charles Boyer sera Edgar Pisani et Simone Signoret, patronne de bistrot… sans oublier Yves Montand, Pierre Vaneck, Jean-Pierre Cassel, Claude Dauphin, George Chakiris, etc. Et Paris lui-même, star parmi les stars, exhibant ses alignements haussmanniens et ses rues évacuées à la manière d'un studio aseptisé. Ce n'est pas exactement d'une souris qu'accouchera cette montagne au budget de plusieurs milliards d'anciens francs, mais d'une vaste coquille, propre et vide, à laquelle les plus grands champions du box-office ne parviennent pas à donner vie. Même l'impétueux Jean-Paul Belmondo a l'air aussi égaré que ses partenaires dans ce film bien tiède, malgré son titre. Ce qui fera dire très justement à *L'Express* : « Tout est vrai ici, mais il manque l'essentiel : cette bouffée d'émotion, cette allégresse fantastique d'amoureux comblés, ce grand chavirement des cœurs qui nous fit rire et pleurer en pleine rue en ces jours d'août 1944. »

Cinq millions de curieux rempliront pourtant les salles à sa sortie. En outre, *Paris brûle-t-il ?* aura au moins le mérite de faire la transition entre 1965 et 1966, année que Belmondo réservera essentiellement à Jean Becker et à Louis Malle – avec en prime une petite participation en légionnaire très *frenchie*, dans *Casino Royale*, un James Bond parodique emmené par David Niven et le charme d'Ursula Andress. Mais avant de s'envoler pour Tahiti avec Becker, Jean-Paul tient à passer Noël avec femme et enfants : a-t-il une pensée pour Ursula, en choisissant la Suisse pour leurs sports d'hiver ? À l'hôtel Silvretta de Klosters, on s'habille pour le dîner et on n'étale pas ses états d'âme en public. C'est donc la trêve des confiseurs :

le couple Belmondo se concentre sur les enfants, Paul, trois ans, Florence, six ans, et Patricia, douze ans. Leur éducation restera pour Élodie et Jean-Paul la seule raison valable de se revoir par la suite.

Pendant ce temps, aux rumeurs qui continuent de courir sur l'avenir du couple, s'ajoutent les spéculations sur l'avenir professionnel de Belmondo, lequel prévoirait de « ne plus tourner systématiquement dans les films de copains » et de « passer aux choses sérieuses après avoir fait un peu trop le cascadeur ». Il aurait renvoyé Jean Becker à son scénario de *Tendre voyou* pour cause de faiblesse psychologique du héros. De son côté, Philippe de Broca a en tête un remake des *Cinq sous de Lavarède* avec Belmondo en vedette. Les Américains lui font également les yeux doux. C'est malgré tout le projet du « copain » Jean Becker qui l'emporte. Dans *Tendre voyou*, Jean-Paul sera Antoine Maréchal, le personnage créé par Albert Simonin. Une petite frappe, dont les combines échouent systématiquement, mais dont la séduction demeure l'arme fatale. Jean-Paul Belmondo cherche à ne pas se laisser enfermer dans un personnage-type et, surtout, il a vraiment envie de coller à un emploi de composition, où puisse pleinement s'illustrer son goût pour la comédie.

« Je suis, vous le pensez bien, ravi de retrouver Belmondo pour la troisième fois, se réjouit Becker. À chaque film, j'ai l'impression de découvrir un comédien tout neuf. Je veux dire par là que le Belmondo de *La Rocca* n'est pas le Belmondo d'*Échappement libre* ni de *Tendre voyou*. Le Belmondo comédien est sans cesse “renouvelé”, si je puis dire. Il n'a pas une façon de soulever sa casquette et de dire "Bonjour, Madame", mais cent. Pour ma part, lorsque je dis "Moteur !", je me surprends à devenir spectateur. Que va-t-il faire ? Que va-t-il dire ? Lui seul le sait. Belmondo est un comédien-né. Jean Marais disait récemment de lui que c'était déjà un "monstre sacré". Je le crois volontiers. »

À l'issue du tournage, Becker ne tient plus tout à fait le même langage : « À la fin de *Tendre voyou*, on s'est un peu brouillés. C'était d'ailleurs moi qui étais fâché. Je n'aimais pas la manière dont Ursula Andress faisait pression sur lui. Elle voulait lui inculquer des notions de "starisation". Ce n'était pas son genre, à Jean-Paul ! Il savait qu'il était aimé du public, qu'il était très populaire, mais de là à se déplacer en Rolls ! Non, ce n'était pas lui, pas du tout ! À Tahiti, poussé par elle, il avait mis en cause mon travail, le cadrage de certaines scènes. Je me suis rebellé : "Puisque c'est comme ça, vous n'avez qu'à terminer tout seuls !" À la fin du tournage, Jean-Paul avait organisé une grande fiesta pour toute l'équipe. Je n'y suis pas allé et il m'en a beaucoup voulu. »

Les deux amis se réconcilieront deux ans plus tard, mais *Tendre voyou*, œuvre brouillonne, aura pâti de leurs discordes. Becker et Belmondo ne travailleront plus jamais ensemble. Mylène Demongeot, la jolie Muriel du film, préfère se souvenir des taquineries de Jean-Paul : « Il adorait le saucisson à l'ail… mais ce grand couillonaud ne pouvait pas s'empêcher de roter, exprès ! Il profitait des scènes de baisers pour me balancer ses relents au visage… » Cet épisode parfumé ne nuira nullement à leurs relations : « Peu après la mort de mon mari Marc Simenon, en 1999, je devais jouer du Beckett, alors que j'étais au bord de la dépression. Jean-Paul nous a prêté son Théâtre des Variétés pour les répétitions. Il a eu les mots qu'il faut pour moi. C'est un être d'une générosité sans pareille. Il cache souvent sa tendresse derrière un masque de potache, de carabin. Un sacré bonhomme ! »

Jean-Paul garde le souvenir d'un tournage hilarant : « Marielle et moi, on n'a fait que se marrer. Apparemment, cela ne nous a pas empêchés de faire du bon boulot. Je crois que *Tendre voyou* a été vu par plus de quatre cent mille spectateurs à Paris. Par contre, je n'ai pas oublié notre déception en arrivant de Paris. On se voyait déjà entourés de vahinés fleuries… À la place, on a trouvé une ville envahie de militaires qui ressemblait davantage à une cité-garnison, genre Melun, qu'à un paradis exotique. » Un nouveau grand succès public : le mythe Belmondo s'affirme.

De retour dans la métropole, Jean-Paul réenregistre les dialogues du court-métrage *Charlotte et son Jules*, qu'à l'époque, Godard avait dû postsynchroniser lui-même. Puis, il s'offre une petite folie en acquérant, à quelques kilomètres de Paris, une magnifique propriété en bordure de Seine : le Moulin de l'Île-aux-Corbeaux. L'argent rentre ; c'est plutôt le temps qui fait défaut. Alors, non sans regret, il écrit à ses camarades du Syndicat français des acteurs : « Trop pris par mon travail d'acteur j'ai dû, en plein tournage du film *Tendre voyou*, refuser de participer au dernier Gala de l'Union des Artistes. Toutefois, malgré ce refus, je ne crois pas avoir démérité car, pour ma part, je tiens à vous rappeler que j'ai fait trois Gala de l'Union dans lesquels, je peux le dire, je n'ai ménagé ni ma peine ni le côté danger. Parce que je ne veux pas être un simple prête-nom pour le syndicat – ce qui ne serait pas honnête pour mes camarades – je donne définitivement ma démission de président. Croyez, en tout cas, que je resterai un simple adhérent toujours prêt à aider la cause des acteurs. Je vous prie de croire, chers camarades, etc. »

C'est aussi en 1966 que Belmondo divorce. Renée-Élodie redevient Constant et obtient la garde des enfants. Elle quittera Paris pour Londres, où elle se mettra en ménage avec Hugh Hudson, futur réalisateur de *Greystoke, la légende de Tarzan*, et aussi futur papa de Charlotte, quatrième enfant d'Élodie. Paul Belmondo, devenu champion automobile, évoquera cette époque bien des années plus tard : « J'avais trois ans et demi quand mes parents se sont séparés, précise-t-il à *Paris Match*. Je ne me souviens pas de grand-chose. J'ai toujours connu mes parents séparés. Je n'ai pas vécu leur rupture, je n'en ai donc pas souffert. Je n'ai même pas le souvenir d'avoir demandé à ma mère pourquoi notre père n'était pas là. Cela nous a toujours paru normal. [...] Pourquoi chercher à connaître les torts de l'un ou de l'autre ? Beaucoup de gens divorcent. Moi, j'ai la chance d'avoir des parents qui ne se sont jamais querellés devant moi, et ne se sont jamais rejeté les torts. Aussi loin que je remonte dans ma mémoire, je vois mes parents amis. Il y a toujours eu beaucoup de complicité entre eux. Ils se sont séparés, mais ne se sont jamais fâchés. Mon père vivait en France et nous allions le retrouver le plus souvent possible, pour de longs week-ends et toutes les vacances. Et quand quelque chose n'allait pas, il sautait dans le premier avion pour Londres. Quant à mon beau-père, il est très gentil. Je garde un bon souvenir de lui. C'était quelqu'un de vraiment super, qui nous a formidablement accueillis. Parce que ce n'est pas évident, une femme qui débarque dans votre vie avec trois enfants. Je m'en rends compte aujourd'hui, alors que je suis devenu adulte moi-même. J'ai fait plein de choses avec Hugh Hudson. Il était passionné de sport automobile. Il a d'ailleurs fait un film sur Fangio. Je n'avais que cinq ou six ans, mais c'était déjà un point commun très important. On avait des sujets de discussion, des terrains d'entente. On partageait la même passion. »

D'Ursula Andress, Paul Belmondo garde une image pittoresque : « Je ne l'ai pratiquement jamais vue à l'époque. La seule fois, je m'en souviens comme si c'était hier. Nous arrivions au Moulin des Corbeaux, dans la maison de mon père. Elle était là, habillée de cuir argent. Elle discutait avec lui, elle était sur le point de partir. J'ai demandé à cette superbe apparition où elle allait. "Je pars sur la Lune", m'avait-elle répondu. Cela m'avait sidéré. Je devais avoir six ans. Elle était vêtue comme un cosmonaute et moi, j'ai vraiment cru qu'elle partait sur la Lune. »

Jean-Paul Belmondo décide enfin de modérer sa boulimie de travail. *Tendre voyou* achevé, c'est davantage en spectateur amoureux qu'en acteur studieux qu'il suit Ursula sur le tournage de *Casino Royale*, James Bond parodique accueillant à son générique Peter Sellers, David Niven… et le débutant Woody Allen, à qui l'expérience inspira ce mot délicieux : « J'ai rêvé que j'étais le collant d'Ursula Andress. » Après cette parenthèse récréative, Belmondo se voit confier un emploi autrement difficile : se glisser dans la peau de Georges Randal, ce fils de bonne famille qui découvre le plaisir de voler. *Le Voleur* est d'abord un roman de l'iconoclaste Georges Darien. Antimilitariste, ennemi déclaré des bourgeois, cet anarchiste de la fin du XIXe siècle fut découvert et porté aux nues par les Surréalistes, avant d'être redécouvert par Louis Malle, qui trouva tout naturel de proposer le rôle à Jean-Paul Belmondo. Cet accord implicite entre le réalisateur et le comédien, Gilles Jacob, le futur délégué général, puis président du Festival de Cannes, en comprit tout de suite les raisons : « Comme Malle, comme Belmondo – enfin débarrassé de sa tunique mythologique de dévoyé – Randal est un fils de famille. Grugé par son oncle de ses biens et de son amour, il commet un vol par défi, par bravade, n'est pas inquiété, y prend goût et devient peu à peu voleur professionnel. »

Pour réaliser confortablement son film, Louis Malle avait signé avec les Artistes Associés, *major* américaine peu regardante sur les coûts de production : « À partir du moment où j'ai dit aux Américains que je voulais Belmondo, ils m'ont fichu une paix royale jusqu'à la fin du film. Avec Jean-Claude Carrière, qui s'est occupé de l'adaptation du livre, nous pensions que c'était un rôle parfait pour Belmondo, alors au sommet de sa gloire. Cela m'intéressait de faire jouer à Belmondo un contre-emploi, à l'opposé de l'image que lui avaient donnée *À bout de souffle* et surtout les films qu'il avait faits après, comme *Tendre voyou.* Son père était un sculpteur académique ; il avait reçu une éducation très bourgeoise. Je lui ai dit : “Ce serait peut-être bien pour toi, au point tu en es, de jouer quelque chose que tu n'as jamais joué, un dandy.” Je ne sais pas s'il avait lu le livre, mais l'idée lui plaisait. Je suis donc retourné voir les gens des Artistes Associés pour leur dire : “Voilà, je vais faire un film d'après un livre passionnant qui s'appelle *Le Voleur* et je le ferai avec Belmondo.” Et j'ai eu le feu vert, une liberté totale. »

C'est que Louis Malle non plus n'est pas un inconnu. Personne n'a oublié *Les Amants*, pas même les Américains, et il semble être devenu le réalisateur attitré de Brigitte Bardot : *Vie privée* puis *Viva Maria*, au succès considérable. Mais ce *Voleur* est plus qu'un nouveau film. C'est une affaire personnelle entre le roman et lui : « En relisant le livre, je m'étais identifié à Georges Randal. Après dix ans dans ce métier, je voyais le livre comme une métaphore de ce qui s'était passé pour moi. Je ne pouvais pas m'empêcher de comparer Randal le voleur et Malle le cinéaste. Nous venions tous les deux d'un milieu aisé, conventionnel, nous avions rompu avec lui par la révolte, la colère, le désir de se venger et de le détruire. »

Il précise néanmoins, dans *Combat* : « Logiquement, ce personnage révolté devrait aller jusqu'au bout de sa révolte. Au contraire, c'est l'histoire d'un échec, d'une défaite. Randal essaie de s'extraire d'un certain système, d'un certain milieu, d'un certain mode de vie, mais, à la fin, il se retrouve pratiquement à son point de départ. »

Soucieux de ne rien gâcher de l'effet produit par le livre sur son lecteur, Jean-Paul Belmondo tâchera de s'imprégner au maximum du trouble de Louis Malle ; de devenir son « passeur ». Il y parviendra, et gardera un heureux souvenir de cette expérience : « J'ai toujours travaillé avec des gens avec qui on rigolait. Même sur *Le Voleur* de Louis Malle – je ne sais pas s'il aimerait trop que je le dise – on a beaucoup rigolé sur le tournage. Et puis, il y avait de belles actrices : Marie Dubois, Françoise Fabian, Geneviève Bujold… » À sa sortie en février 1967, *Le Voleur* fera un score honorable et sera généralement accueilli avec respect par la presse. Ainsi, peut-on lire sous la plume d'Henry Chapier : « Pudeur, lyrisme, goût de la litote font du *Voleur* un beau morceau de cinéma classique. Ici, on ne s'en tire jamais par des pirouettes, et je ne connais pas de jeune cinéaste français capable de filmer avec autant d'intelligence et de naturel des scènes de société. »

De Hollywood à Gérard Oury

Dès 1966, Jean-Paul Belmondo avait décidé de ne pas tourner plus de deux films par an : *Tendre voyou* et *Le Voleur* sont donc assez. Mieux encore : 1967 sera son année sabbatique, essentiellement consacrée à Ursula qui, de son côté, se contentera d'un film en Angleterre et d'un autre en Italie. Le couple voyage beaucoup. Pour être ensemble, sûrement aussi pour échapper à la traque médiatique : « Depuis qu'Ursula et moi avons décidé, face à nous-mêmes, face à nos responsabilités, de ne pas cacher nos sentiments, nous n'avons plus eu de trêve, déplore l'acteur dans *Lido*. Tout le monde s'est jeté sur notre histoire avec la plus grande voracité, avec la plus grande indiscrétion. Je dis que ce n'est pas juste. [...] Quand j'ai rencontré Ursula sur le plateau des *Tribulations d'un Chinois en Chine*, elle m'a bouleversé. Un ouragan, comprenez-vous ? Quelque chose d'incroyable. J'ai changé ma vie pour elle, mais c'était la seule chose que je pouvais faire. Je serais allé jusqu'au bout de cette histoire, même si elle m'avait conduit au suicide. »

Suicide ? Le mot sonne bizarrement dans la bouche de cette machine à vivre. Son périple affectif le conduira néanmoins jusqu'à Hollywood où, piloté par Ursula Andress, il fraiera un peu avec le gratin local. Mais à son retour, le globe-trotter embrassera le sol natal. Il s'en expliquera au moment de ses quarante ans de carrière : « Quand un acteur débarque là-bas, il en prend plein la tête. N'oublions pas qu'Hollywood est toujours La Mecque du cinéma. Ursula Andress m'ouvrait toutes les portes, des studios aux piscines de Beverly Hills, en passant par les somptueux bureaux des producteurs. Je rencontrais tous les héros de mes rêves les plus fous : Dean Martin, Frank Sinatra, Kirk Douglas, Barbara Streisand, les Fonda et j'en passe. Mais ce petit paradis m'ennuyait. J'ai besoin de vérité dans la vie, j'ai besoin de chaleur. Or, tout ce qui m'avait paru très sympathique se révélait superficiel. Les Américains vous sautent au cou au premier regard : cela ne signifie rien. C'est de l'amitié de bazar. À Paris, si je croisais De Niro, je n'oserais pas le saluer. J'aurais peur qu'il me laisse en plan au bord du trottoir. [...] Il faut bien le dire, à Paris, j'étais dans le peloton de tête. Que serais-je devenu chez les Peaux-Rouges ? Un nouveau Charles Boyer ? Un franchouillard au rabais ? En plus, il fallait retourner à l'école pour apprendre la langue, se plier à de nouvelles méthodes de travail, adopter d'autres coutumes. Aux États-Unis, c'est le bagne : le technicien qui touche le câble n'a le droit de toucher à rien d'autre. On vous attribue une voiture avec interdiction de conduire. Je me voyais mal, moi, le “guignolo”, soumis à cette belle mécanique même si, paraît-il, elle s'est un peu assouplie. Quand on a de beaux rôles dans son propre pays, pourquoi jouer les figurants ailleurs ? Hollywood avait besoin d'un nouveau Gary Cooper, pas d'un Belmondo. En fait, j'avais une peur horrible de m'ennuyer. Je ne peux pas travailler sans rigoler un peu. Le sérieux me panique. Si je ne peux plus déconner, je préfère rester chez moi. Au moins, je peux toujours faire l'andouille devant ma glace. »

Il hésita cependant un moment, quand la Columbia lui proposa un contrat pour un film d'Howard Hawks : « Un rôle d'Américain dans un contexte complètement américain, une histoire avec des mercenaires vers 1920. » Il y a effectivement de quoi hésiter, mais le projet tombe à l'eau : Hawks n'est plus très jeune et les producteurs sont méfiants. Belmondo ne s'exportera donc pas à Hollywood, et c'est sans doute mieux ainsi.

En 1968, il signe avec trois cinéastes « bien de chez nous », qu'il ne connaît cependant que de réputation : Robert Enrico, Gérard Oury et François Truffaut. Sa rencontre avec le futur metteur en scène du *Vieux Fusil*, Jean-Paul Belmondo la doit à José Giovanni, qui vient lui-même de passer à la réalisation avec *La Loi du survivant* mais n'en continue pas moins à écrire. C'est son roman *Ho !*, publié quatre ans plus tôt dans la Série Noire, qu'Enrico décide d'adapter. « Vous devez vous demander, comme tout le monde, ce que veut dire *Ho !* lance l'acteur à un journaliste de *Cinémonde*, dès le premier jour du tournage. Eh bien, c'est le diminutif du personnage que j'incarne : François Holin, champion de course automobile qui, un jour, sans le vouloir, tue accidentellement l'un de ses copains. Soupçonné d'avoir monté une combine, il perd sa licence, comme Alain Delon dans *Les Aventuriers.* Holin se reclasse en devenant le chauffeur d'une équipe de gangsters, autant dire leur domestique, qui le surnomment "Ho". C'est un gars comme il y en a beaucoup. Accusé à tort, il cherche à être réhabilité. C'est une espèce d'enfant naïf et ambitieux, le contraire d'un truand. Il enrage devant l'injustice du sort et se défend comme il peut. C'est un type normal, quoi ! Et c'est pour ça que je l'aime. »

Descriptif alléchant, mais résultat quelque peu raté. Ce qui aurait pu être le portrait d'un *loser* à la James Cagney ou le voyage initiatique d'un jeune paumé ne sera qu'un film d'aventures sans trop d'épaisseur. José Giovanni, furieux, se retournera contre les scénaristes qui, selon lui, ont massacré son roman. Belmondo lui-même s'avouera dépité : « C'était un beau roman, dans lequel il y avait très peu de choses à changer. Le personnage était admirable. Lisez le roman, vous comprendrez pourquoi j'ai fait le film. De quoi suis-je responsable ? Une fois que j'étais engagé, il était trop tard. »

Si l'acteur est déçu, le cascadeur aura au moins retrouvé, grâce à *Ho !*, les joies du danger. La scène d'ouverture, où le jeune pilote Holin provoque un accident mortel, sera tournée en dernier. Toute l'équipe de Robert Enrico se retrouve donc fin mars sur la piste de Montlhéry, en région parisienne. Y compris un coureur professionnel, dont la mission est de projeter la Matra F2 de Ho contre la Lotus de son concurrent malheureux, puis de stopper son propre bolide pour voler au secours de l'accidenté. C'est, évidemment, réveiller les vieux démons de Belmondo, qui s'empresse de doubler sa propre doublure – autrement dit, de tourner le plan tout seul : « Pourquoi avez-vous eu peur ? demandera-t-il à ses partenaires, verts d'angoisse. J'étais très sûr de moi au volant et je ne voulais pas être en reste avec Ursula. Demain, je m'envole pour le Sénégal où elle termine le tournage de *L'Étoile du Sud*, sous la direction de Sidney Hayers. Elle doit, pour les besoins du film, sauter d'un train en marche, affronter la charge d'un troupeau de buffles et traverser une rivière infestée de crocodiles. Alors, vous pensez si j'avais à cœur de relever ce défi. Pour moi, un vrai acteur, c'est celui qui ose risquer sa vie pour réussir une scène. Les autres, ce sont des gens qui "aimeraient" faire du cinéma. »

Ursula ne sera pas mangée par les crocodiles et Jean-Paul prendra effectivement l'avion. Mais pendant ce temps-là, à Paris, la « révolution » gronde. L'affaire Langlois éclate, des barricades sont dressées dans les rues. La Sorbonne et l'Odéon sont occupés, le Festival de Cannes est suspendu par Godard et Truffaut, les États Généraux du cinéma se constituent et l'utopie dévore l'économie… « En mai 68, je me suis retrouvé coincé dans un hôtel au Sénégal, racontera Belmondo. Je dis coincé, parce qu'il y a eu une longue grève de je ne sais plus quoi, qui nous a empêchés de partir. Quand, enfin, j'ai pu retourner en France, Mai 68 était pratiquement terminé. Donc je n'ai pas eu à me justifier à ceux qui disaient qu'il y en avait marre des vedettes, etc. Cela dit, si j'avais été à Paris en mai 68, je me serais sûrement retrouvé sur une liste d'acteurs indésirables. En tout cas, je ne serais probablement pas descendu dans la rue pour manifester. »

Et si Belmondo enrage dans son hôtel, c'est aussi parce que Gérard Oury et Bourvil, mais aussi David Niven et Eli Wallach, une foule d'autres comédiens et de techniciens n'attendent plus que lui pour démarrer *Le Cerveau.* En 1968, Gérard Oury est déjà un cinéaste qui vaut de l'or. Après le succès colossal de *La Grande Vadrouille*, cette nouvelle superproduction de trois milliards de centimes devrait, elle aussi, faire recette. Cent fois sur le métier fut remis le scénario, poli et repoli des mois durant par Oury et sa fille Danièle Thompson, inspirés par le retentissant hold-up du train postal Glasgow-Londres. Pour faire rire, père et fille commencent par inventer deux Français moyens qui se retrouvent, sans le savoir, les ennemis d'un truand de haut vol. Rompus aux ressorts du comique, les deux scénaristes multiplient quiproquos et poursuites, au point de charger un peu trop ce beau navire construit pour plaire, et qui plaira. Sauf à Jean-Paul Belmondo qui, une fois le film terminé, fera part de sa perplexité à la revue *Cinéma 69* : « Au départ, il y avait dans *Le Cerveau* le côté situations fausses à la Feydeau, et je pensais que le film serait développé dans ce sens, comme dans *La Grande Vadrouille*, par exemple. C'est vrai que, souvent, ma préférence va aux films comiques, non seulement parce que je n'en joue pas autant que je le voudrais, mais encore parce que ce genre offre beaucoup de possibilités à un acteur. Or, dans *Le Cerveau*, à mon avis, Feydeau est effacé par l'hélicoptère, par le train, par la voiture qui se coupe en deux, par la piscine, etc. Le comique de situation et le comique d'accessoires – lequel se fait souvent au détriment des personnages –, ce n'est pas du tout la même chose, pour un acteur. Si vous voulez, c'est un film où aucun des quatre acteurs n'est volé, car l'ensemble est bien équilibré de ce point de vue, mais c'est finalement un cinquième qui prend la vedette au détriment de tous : le train ! Je crois que le comique est un genre qui s'accommode assez bien d'un certain côté artisanal. Ainsi, pour *L'Homme de Rio*, nous sommes partis à neuf au Brésil. Il n'y avait pas de trucage et, lorsqu'il fallait passer d'une fenêtre à l'autre au-dessus du vide, on le faisait vraiment ! Cela, je crois que les gens le sentent et l'apprécient. » Regrets d'acteur, regrets de cascadeur.

En cette fin 1968, il reste cependant à Jean-Paul Belmondo une troisième expérience à mener : travailler avec l'un des leaders de la Nouvelle Vague, François Truffaut.

Amoureux chez Truffaut et Lelouch

Lorsque, le 1er décembre 1968, Jean-Paul Belmondo s'envole pour La Réunion, François Truffaut est déjà sur place depuis une quinzaine de jours, consacrés aux repérages de son nouveau film, *La Sirène du Mississippi*. L'auteur des *Quatre Cents Coups* n'est pas que le gentil conteur des aventures d'Antoine Doinel. C'est aussi un dévoreur de romans policiers, comme en témoigne son œuvre : *Tirez sur le pianiste*, *La mariée était en noir...* Sa *Sirène* sera de cette veine : Truffaut s'inspire d'un livre de Cornell Woolrich, plus connu sous le pseudonyme de William Irish, l'un des auteurs les plus doués du genre, aux côtés de Dashiell Hammett, Raymond Chandler, David Goodis ou encore Jim Thompson. Étrange personnage que ce Woolrich-Irish – également auteur de *I Married A Dead Man*, adapté en 1982 par Robin Davis sous le titre *J'ai épousé une ombre* : casanier, introverti au point de fuir toute présence féminine à l'exception de sa mère, qu'il ne quittera pas jusqu'à sa mort, accélérée par un éthylisme acharné. Il est d'ailleurs tout juste décédé, quand le cinéaste français entame, en compagnie de Jean-Paul Belmondo et de Catherine Deneuve, le tournage de *Waltz Into Darkness*, rebaptisé *La Sirène du Mississippi.*

François Truffaut avait sensiblement remanié l'histoire originale, changeant dates et décors. Jean-Paul Belmondo est Louis Mahé, propriétaire d'une usine de cigarettes de La Réunion ; il souhaite épouser une jeune femme de Nouméa, contactée par le biais d'une petite annonce matrimoniale. Il est très surpris quand elle le rejoint sur son île, car elle n'a rien à voir avec celle qu'il avait vue en photo…

Chaque matin, le cinéaste distribue à ses comédiens les dialogues qu'il vient d'écrire, façon Godard, ce qui ne déplaît pas à Jean-Paul Belmondo, plutôt content du tournage : « *La Sirène du Mississippi* est un film d'acteurs, mais au bon sens du terme. Il ne s'agissait pas pour nous de venir faire un numéro, mais de donner vie à des personnages qui ont une histoire, une épaisseur. Et pour moi, c'est d'autant mieux qu'avec ce rôle, je reviens à un personnage que je n'ai pas joué depuis très longtemps, depuis *La Viaccia*, je crois : un homme qui est amoureux d'une femme et qui va se faire rouler par elle. Une grande histoire d'amour dramatique, comme j'ai eu très peu l'occasion d'en faire. Et puis, c'est un texte merveilleux, et cela compte énormément pour un acteur. Il y a des années que je n'ai pas eu un texte aussi beau à dire. Truffaut l'écrivait le matin même. Il nous donnait des pages et cela s'apprenait en quelques minutes tellement nous sentions les personnages et l'histoire… Godard est comme Truffaut sur ce plan, et mon plaisir d'acteur dans *La Sirène du Mississippi* est comparable à celui que j'ai pris sur *Pierrot le Fou.* Là aussi, Godard me donnait le texte chaque matin et, là aussi, c'était facile parce que très beau. Ce sont tous deux des réalisateurs qui savent exactement ce qu'ils veulent, et cela leur permet d'être souples pendant le tournage, parfois même d'improviser un peu avec les acteurs, mais d'improviser dans un cadre strict. »

Pourtant, lors du tournage, Belmondo adopte une attitude assez réservée, ce qui ne lui ressemble guère. Avec Ursula Andress, qui l'a rejoint, il loge à l'hôtel Saint-Gilles, tandis que Catherine Deneuve est descendue aux Relais Aériens. C'est que, selon certains témoins, Jean-Paul Belmondo serait un tantinet jaloux des attentions que Truffaut prodigue à sa blonde vedette. Celle-ci le dément dans un entretien accordé à *Cinéma 69* : « C'est une chance formidable pour moi d'avoir travaillé avec Truffaut et Belmondo... Le tournage a été merveilleux, facile, agréable, sans aucun problème, dans une ambiance formidable, avec une confiance totale. C'est comme le bonheur, en fin de compte, cela ne se raconte pas : il faut le vivre ou en être témoin pour comprendre. Même chose pour les rapports avec Belmondo : nous ne nous connaissions pas bien, mais il n'y a eu aucune gêne, aucune timidité ou raideur entre nous. Il faut dire qu'en plus de toutes ses qualités, Jean-Paul en possède une au suprême degré : la décontraction. À ce point, je n'avais jamais vu cela ! Il enchanterait les Américains qui sont tellement à la recherche de ce côté *relax*, comme ils disent. »

Les prises de vues continueront à Nice juste après Noël, à Aix-en-Provence, et enfin à Lyon, où le dernier plan est mis en boîte le 15 février 1969. Sorti en juin de la même année, *La Sirène du Mississippi* obtint un score très moyen en salles et une revue de presse assez médiocre. *Télérama* tente de se rassurer en écrivant : « Dans *La Sirène du Mississippi*, la vérité des êtres est plus forte que l'aventure qu'ils vivent, leur réalité dépasse la fiction. François Truffaut apporte encore une fois la preuve qu'on peut encore aujourd'hui raconter une histoire et faire le film le plus vrai, le plus sensible et le plus personnel. » Ce n'est pas l'avis de Jean-Louis Bory, au *Nouvel Observateur* : « La touche "Truffaut" donne un film ravissant dont je me moque éperdument. À cause de toute cette sauce ? Cette mariée est-elle trop belle ? Trop grande couture ! C'est un *Tirez sur le pianiste* métamorphosé en article pour boutiques de très beaux quartiers. Couleurs idéales et vedettes internationales. Je regrette l'ancien, le pauvre, en noir et blanc. Car ces vedettes, justement, elles encombrent. » Mais ce sont peut-être *Les Échos* qui donneront l'analyse la plus juste : « Je ne suis pas sûr que Jean-Paul Belmondo soit le personnage du rôle. Quelque chose de fort, de décidé en lui crée des doutes sur la veulerie qu'il montre dès qu'il a retrouvé sa femme. Catherine Deneuve est plus convaincante, et j'admire beaucoup la transformation qu'elle opère de son personnage, comment elle se révèle une petite garce implacable et cruelle. »

Le contre-emploi a donc ses limites. La prestance naturelle et le machisme de Belmondo avaient effectivement peu à voir avec la servilité affective de son personnage, sorte de petit cousin du Professeur Unrat, soumis aux charmes de Lola-Lola dans *L'Ange bleu.* « Si le gars finit en lopette, c'est pas bon. Le public n'aime pas ça, résumera Belmondo. Après *La Sirène du Mississippi*, quand j'allais à des matches de boxe, les mecs me disaient : "Et vous vous laissez torturer par cette gonzesse ?!? À la fin, vous devriez l'étrangler et vous ne bougez pas !" Ils étaient furieux ! » Pour Belmondo, valeur plutôt montante au box-office, le film de Truffaut le renvoie tout en bas de l'échelle, auprès des films de Melville et d'*Une femme est une femme.*

Le long-métrage suivant amorcera un retour vers des jours meilleurs, sans toutefois atteindre des sommets : *Un homme qui me plaît*, de Claude Lelouch. Mais juste avant, Belmondo acceptera d'apparaître en fil rouge d'un documentaire de Gilbert Prouteau, *Dieu a choisi Paris*, retraçant l'histoire de la capitale de 1890 à la Seconde Guerre mondiale. Moustache en brosse et épais favoris, l'acteur y campe un ancien assistant de Jules-Étienne Marey, scientifique de la fin du XIXe siècle qui bricola, avant les frères Lumière, l'une des premières machines à filmer, le fusil chronophotographique. On y découvre les trésors cinématographiques qu'il a amassés au cours d'un demi-siècle. On n'a pas retenu le nom de son maquilleur, mais une chose est sûre : ce n'est pas Charly Koubesserian, qui, depuis *Ho !*, veille régulièrement aux transformations du comédien. Charly est, comme Henri Verneuil, d'origine arménienne. En 2003, il publie *L'Arménien – De de Gaulle à*

Belmondo, les mémoires d'un grand maquilleur du cinéma français. Avec tout le respect qu'il porte aux gens de ce métier qui œuvrent dans l'ombre pour mieux mettre les autres en lumière, Jean-Paul Belmondo en assure la préface : « Charly Koubesserian, c'est l'un de ces grands professionnels qui vivent leur métier comme une passion. Pour Charly, maquiller un acteur, ce n'est pas seulement lui donner bonne mine et éviter les reflets des projecteurs ; c'est véritablement donner vie, authenticité, réalité au personnage qui lui est confié… Apercevoir Charly, l'œil rigolard et le cigare au bec, me réconforte toujours. Les jours de déprime, lui et Paulette, ma costumière, et Jo, mon garde du corps, qui m'entourent depuis plus de trente ans, comme Jacques, mon coiffeur, m'apportent une vraie chaleur humaine. » Charly ne sera pas non plus du film de Claude Lelouch. Il faudra attendre *Les Mariés de l'An II.* Pourtant, sur *Un homme qui me plaît*, le travail n'aurait pas manqué : musicien, le personnage de Belmondo se déguise aussi en cow-boy ou en Indien. Seulement, le film fut tourné aux États-Unis avec des techniciens locaux, syndicats obligent.

Quand il entame *Un homme qui me plaît*, Lelouch est encore sous le choc de sa Palme d'Or et de son Oscar pour le mythique *Un homme et une femme.* Les deux hommes se connaissent déjà : bien avant son triomphe au Festival de Cannes, le cinéaste s'était déjà fait la main en tournant quelques longs-métrages et une myriade de documentaires et scopitones, dont l'un est à la gloire du jeune Jean-Paul, alors en pleine ascension. Le scopitone, ancêtre du vidéo clip, était destiné à mettre en image des chansons à la mode pour les juke-box trônant dans les bistrots. Unifrance Films, chargé de la promotion du cinéma français à l'étranger, avait eu l'idée d'adapter le système pour faire connaître les acteurs aussi. Celui de Lelouch montrait Belmondo dans ses activités favorites, bien qu'annexes, de boxeur et de footballeur.

Après le couple Anouk Aimée-Jean-Louis Trintignant, Claude Lelouch invente Annie Girardot-Jean-Paul Belmondo. Dans ce nouvel opus sentimental, les deux anciens complices du Conservatoire forment un duo plus musclé. Question de nature, bien entendu, mais aussi de scénario : Françoise l'actrice et Roger le musicien se rencontrent sur un tournage à Los Angeles, et sillonnent les États-Unis dans une course folle aussi débridée qu'éphémère, comme leur histoire. Un road-movie endiablé, de Monument Valley à La Nouvelle-Orléans, au volant d'une Cadillac. Et pourtant, un tournage express. À l'instar de cette aventure sentimentale, bouclée en huit jours seulement ! Le cinéaste a des idées assez tranchées sur la question : « Toutes les histoires d'amour devraient durer une semaine. »

Hélas, « le film ne rejoint pas son public, déplorera Lelouch. Les spectateurs d'*Un homme qui me plaît* se souviennent tous de la scène de la Cadillac poursuivie par les Indiens. Et de pas grand-chose d'autre, malheureusement. Peut-être n'ont-ils pas cru au couple Belmondo-Girardot. Pourtant, c'est justement parce qu'*a priori* ces deux-là semblaient davantage faits pour être copains qu'amants que j'ai eu envie de les réunir. Et puis, quitte à faire mon autocritique, je dois reconnaître que, dans l'état d'euphorie qui était le mien pendant ce tournage, je me suis laissé dévorer par ce pays qui m'a toujours fait rêver. Et je me suis aperçu trop tard qu'il volait la vedette à mes deux interprètes. J'ai eu envie de voyager. De voyager avec une caméra à l'épaule ce qui, pour moi, est la seule manière de partir en vacances. J'ai donc fait un film de vacances, qui se laisse regarder sans déplaisir, mais ne tient pas la route. Laxisme de ma part ? Manque de travail ? Sans doute. Pour être parfaitement honnête avec moi-même, je dois reconnaître que je me suis un peu trop amusé sur ce tournage et que je n'ai pas suffisamment creusé le scénario. Et le plus beau décor du monde ne remplacera jamais un scénario solide. J'aurai au moins appris cela. »

Le choc Delon-Belmondo

Au cours de l'été 1969, de retour d'un périple américain qui n'aura duré qu'un petit mois, Jean-Paul Belmondo doit prendre une décision importante : accepter ou non la proposition d'Adel Productions, c'est-à-dire d'Alain Delon, de les réunir au cinéma. D'abord intitulé *Carbone et Spirito*, puis *Marseille 1930* et enfin *Borsalino*, titre qu'on doit à Delon, le projet retrace l'irrésistible ascension de deux petits voyous marseillais d'avant guerre devenus les maîtres de la ville. Le réalisateur sera Jacques Deray, que Belmondo et Delon connaissent et apprécient. On confie le scénario au solide et prolifique Jean-Claude Carrière, à la tête d'une équipe qui comprend aussi Claude Sautet. Reste que l'ambitieuse alliance peut s'avérer périlleuse. Gérard Lebovici – son agent depuis que Blanche Montel s'était opposée à ce qu'il fasse *À bout de souffle* – ainsi que René Château, son attaché de presse et futur associé, donnent leur feu vert. Jean-Paul se laisse convaincre. Il sera Capella, la famille de Bonnaventure

Carbone refusant que le film utilise son nom. De même, Alain Delon abandonnera Spirito au profit de Siffredi. Par contrat, une parfaite parité entre les deux acteurs devra être observée.

Dès septembre, débute le tournage de cette importante production, qu'Alain Delon parvient à financer en s'associant avec la Paramount. Marseille, dont le maire est alors le socialiste Gaston Defferre, se méfie d'un film enclin à présenter sa ville comme le théâtre du grand banditisme, une image de marque dont elle a déjà bien du mal à se défaire. Qu'importe : « Sans toutefois disposer de l'autorisation officielle du maire, Marseille est à nous, racontera Jacques Deray. On déplace les antennes et les panneaux indicateurs, on enlève les feux de signalisation et les enseignes modernes. Dans les rues et dans la campagne marseillaise, on ne voit plus que des Hotchkiss, des Amilcar, des Panhard, des Hispano Suiza, des Rolls Royce, des Delahaye, des Rosengart et des Celtaquatre. Les agents de la force publique se mettent en congé pour endosser les uniformes de 1930 et se mêler aux figurants du film. Les mitraillettes d'époque, dites à camembert, crachent à merveille les fausses balles. Delon et Belmondo sont à leur tour les maîtres de la ville, et les vieux Marseillais les regardent avec fascination, avec nostalgie peut-être. »

Immanquablement, ce vedettariat bicéphale fait jaser. Les gazettes se plaisent à mettre en avant une prétendue course à la première place du cinéma français. Jacques Deray dément : « Je prends un plaisir énorme à diriger le duo Delon-Belmondo, et les nombreux journalistes qui viennent épier le tournage, espérant découvrir là un affrontement, ne peuvent que constater leur bonne entente. Chacun vit le film à sa façon. À la fin de la journée, les deux stars se séparent. Alain habite dans une maison à Aix-en-Provence, Jean-Paul loge dans un hôtel de Marseille. » Jean Cau brosse à son tour un tableau idyllique de leur collaboration : « Match Belmondo-Delon ? Combat de lutte, de boxe, de judo ou de catch entre les deux ? Mais non. Allez-y voir et vous verrez. C'est une romance qui pleure et qui rit. C'est une ballade d'une tendresse très tendre et très triste sur un air de boîte à musique, avec rappel sangloté de tango. C'est l'histoire d'un lion et d'un tigre qui marchent flanc contre flanc. Ils chassent ensemble, mais ils n'ont ni le même pelage, ni la même manière de guetter ou de tuer, ni le même regard, ni la même mâchoire... Ce n'est pas un match, ni un "bras de fer" où, le coude appuyé sur le marbre d'un bistrot, l'on essaierait d'écraser l'avant-bras de l'autre sur la table. » On doit tout de même à la vérité de dire que Jean Cau, par ailleurs ancien secrétaire de Jean-Paul Sartre, a collaboré à l'écriture de *Borsalino.*

À sa sortie en mars 1970, le film fit sérieusement grimper la cote des deux compères, totalisant près de cinq millions d'entrées. Il y eut une suite, *Borsalino & Co*, avec à peu près la même équipe, mais sans Jean-Paul Belmondo. Il n'était pas davantage à la première de *Borsalino*, au regretté Gaumont Palace, place de Clichy à Paris. La raison de cette bouderie était déjà de notoriété publique : selon lui, la sacro-sainte parité, respectée sur le tournage, ne l'avait pas été à l'affichage. Coproducteur du film, Alain Delon avait cru bon de placer son nom sans partage, en haut des panneaux publicitaires. Un procès fut engagé, que Jean-Paul Belmondo gagna en 1972. Mais bien avant ce jugement, les deux stars s'étaient déjà équitablement partagé les bénéfices de leur fructueuse collaboration. Alors, vraie rivalité ou simple différence de style ? Voici ce qu'en disait Alain Delon dans un récent entretien au *Monde* : « Il y a deux familles chez nous : les comédiens et les acteurs. Belmondo et Depardieu sont des comédiens. Gabin et Delon sont des acteurs. Un comédien, c'est une vocation, un métier qui s'apprend, c'est un choix de vie. En général, c'est synonyme de théâtre. Un acteur, c'est une personnalité, forte en général, prise et mise au service du cinéma par un concours de circonstances. Gabin vient du music-hall, Lino du catch, moi je venais de l'armée. Je n'ai pas ramé pour arriver à ce que je veux, c'est arrivé comme ça. »

Celui des deux qui a « ramé » quitte donc cette grosse production pour une autre, tout aussi démesurée : *Les Mariés de l'An II.*

Cinq mois de tournage

Pour Jean-Paul Belmondo, *Les Mariés de l'An II* suffira à occuper l'année 1970. Maître d'œuvre du projet, Jean-Paul Rappeneau avait débuté comme scénariste, et s'était fait remarquer cinq ans plus tôt en réalisant le très plaisant *La Vie de château*, avec Catherine Deneuve et Philippe Noiret. Et depuis, plus rien. « Lorsque mon premier film s'est avéré un succès, explique-t-il à Guy Braucourt dans *Cinéma 69*, les mêmes producteurs qui avaient refusé de croire au scénario m'ont alors sollicité pour traiter un autre sujet. Ils m'ont proposé d'adapter des romans à la mode qui traînaient dans leurs tiroirs. Mais moi, j'avais envie de matérialiser un projet que j'avais en tête depuis longtemps : faire un film sur la Révolution française. J'ai toujours su que ce serait difficile, car c'était un projet très coûteux et je pensais le réaliser sur mes vieux jours. Mais j'ai voulu profiter de l'impact de *La Vie de château* et je me suis mis à travailler. Il faut dire que j'écris, que j'élabore lentement, car je suis physiquement incapable de me lancer dans un tournage avant d'être entièrement convaincu par le scénario. La version définitive a nécessité entre un an et dix-huit mois, avec plusieurs stades d'élaboration. D'abord, un premier état que j'ai écrit seul, un second avec Claude Sautet, qui en a fait la critique, puis une autre lecture pour Maurice Clavel. Enfin, Daniel Boulanger a écrit les dialogues sur le canevas donné. C'est à ce moment-là que les producteurs sont intervenus : lorsqu'ils ont évalué le budget, ils ont jugé l'entreprise démente et infaisable ! Il faut dire que j'avais conçu ce scénario sans me restreindre, prévoyant quelque cent cinquante changements de décors, des déplacements constants, un bateau, etc. Si bien qu'au bout de ces dix-huit mois, je me suis trouvé dans la même situation qu'avant *La Vie de château* mais, cette fois, les producteurs avaient peur de ne jamais retrouver leur argent. J'étais sur le point d'abandonner, j'avais même commencé à travailler sur un autre projet, quand il est apparu qu'il serait possible de tourner en Roumanie, ce qui réduisait singulièrement les coûts de production. »

Aujourd'hui, à l'heure de la mondialisation, on appellerait cela « délocalisation » : comment faire faire le travail par d'autres en les payant moins cher. Les Américains, si soucieux de défendre sur leur sol leurs normes de production en interdisant quasiment tout tournage à une équipe étrangère, ont pourtant initié la méthode consistant à venir en Europe, Italie ou Espagne, pour réaliser westerns et films d'aventures à moindre coût. Le cinéma français apprit lui aussi à s'expatrier dans des régions meilleur marché. Roumanie ou Bulgarie, satellites de l'empire soviétique, devinrent ainsi, dans les années 1970, de petits paradis pour les producteurs de l'Hexagone. Malgré tout, le tournage des *Mariés de l'An II* traîna en longueur. Prévu sur trois mois, il en nécessita cinq. En dépit de la présence d'Ursula, Jean-Paul Belmondo montra quelques signes d'impatience : « Il y a eu la neige, et les Roumains ! racontera-t-il. Ils étaient peut-être payés moins cher, mais ils ne venaient pas. » Jean-Paul Rappeneau invoque un problème de communication : « Je n'étais pas du tout préparé à diriger cette armée de figurants et de techniciens qui venaient chaque matin au rapport et aux ordres et qui, barrière de la langue oblige, n'obéissaient pas toujours. Cela grignotait une énergie qu'on aurait préféré consacrer à des choses plus essentielles. »

Tourné dans les décors naturels des terres de Dracula, *Les Mariés de l'An II* évoque à sa manière une importante page de l'histoire de France. Principalement portée par les acteurs, cette fantaisie tire plutôt bien son épingle du jeu, multipliant avec brio poursuites et péripéties. Le principe avait déjà fonctionné à merveille sur *L'Homme de Rio*, dont Jean-Paul Rappeneau était l'un des scénaristes. Ce n'est pas tant la Révolution qui est ici mise en scène, que le destin d'individus, plongés au cœur d'événements qui les dépassent. Ainsi, Nicolas Philibert, incarné par Jean-Paul Belmondo, n'est-il qu'un petit-bourgeois parvenu, qui ne demande qu'une chose : retrouver son épouse coûte que coûte, afin d'obtenir un divorce qui lui permettrait de se remarier avec une riche héritière. Et bien entendu, c'est moins ce mince argument que son introduction dans le contexte révolutionnaire, qui donne son sel à ce film d'acteurs. Jean-Paul Belmondo en est ravi : aux trousses de Marlène Jobert, alias Charlotte, la légitime, tour à tour royaliste ou sans-culotte, il se déguise, se dépêche, se dépense… et surtout, il s'amuse.

À l'inverse, entre les prises de cet interminable tournage, il s'ennuie ferme. Laissant le réalisateur à de laborieux pourparlers, il occupe son temps libre à monter une équipe de foot, parvenant même à organiser des matches avec d'autres sportifs du cru. Le maquilleur Charly Koubesserian rapporta encore d'autres exploits du très taquin Jean-Paul Belmondo. Par tocade, et sans doute par provocation, il s'était mis à jouer aux boules, puis à chat perché dans un hall d'hôtel truffé de statues de dignitaires du régime. La farce menace de tourner à l'incident diplomatique, le jour où il s'amuse à mélanger toutes les paires de chaussures qui attendent, aux portes des chambres, le passage du service d'étage ! Et pour pimenter l'ambiance de travail, il avait insisté pour faire engager son grand ami Pierre Brasseur, dans le rôle de Gosselin, le père de Charlotte. Pris de boisson le plus clair de son temps, le comédien, qui devait mourir peu après, avait décidé de ne jamais quitter son extravagant chapeau à plumes. C'est donc affublé du très voyant couvre-chef qu'il entra un jour dans un grand restaurant de Bucarest : « Brasseur consulta le menu et constata, dépité, que rien ne lui convenait, se souvient Charly Koubesserian. Mais rien de rien, au point que, bien sûr, cela en devenait suspect. Vif déplaisir du seigneur, qui appela le maître d'hôtel et lui demanda de la cervelle. Hélas, pas de cervelle au menu… "Pas de cervelle ?" Brasseur se leva, prit le menu et le déchira en mille morceaux qu'il enfonça dans la poche du maître d'hôtel. Acte hautement délictueux dans un pays de l'Est, et dans un restaurant de cette classe. Une fois le maître d'hôtel renvoyé avec un semblant de commande, Brasseur se lança dans des commentaires aussi acides qu'irrésistibles. Pendant ce temps, en coulisse, se tramait notre perte. Les responsables de l'établissement jugèrent que cet acteur français insolent en avait assez fait : ils appelèrent la police, qui nous somma de vider les lieux. »

Les Mariés de l'An II fut assez divertissant pour que la presse se montrât indulgente à son égard. Il entra même en sélection officielle du Festival de Cannes 1970, aux côtés du *Bateau sur l'herbe* de Gérard Brach, de *Raphaël ou le débauché* de Michel Deville et du *Souffle au cœur* de Louis Malle, le seul des quatre à s'attirer les faveurs des festivaliers. Présidé par Michèle Morgan, le jury ignora la production française dans son intégralité. C'était, il est vrai, l'année de l'extraordinaire *Mort à Venise* de Luchino Visconti et du *Messager* d'un Joseph Losey de retour en Angleterre, son pays d'adoption. C'était aussi l'année du Tchécoslovaque Milos Forman, parti tourner aux États-Unis, et de Dalton Trumbo, scénariste américain interdit de travail dans son pays pour cause de chasse aux sorcières : sur ses vieux jours, il était enfin parvenu à réaliser un film.

À sa sortie en salles, quelques mois plus tard, *Les Mariés* de Jean-Paul Rappeneau frôla les trois millions d'entrées. Un succès dû à la qualité de l'ensemble, certes, mais aussi à « l'effet Belmondo ». Dans les quinze années qui vont suivre, à de très rares exceptions près, ses films caracoleront au box-office.

Acteur et producteur

En 1971, Jean-Paul Belmondo crée sa propre maison de production, Cerito Films. Objectif : gérer sa carrière plus efficacement et s'investir plus personnellement dans ses choix. Aussi, cette année-là, il ne tourne qu'un film. Après sa chevauchée révolutionnaire, Jean-Paul Belmondo s'en revient au polar, sous la direction d'Henri Verneuil : une adaptation de *The Burglar* (*Le Cambrioleur*), roman de David Goodis. Le film s'appellera *Le Casse* et ne s'encombrera pas des états d'âme de l'auteur américain de *La nuit tombe* et autres chefs-d'œuvre immergeant ses personnages dans de bien sombres aventures. Reste tout de même l'essentiel de la trame : l'affrontement de deux hommes qui convoitent le même magot. La superstar Omar Sharif, en ripou cupide, sera le rival de Jean-Paul Belmondo, roi des perceurs de coffres-forts. La distribution comprend également Robert Hossein, qui jouera plus tard un rôle déterminant dans la carrière du comédien.

Le Casse se tournera en Grèce, sans doute pour goûter aux vertus économiques de la « délocalisation ». Selon Verneuil, réaliser un film policier, c'est faire la part belle à l'action. Ce thriller à la française n'en manquera pas, et les admirateurs de Bébel auront leur compte, en le voyant risquer sa vie à chaque plan, ou presque. Rémy Julienne et son équipe de cascadeurs professionnels ont beau veiller, la star trouvera quand même le moyen de se faire emmener aux urgences pour une cuisse déchirée. Le réalisateur, jamais à court d'idées spectaculaires, imagine une fin horrible, que David Goodis n'avait pas du tout prévue : « Une quinzaine d'années auparavant, expliquera le cinéaste, j'avais lu un fait divers tellement insolite que je m'en étais souvenu. Il s'agissait d'un type qui travaillait dans un silo à blé et dont le bureau jouxtait les déversoirs à grains. Un jour, ils cèdent et le pauvre employé meurt étouffé sous des tonnes de céréales. Ça ne s'oublie pas ! » Le pauvre Omar Sharif sera donc englouti, sous l'œil malicieux de Verneuil.

Sur le tournage, on fait honneur à la cuisine grecque et l'on organise de temps en temps des batailles de tartes à la crème, comme au bon vieux temps du cinéma muet. Et comme on est plutôt entre hommes, on parle sport. Justement : un important combat de boxe se prépare aux États-Unis. Mais Omar et Jean-Paul découvrent avec stupeur que la télévision locale n'a pas l'intention de le retransmettre. Qu'à cela ne tienne ! Les deux aficionados affrètent un avion, et en route pour l'Italie : ils le verront à la RAI. Retour express à l'aube pour reprendre le chemin du plateau. C'est cela aussi, une vie de star.

À sa sortie, *Le Casse*... casse tout : 807 123 spectateurs à Paris, selon le Centre national de la cinématographie. C'est mieux que *Le Cerveau*, et presque aussi bien que *Borsalino*. L'astre Belmondo est bel et bien à son apogée. L'acteur consacre tout le reste de l'année à sa maison de production. Six ans plus tard, en 1977, il expliquera ce choix au *Film français* : « Il y a quinze ans, il était pour moi impensable de devenir producteur. Ce qui m'intéressait, c'était le script, les gens avec qui je travaillais, et l'assurance de bien m'amuser. Je n'avais aucune idée du coût ou des recettes d'*À bout de souffle* par exemple. Aujourd'hui, les jeunes acteurs sont davantage dans les affaires que nous ne l'étions, et ils ont raison. C'est plus facile pour moi d'être mon propre patron. Au moins, quand je me trompe, je me trompe. Quand le film sort, j'ai les mêmes problèmes que tout le monde, mais je ne me bats pas pour un autre. En Amérique, tous les acteurs sont producteurs de leurs films. Il y a très peu de vrais producteurs, mais beaucoup d'intermédiaires, qui prennent au passage un énorme pourcentage sur le film. Le vrai producteur, celui qui se mouille, c'est très rare. Moi, quand je fais un film, j'y mets mes billes. Ce que j'ai gagné dans *Peur sur la ville*, je l'ai replacé dans *L'Alpagueur*. En général, les types demandent des prêts à la banque, ils ne jouent pas vraiment leur argent. [...] Je fais partie des vedettes dont on a dit, pendant des années, qu'elles étaient trop payées. Mais, quand on demandait à être vraiment en participation, et non pas sur les bénéfices, les producteurs ne voulaient pas prendre de risques. Les jeunes acteurs ont compris qu'il valait mieux se mouiller carrément, en risquant de ne rien gagner ou même de tout perdre. Si le film marche, vous gagnez beaucoup plus. Avant, avec ce que l'on vous proposait, si le film ne marchait pas, vous ne touchiez rien. S'il marchait, vous ne touchiez pas ce que vous deviez toucher. Pour *Borsalino*, que j'ai tourné avec Alain Delon et qui a été une très bonne affaire, la Paramount ne nous a toujours pas donné nos pourcentages. Être producteur ne m'a pas beaucoup changé. Parce que je suis, avant tout, acteur. Je crois bien que le jour où je n'aurai plus envie de jouer, j'arrêterai tout. »

Au moment du *Casse*, Cerito Films débute à peine. René Château s'occupera de la publicité, et Jean-Paul Belmondo, jeune P-DG, demande à son frère Alain d'organiser la production. Le premier à profiter de cette nouvelle organisation sera Claude Chabrol. Il vient de signer quelques films qui enrichiront sa légende, dont les excellents *La Femme infidèle*, *Que la bête meure* et *Le Boucher*. Les anciens complices d'*À double tour* se mettent d'accord sur une adaptation d'un roman d'Hubert Monteilhet, *Meurtre à loisir*, qu'on rebaptise *Docteur Popaul*. Mais au départ, Chabrol n'est pas très chaud : « Jean-Paul Belmondo y tenait, écrit-il dans son autobiographie *Et pourtant, je tourne*… J'avais lu le roman de Monteilhet. À mon goût, il dégageait une odeur un peu trop forte d'éther et de linges souillés. Trop de scènes dans des chambres de malades.

Les problèmes d'adaptation n'étaient toutefois pas insurmontables. Et comme Jean-Paul et moi désirions retravailler ensemble – nous n'avions rien fait depuis *À double tour* – nous sommes arrivés, avec le compère Gegauff, à un scénario vitriolé que j'aime bien. »

L'histoire débute ainsi : cloué au lit dans sa propre clinique à la suite d'un accident de voiture, le docteur Paul Simay revisite son passé, le temps où, simple carabin, il épousa la très laide Christine en échange de la clinique, avant de devenir l'amant de sa séduisante belle-sœur Martine, à laquelle il fait un enfant… La malice de Paul Gegauff et Claude Chabrol ne s'arrêtera pas en si bon chemin, et le film réserve bien d'autres croustillantes surprises, épinglant une fois encore quelques bons gros travers de la bourgeoisie française. À sa sortie, le film fut taxé de vulgarité. Quant à l'interprétation de Jean-Paul Belmondo, on la jugea médiocre. Ni lui ni Chabrol ne s'en offusquèrent, consolés par le chaleureux accueil du public. Le cinéaste en profita pour dire tout le bien qu'il pensait de son producteur-acteur dans un article confié à *Parispoche*, qui commence par une petite leçon de sémantique : « Pepel, pas Bébel ! Bébel, ce serait un ramassé de Belmondo, et Jean-Paul ne se ramasse jamais. Pepel, son vrai nom, est celui du personnage de Gabin dans *Les Bas-fonds* de Jean Renoir, rôle qui faisait rêver Belmondo quand il était au Conservatoire. Au fond, c'est ce personnage de Gorki qui lui ressemble le plus. Après *À double tour*, qui n'était pas mauvais, Pepel a pris des ailes, devenant la star internationale que l'on sait. On se revoyait de temps en temps, bien contents de se retrouver. Et puis, le hasard a voulu qu'il ait envie de jouer le docteur Popaul, sans savoir que j'avais bien envie qu'il le joue. Ce sont des choses qui s'arrangent. Et ce que j'ai trouvé est vraiment peu banal. La plupart des comédiens, de film en film, perdent en spontanéité ce qu'ils gagnent en efficacité. Pas le docteur Pepel. La vache ! Il réussit cette quadrature circulaire de jouer avec vingt ans de métier, ou presque, comme s'il avait vingt ans, ou moins. Être plus juste, impossible ; plus frais, impensable ; plus profond, inimaginable. Il travaille son rôle dans les moindres nuances en rigolant avec les copains, et connaît très bien les quatre ou cinq façons dont on peut jouer telle scène. Les quatre ou cinq façons, il vous les offre sur un plateau, toutes justes, toutes spontanées. En fait, Jean-Paul a un secret : il est vraiment ce qu'il paraît être. Il n'a pas besoin de jouer dans la vie, de se fabriquer un personnage, de se foutre un masque sur la figure, de se faire passer pour ce qu'il n'est pas. Il est vraiment sympa, vraiment sportif, vraiment intelligent. Ce naturel, qui n'est pas de composition, lui laisse l'esprit libre pour attaquer ses personnages. C'est pour cela qu'il a pu devenir curé du jour au lendemain, c'est pour cela qu'il a pu se mettre dans la peau du carabin attardé qu'est le docteur Popaul. »

Le laideron de *Docteur Popaul*, c'est Mia Farrow. Pour la future égérie de Woody Allen, dont on n'oubliera jamais l'étonnante prestation dans *Rosemary's Baby* de Roman Polanski, Jean-Paul Belmondo est « le meilleur, le plus spontané, le plus profond » des comédiens avec lesquels elle a travaillé. Et en janvier 1972, quand commence le tournage du Chabrol dans le Bordelais, Belmondo retrouve aussi, avec un immense plaisir Laura Antonelli, qui faisait partie de l'équipée de Jean-Paul Rappeneau des *Mariés de l'An II.* Entre-temps, la belle actrice a fait des étincelles au box-office italien, avec le très sexy *Ma femme est un violon* de Festa Campanile. C'est, pour Jean-Paul et Laura, le début d'une passion qui durera huit ans.

À l'époque, le comédien est un peu désenchanté : « Avant, je considérais le mariage comme une chose définitive. À présent, j'estime que les rapports, l'amour, le mariage, rien n'est définitif… » déclare-t-il à *Ciné-Revue.* Cette nouvelle liaison sera moins dévorante, mais aussi sincère que celle qui se termine avec Ursula Andress. « Nous n'avons jamais vécu ensemble, confiera Laura Antonelli à *Paris Match.* À Paris, Jean-Paul a ses parents, ses trois enfants, ses amis. À Rome, j'ai mes parents, mes amis, mes habitudes. C'est moi qui vais le voir le plus souvent. Nous nous téléphonons chaque jour, mais lorsque l'un des deux est absent, les palpitations, les doutes, les soupçons commencent. Je suis Sagittaire, il est Bélier, deux signes de feu impulsifs et passionnés. Alors, quand nous nous enflammons, attention ! »

Quant à Ursula Andress, après *Soleil rouge* de Terence Young, aux côtés d'Alain Delon et de Charles Bronson, elle retrouve l'Italie pour des rôles au rabais, victime de producteurs sans scrupule qui profiteront au maximum de son renom et de sa sculpturale beauté. Selon sa biographe Britt Nini, « Ursula paraît soudain indifférente à sa propre gloire : de 1969 à 1975, elle se contentera de tourner un seul film par an. Comme on le voit, cette “indifférence” dépasse largement la durée de sa liaison avec Jean-Paul Belmondo : quelque chose s’est cassé dans le rapport d’Ursula à sa vie professionnelle. Peut-être a-t-elle pris conscience de la vanité des choses ? »

Belmondo le magnifique

Pour Jean-Paul Belmondo, 1972 est une année de rattrapage : l'an passé, il n'a tourné qu'un seul film. Au lendemain, ou presque, du tournage de *Docteur Popaul*, commencent les prises de vues de *La Scoumoune*, d'après *L'Excommunié*, roman de José Giovanni, et sous sa direction. L'acteur retrouve le personnage qu'il avait interprété onze ans plus tôt, dans *Un nommé La Rocca*, de Jean Becker, alors réalisateur débutant. C'est un phénomène très rare. Habituellement, lorsqu'on réalise un remake, la distribution entière est renouvelée. Or, Belmondo atteint un âge qui le rapproche du personnage du roman. Et puis, il y aura quelques petites variantes par rapport à la précédente version : « Je venais de me taper deux échecs – *Un aller simple* et *Où est passé Tom ?* – quand René Château m'appelle. Il me demande si j'ai récupéré les droits d'*Un nommé La Rocca* et si je serais d'accord pour réaliser un remake du film avec Jean-Paul Belmondo. J'avais, en effet, les droits de retour. C'était une sacrée proposition, avec de gros moyens, mais je me sentais gêné par rapport à Jean Becker et à l'exploitation de son film à lui. Alors, je lui ai proposé d'écrire un nouveau scénario, qui suivrait le roman de beaucoup plus près. »

En argot, la « scoumoune » – de l'italien *scomunicato*, l'excommunié –, c'est la poisse. Celui qui a la scoumoune la répand autour de lui. La Rocca, alias Roberto Borgo, n'échappe pas à la règle. Pour avoir voulu faire évader l'un de ses amis, ce truand marseillais se retrouve à son tour derrière les barreaux, et ne gagnera sa liberté, après la guerre, qu'en acceptant de participer à de dangereuses opérations de déminage. Reconverti dans la pègre parisienne de Montmartre, il n'aura pas davantage de chance : « La Rocca, précise José Giovanni, avait vécu de la peur des autres toute sa vie. En sortant, il ne s'était pas rendu compte qu'une nouvelle pègre était née, issue de la Résistance ou de la collaboration. À l'époque, Montmartre, c'était Chicago. On l'avait engagé pour se débarrasser des déserteurs de l'armée américaine devenus racketteurs. Mais il voulut faire main basse sur les patrons de cabarets. Et ce fut sa perte. » Si l'accueil de la presse fut frisquet, *La Scoumoune* frisa le demi-million d'entrées à Paris. Le public, désormais, suivait son idole partout où le menait sa fantaisie. José Giovanni, ce Corse d'origine, vivait déjà dans la montagne suisse. Il n'aura plus l'occasion de travailler avec son ami Jean-Paul et le regrettera : « Je sais que c'est peut-être sentimental, un rêve fou, mais je rêverais d'écrire encore pour lui. Même un rôle d'un personnage marqué par la vie, avec une canne. Je rêverais de terminer ma carrière en réalisant un film avec lui. C'est un être qui m'a profondément marqué sur le plan affectif. »

La Scoumoune en boîte, Jean-Paul Belmondo se laisse tenter par l'univers d'un jeune réalisateur prometteur et ambitieux. « Philippe Labro aurait bien plu à Balzac, estime *Le Point* du 26 mars 1973. Journaliste, romancier, cinéaste, il reluque la planète avec l'appétit d'un Rastignac aussi enjôleur que Rubempré. Ce troisième film réunit avec maîtrise les vertus qui nous séduisaient dans ses précédentes œuvres, *Tout peut arriver* et *Sans mobile apparent* : une certaine fièvre de sincérité et le plaisir de raconter une histoire. Avec en prime, une qualité précieuse : la curiosité. Elle fait courir Labro, lui aussi, après un héritage. Celui des bourlingueurs déboussolés et lucides, des dandies de l'aventure, Hemingway, Fitzgerald, qui surent capter le bruit de fond des années 1920. Vif comme un reportage, fabuleux comme une bande dessinée, *L'Héritier* nous donne à entendre, avec tout l'excès qui s'imposait, le tapage des années 1960. » Cet extrait d'un article de Michel Flacon situe brillamment le projet d'un cinéaste qui est aussi, et peut-être surtout, un journaliste fasciné par son époque. Délaissant les sentiers de l'histoire de la petite truanderie, Belmondo clôt l'année 1972 avec ce portrait d'un jeune « tycoon » de l'industrie triomphante des trente glorieuses. D'aucuns y verront l'empreinte d'Orson Welles et de son citoyen Kane.

Le problème de *L'Héritier*, c'est que Philippe Labro brouille son message, hésitant entre polar et analyse sociopolitique d'une époque. Jean-Paul Belmondo s'en explique dans *France Soir* : « *L'Héritier* est une satire du monde des affaires, mais le film n'est pas pour autant statique : on y voit des bagarres entre requins de l'industrie, on essaie de me compromettre dans des histoires de drogue, et on va même jusqu'à piéger ma voiture. » *Me* compromettre, *ma* voiture : on assiste au passage à un phénomène de substitution. L'acteur a désormais tendance à prendre le pas sur ses personnages, pour finir par régner seul à l'écran.

En l'occurrence, Jean-Paul Belmondo est Barthélemy Cordell, dit Bart. Il doit éviter bien des pièges, s'il veut hériter sans partage de l'immense empire que son père, « roi de l'acier », lui a bien involontairement légué : le pauvre homme vient de mourir dans un accident d'avion. Bientôt, Bart a maille à partir avec la police, qui découvre de la drogue dans ses bagages. Innocenté, il rencontre un détective l'informant que son père l'avait chargé d'une enquête sur le comte Galazzi, son propre beau-père, autre « roi de l'acier », soupçonné de vouloir étendre son propre empire au détriment de celui de Bart. De fil en aiguille, le détective a surtout découvert que l'accident d'avion n'était qu'un crime maquillé. Bart va mener l'enquête à son tour… « On jugera sans doute cette imagerie trop naïvement feuilletonesque », poursuivra Michel Flacon. Un sentiment largement partagé. Mais Jean-Paul Belmondo, la quarantaine rugissante, y est magnifique. C'est d'ailleurs le titre de son prochain film.

À l'époque, il croule sous les propositions, mais avec cinquante et un films à son actif, et la décision de ne plus tourner en moyenne que deux longs-métrages par an, le tri est forcément sélectif. Il envisage cependant de travailler avec Alain Jessua, dans une comédie qui s'appellerait *Le Vieux Gamin*. Le projet restera dans les cartons. On l'invite aussi à participer à l'adaptation d'une pièce de Wasserman qui, au bout du compte, fera le bonheur d'un autre grand comédien, Jack Nicholson : *Vol au-dessus d'un nid de coucou*. Une chose est sûre : Belmondo s'est engagé auprès de Philippe de Broca. Le cinéaste travaille sur un scénario de Francis Veber au titre un peu plat, *Raconte-moi une histoire*, ultérieurement rebaptisé *Comment détruire la réputation du plus célèbre agent secret du monde*, et enfin, *Le Magnifique*. Le tournage aura lieu au Mexique. Le 9 avril 1973, c'est donc à Puerto Vallasta que Jean-Paul fête ses quarante ans auprès de ses deux filles, Patricia et Florence.

« J'ai toujours essayé, par goût, d'alterner films dramatiques et films comiques, parce que j'aime beaucoup le comique. À mon avis, c'est le genre le plus difficile. Moi, si je tire la gueule dans un film pendant trois mois, j'aime bien être gai dans le suivant. Je crois aussi, honnêtement, que pour le public, c'est une bonne chose de varier les genres : j'ai la chance de pouvoir jouer comique et non comique. » C'est au nom de ce principe, que Jean-Paul Belmondo, après avoir joué les hommes d'affaires à poigne, opte pour un amusant double rôle. Dans *Le Magnifique*, François Merlin est un auteur de romans de gare en mal d'inspiration. Il se met alors à incorporer son propre entourage à ses aventures. Le gagne-petit, enchaîné à sa machine à écrire, crée aussi son alter ego : le libre et irrésistible Bob Saint-Clair, au torse avantageux et à la mèche gominée. Ce petit cousin *frenchie* de James Bond permettra à François d'exorciser ses frustrations et de régler virtuellement ses comptes… Pour satisfaire le tempérament casse-cou de sa star, Philippe de Broca ne lésine pas. Pas assez, même, au goût de Francis Veber, qui s'estimera trahi et retirera son nom du générique. En revanche, c'est juste ce qu'il faut à Jean-Paul Belmondo, qui se régale. Au menu : courses échevelées, pièges en tout genre, chutes vertigineuses et saut sur un hors-bord lancé à toute vitesse depuis un hélicoptère. Le public est ravi : 726 665 entrées à Paris en novembre 1973 – autant que pour *Le Cerveau* de Gérard Oury. La critique ronchonne : « Le résultat n'est pas très convaincant, note *Cinéma 74*. Pour cette superproduction, tous les ingrédients nécessaires au succès public ont été réunis : une grande vedette populaire, une jolie fille, des comparses de talent, une musique facile "tape-à-l'oreille", des scènes de bravoure en nombre avec, en prime, un faux raccord parci, une défaillance de post-synchronisation par-là… » La « jolie fille », c'est l'actrice britannique Jacqueline Bisset, qui trouve là l'occasion de montrer une nouvelle face de son talent : la fantaisie.

Pour tenter d'amadouer une critique de plus en plus grincheuse à son égard, Jean-Paul Belmondo n'hésite pas à se montrer radical. Alternance oblige, son prochain rôle ne sera pas comique. Il s'en remet à Alain Resnais, une référence en cinéma d'auteur. L'idée : construire un film autour du célèbre escroc Alexandre Stavisky, qui fit trembler la IIIe République. L'affaire Stavisky commence fin décembre 1933 par l'arrestation d'un banquier de Bayonne, soupçonné d'avoir émis un grand nombre de faux bons de caisse, avec la bénédiction d'un député qui en aurait largement profité. L'enquête le confirme et remonte jusqu'à un certain Stavisky, homme d'affaires véreux mais prospère, bien connu du grand monde. Il s'avère que la banque incriminée lui appartient. L'affaire prendra un tour politique, mettant en lumière la collusion entre le pouvoir républicain de centre-gauche et la pègre. Sous la pression de la presse de droite, puis des ligues les plus réactionnaires, le gouvernement est contraint de démissionner. À ce scandale, s'ajoute une campagne xénophobe et antisémite, Alexandre Stavisky étant juif d'origine russe. Le 6 février 1934, les gardes mobiles tirent sur un attroupement d'activistes d'extrême droite menaçant de prendre d'assaut la Chambre des députés. La gauche tentera de barrer la route à ce qu'elle considère comme une menace fasciste risquant de mettre à mal le régime républicain. Le 12 février, une grève générale et une manifestation monstre jettent les bases d'un Front populaire qui sortira vainqueur des urnes, deux ans plus tard. On retrouvera le corps de Stavisky dans un chalet de Chamonix. Selon la police, il s'agit d'un suicide, mais personne n'est dupe : « Stavisky se suicide d'un coup de revolver qui lui a été tiré à bout portant », titrera *Le Canard enchaîné*.

Ce n'est certainement pas cette issue tragique qui intéressa Jean-Paul Belmondo à Stavisky. En fait, il pensait avoir trouvé le personnage qu'il cherchait depuis longtemps : un nouvel Arsène Lupin. « Mon imprésario, Gérard Lebovici, savait que j'avais envie de tourner un film autour de la magie du luxe d'avant guerre, une sorte d'Arsène Lupin, manipulateur de gens et d'objets, confie-t-il à Pierre Billard. Et un jour, il me dit : "Et si tu tournais un film sur Stavisky ?" J'ai acheté un dossier d'une quinzaine de pages consacré à ses escroqueries. J'aurais pu aller chez un producteur pour qu'il monte l'affaire, mais je me suis dit que le moyen le plus sûr, c'était encore de le monter moi-même. Nous avons demandé à Jorge Semprun de travailler sur le scénario. Il en a parlé à Alain Resnais. » Le choix de Semprun était loin d'être mauvais : l'ancien responsable du parti communiste espagnol clandestin, en bisbille avec ses camarades, avait débuté sa carrière de scénariste chez Resnais, pour qui il a écrit *La guerre est finie*. En attendant de devenir ministre de la Culture d'un pays jouissant d'une démocratie toute neuve, Jorge Semprun restera longtemps l'une des grandes plumes d'un cinéma français flirtant avec des sujets politiques. C'est lui qui fit le lien entre Belmondo et Resnais.

Le tournage de *Stavisky* débute fin 1973. Alain Resnais, qui ne connaît guère l'acteur qu'à travers quelques courtes séances de travail préparatoires, est conquis : « Belmondo, c'est un être extraordinaire, déclare-t-il à *France Soir*. Une joie et une gaieté infiniment toniques. Il a une maîtrise absolue de son corps, comme un danseur, et la construction qu'il apporte dans son travail est exceptionnelle. J'ai toujours pensé qu'un acteur n'était pas un exécutant, mais un créateur. Jean-Paul m'en a donné la preuve. Il n'a fait aucun numéro. Il est fidèle à un personnage qui n'est pas tout à fait celui de la réalité mais celui que Semprun et moi lui avons présenté. Je déteste les films historiques. Je n'ai eu, avec *Stavisky*, aucune intention, ni de réhabilitation, ni de “Dossier de l'Histoire”. Nous avons été séduits par le charme, la fascination d'un homme qui était capable de mettre tout le monde dans sa poche. Peu nous importait la ressemblance physique, du moment qu'on exprimait le magnétisme qui faisait que tous les gens marchaient. »

Sur le plateau, l'harmonie est absolue. Le script final, fruit de la réflexion du scénariste et du réalisateur, correspond aux désirs du comédien : « Lorsque j'ai rencontré Alain Resnais, j'ai constaté que le personnage de Stavisky l'intéressait en soi. Il n'était pas un simple prétexte à raconter autre chose. Ce qui l'exaltait dans ce projet, c'était son aspect flambeur, Rolls Royce, années folles. Il manifestait de l'attention pour le travail des comédiens. C'est tout ce que je voulais savoir. À partir de ce moment-là, je suis devenu son interprète, au service du film. Parce que le film avec Resnais, cela n'avait d'intérêt que si c'était un Resnais. Si on avait en tête de faire un Verneuil, c'était plus simple de demander à Verneuil. Moi, je n'engage pas les gens sur un film pour qu'ils me servent la soupe ou me cirent les chaussures. »

Un respect mutuel si profond qu'il avait « omis » de dire à son réalisateur qu'il était aussi le producteur de *Stavisky*, léger détail que Resnais n'apprendra qu'au cours du tournage, à Biarritz. Belmondo reste fidèle à sa méthode de travail, et comme toujours, dépense son trop-plein d'énergie entre les prises. Il se montre même particulièrement inventif : « Nous nous livrions à nos rituels déménagements de chambre, écrit son maquilleur Charly Koubesserian. Si bien que personne ne savait plus où il habitait, les meubles passant du deuxième au troisième étage, et *vice versa*. Un soir, nous décidâmes de peaufiner notre déplacement de meubles et choisîmes une armoire à glace de grande taille. Alain Belmondo s'était joint à nous, mais l'armoire était si imposante qu'il fallut passer par les escaliers, en essayant de ne pas réveiller tout l'hôtel, pour la porter du deuxième au quatrième, où logeaient François Périer et sa femme. Enfin parvenus devant leur chambre, nous nous arrangeâmes pour coller le miroir exactement en face de l'embrasure, avant de nous hisser au sommet du meuble et de frapper à la porte. La femme de François Périer s'inquiéta de cette visite à trois heures du matin, et réveilla son mari. Surpris dans son sommeil, il ouvrit, considéra un instant son reflet dans le miroir, puis referma calmement la porte. C'est alors que nous entendîmes sa femme lui demander qui c'était. "Ne t'inquiète pas, répondit François Périer : ce n'était que moi." »

D'Alain Resnais à Claude Zidi

Stavisky fait partie de la sélection française du Festival de Cannes 1974, aux côtés des *Violons du bal*, de Michel Drach, et des *Autres*, du Chilien Hugo Santiago. *Cinéma 74*, qui n'avait guère été tendre avec *L'Héritier*, change de ton : « Un Resnais pas comme les autres : glacé, implacable, beau à n'y pas croire et portant en lui la distanciation au plus haut niveau… À coup sûr, un grand film politique. » Malheureusement, l'accueil cannois, relayé par la grande presse, sera mitigé, voire franchement hostile. Comme souvent s'agissant de faits divers adaptés, la transposition cinématographique de l'affaire Stavisky ne correspond pas à l'idée que s'en faisait le public du Festival. Incompréhension, puis rejet. Maurice Bessy, alors directeur du *Film français* et observateur privilégié du festival, écrira dans son ouvrage *Mon petit cinéma* : « *Stavisky* était un film de qualité, mais dont le titre était le seul handicap. Nombreux étaient à Cannes les spectateurs qui avaient connu ou suivi l'affaire. On ne reconstitue pas sans danger un morceau de l'existence que nous avons vécue. Beaucoup s'étonnèrent de ne point trouver le climat qui avait coloré le fait divers. L'escroc venu du froid était un personnage loin d'avoir la carrure, l'autorité, ou même le charme de Belmondo. On conservait de lui un souvenir de parfum bon marché, de canaillerie, de basse corruption. Le négatif, pourrait-on dire, du héros du film. »

Pour couronner le tout, le jury du Festival, présidé par René Clair, tint curieusement à rendre hommage au vétéran Charles Boyer « pour son rôle du baron Raoul dans *Stavisky* d'Alain Resnais », avant de décerner son prix d'interprétation à Vittorio Gassman. Furieux, Belmondo n'oubliera jamais l'affront : « Je ne voulais pas que le film aille à Cannes. On m'a persuadé du contraire. Un massacre ! Resnais n'avait pas tourné depuis cinq ans et c'est la seule fois où il s'est fait traîner dans la merde. Cannes, j'y suis allé deux fois. Pour *Moderato cantabile* : sifflets ! Pour *Stavisky* : sifflets ! Les critiques ne m'ont jamais vraiment empêché de dormir, sauf sur *Stavisky*. Il y a eu un tel déchaînement ! Là, j'ai dit : "C'est vraiment des cons !" Dans *Stavisky*, ils me reprochaient d'être sympathique. Mais vous connaissez un escroc antipathique, vous ? Un escroc antipathique, il n'escroque personne ! Maintenant, bien sûr, *Stavisky* est considéré comme un très bon film. » Ses adversaires mettront néanmoins longtemps à désarmer, allant jusqu'à reprocher à *Stavisky* d'avoir été un sombre four, ce que les chiffres démentent : plus de trois cent mille spectateurs parisiens, en plus de bonnes ventes à l'étranger. Quoi qu'il en soit, Jean-Paul Belmondo s'en remettra désormais à des réalisateurs dits plus « commerciaux ».

Retour chez Henri Verneuil, pour de nouvelles aventures. À l'instar d'un Clint Eastwood dans *L'Inspecteur Harry*, voilà Jean-Paul Belmondo en commissaire vengeur, flic intransigeant aux prises avec la grande ville – en l'occurrence, Paris – qui recèle dans ses replis d'horribles monstres dont il faut la débarrasser. *Peur sur la ville* est, à l'origine, un scénario original du cinéaste que développeront Jean Laborde et Francis Veber. Une fois de plus, on sacrifie au spectaculaire ce qui aurait pu être une vraie réflexion sur le gigantisme urbain et ses dérives. Deux cibles rapidement esquissées, un braqueur de banque et un détraqué sexuel vont actionner le commissaire acrobate, qu'on retrouvera le plus souvent suspendu à un hélicoptère, agrippé au toit des Galeries Lafayette ou narguant les tunnels du métro parisien. La ville, en quelque sorte, n'est plus le grand corps vivant dont le héros est censé traquer les impuretés. Totalement instrumentalisée, elle est réduite à une sorte de piste de cirque truffée d'obstacles en tout genre que l'artiste Belmondo, qui est aussi un athlète, doit vaincre les uns après les autres. Paris devient une scène, et Belmondo y fait son show.

« Le plus dur pour moi, confiera-t-il à *France Soir*, ça a été le métro. Pas tant sur le pont de Bir-Hakeim, malgré le vent, que dans le souterrain. J'étais aplati dans le tunnel, dont le plafond n'était qu'à dix ou vingt centimètres au-dessus de ma tête. Quand le métro démarre – et le métro, maintenant, démarre à toute berzingue –, d'un coup, vous êtes à cinquante ou soixante à l'heure dans un tunnel tout noir. On n'y voit rien ! Il y a des petites lampes qui vous arrivent dans la figure, la sensation de vitesse est encore plus grande. Vous êtes accroché là-dessus, le métro entre dans la station et là, en une fraction de seconde, il fallait que je me lève, que je coure sur le toit de la rame, que je saute sur l'autre wagon, puis le métro repartait et je replongeais. Si vous vous levez trop tard, vous foutez tout par terre. »

Ce courage a un prix, que le comédien-cascadeur paiera de quelques blessures : une main déchirée et une fêlure au bras. Plus de peur que de mal. Mais son image d'impénitent casse-cou commence à lui coller à la peau. Il s'en plaindra plus tard : « Pour l'intelligentsia parisienne, j'étais devenu un cascadeur, je ne savais plus jouer la comédie. Comme s'il suffisait de se pendre à un hélicoptère pour faire des entrées ! On m'a fait un procès à l'envers en disant que, si je n'avais pas monté ces films-là, je n'aurais pas tourné du tout. C'était idiot. Même s'il est vrai que, dans un film d'action, de temps en temps, on rajoute une petite cascade pour étoffer. » C'est à Philippe de Broca que revient la mission de contrebalancer l'effet cascade, en fournissant à la star l'occasion de montrer, s'il en était besoin, que, sous l'acrobate, sommeille toujours l'acteur. *L'Incorrigible*, dont le tournage aura lieu au printemps 1975, s'inspire très librement d'un roman, *Ah, mon pote !*, détourné par le réalisateur de *L'Homme de Rio*, avec l'aide d'un complice qui n'a pas sa plume dans sa poche : Michel Audiard. De même qu'Henri Verneuil avait imaginé des numéros de voltige spécialement pour lui, de même, Audiard et de Broca mettent au point un personnage à transformations : du petit-lait pour Jean-Paul Belmondo, qui adore se travestir. Cet *Incorrigible* est un escroc sans foi ni loi, dont tous les stratagèmes nous sont dévoilés les uns après les autres. Voilà peut-être le personnage que l'acteur aurait secrètement aimé interpréter dans le film quelque peu « distancié » de Resnais et Semprun. « C'est un personnage qui me convient à merveille, se réjouit-il. Sans Philippe de Broca, on oublierait peut-être que je suis un acteur de comédie. Malheureusement, c'est un domaine où les bons sujets sont rares. Celui de *L'Incorrigible* m'a plu, parce que le personnage qu'on m'a fabriqué presque sur mesure, c'est l'anti-superman, l'anti-séducteur traditionnel, plutôt un grand gosse plus ou moins honnête. »

En octobre de la même année, *L'Incorrigible* devient *L'Alpagueur*, sous la direction de Philippe Labro. Pour cette seconde collaboration, Bébel incarne un mystérieux chasseur de primes traquant des criminels de haute volée, notamment l'insaisissable « Épervier », sous les traits de Bruno Cremer, qui se joue de toutes les polices conventionnelles. « Un film sur des fauves en lutte pour leur territoire et sur l'insolence face à la mort », définira le cinéaste. À l'issue de ce duel entre deux personnages « anonymes », qui, sans faire des étincelles au box-office, atteindra le score passable d'un million et demi de spectateurs en salles, Jean-Paul Belmondo s'en remet aux bons soins du docteur Verneuil, valeur sûre sachant inscrire ses histoires dans un décor et donner de la consistance à ses personnages. *Le Corps de mon ennemi*, tourné durant l'été 1976, a pour cadre le Nord de la France, alors bastion des grandes familles du textile. Adapté d'un roman de Félicien Marceau, le film veut dénoncer les agissements d'une bourgeoisie locale encore très influente, capable d'aller jusqu'au crime pour préserver son pouvoir. Jean-Paul Belmondo est François Leclerc, un homme d'origine modeste qui revient dans la ville où, quelques années plus tôt, il a dirigé une boîte de nuit. Injustement accusé de meurtre à l'époque, il cherche les coupables parmi les notables. On peut s'étonner qu'un tel sujet, bien que mâtiné d'intrigue policière, mobilise un cinéaste et un comédien qui ne nous avaient pas donné l'impression, jusqu'ici, de s'intéresser à ce type d'analyse sociale. Mais, dans les années 1970, le cinéma français se fait volontiers politique. Effet retard, peut-être, de Mai 68. C'est très certainement dans cette mouvance qu'il convient de placer le film d'Henri Verneuil.

« *Le Corps de mon ennemi* est la chronique au vitriol d'une certaine bourgeoisie de province, résumera Jean-Paul Belmondo. J'y suis menacé de chantage par Bernard Blier. Ce type-là, franc comme l'or, se délectait à jouer les faux-culs. Le rôle lui convenait à merveille. D'autant que le père Audiard nous avait mijoté un de ces dialogues à faire pâlir un croque-mort ! Pour une fois, les mots remplaçaient les cascades et les phrases estompaient les coups. Le public ne s'en plaignit pas. Au contraire ! En quelques semaines, nous avons fait près de deux millions d'entrées, dont cinq cent trente mille à Paris. Ce succès, plus qu'honorable, fut toutefois doublé l'année suivante par celui de *L'Animal*, un formidable film d'action de Claude Zidi. Là, les amateurs d'acrobaties en ont eu pour leur argent. Une cascade tous les quarts d'heure ! J'ai même failli me faire bouffer par un tigre. En fait, la production en avait engagé deux : un gentil et un méchant. J'avais répété avec le premier. Tout s'était passé en douceur. Mais le jour du tournage, c'est la terreur qu'on a sortie de la cage ! Sitôt dehors, ça n'a pas traîné ! Il m'est rentré dans le chou et a commencé à déchirer mes vêtements. Elle ne faisait que son métier, la pauvre bête : le strip-tease du dompteur, c'était son numéro à Las Vegas. Et moi, en plus, il voulait me déchirer l'oreille. Bien sûr, il y avait un dresseur, mais avant qu'il comprenne, qu'il réagisse et qu'il intervienne, j'ai trouvé le temps long ! »

Au moment où sort *L'Animal*, en 1977, Jean-Paul Belmondo fête ses vingt ans de cinéma à L'Élysée-Matignon. Omar Sharif traverse spécialement l'Atlantique pour couper le gâteau d'anniversaire, jolie pyramide de boîtes à films en chocolat et nougatine. Le P-DG de Cerito a de quoi se réjouir : les comptes de l'entreprise sont au beau fixe. Entre comédies et films d'aventures, toutes globalement prisées du public, Belmondo est comblé : il a bien droit à quelques vacances, et ne reprendra le collier qu'en 1978. Cela lui laisse largement le loisir d'aller flâner à l'Hôtel de la Monnaie, où son père Paul expose, pour la première fois, un nombre considérable de ses plâtres et de ses bronzes.

Les cinq glorieuses

Au mois de mai 1978, alors que commence le tournage de *Flic ou voyou*, Jean-Paul Belmondo ignore que, pendant les cinq années qui vont suivre, chacun de ses films fera un carton. Ce seront, de 1979 à 1983, ses cinq « glorieuses ». Le coup d'envoi en est donné par le fils de la comédienne Renée Saint-Cyr, qui aurait bien voulu suivre les traces de son illustre mère, mais saura s'imposer comme réalisateur, sous le nom de Georges Lautner, par de rafraîchissants films d'inspiration policière : comment oublier ses immortels *Tontons flingueurs*, alias Lino Ventura, Bernard Blier, Francis Blanche, Robert Dalban et autres Jean Lefebvre ? Ou encore la série des *Monocle*, portée par un formidable Paul Meurisse, maniant avec art un humour noir *so british* ?

Lorsque Georges Lautner entame sa collaboration avec Jean-Paul Belmondo, il vient de diriger Alain Delon dans *Mort d'un pourri*. C'est Michel Audiard qui a eu la bonne idée de ce rapprochement : il connaît bien les deux hommes. La formule va s'avérer payante, et *Flic ou voyou* dépassera *L'Animal* de près d'un million de spectateurs. À la source du scénario, l'un des innombrables romans policiers que les producteurs s'empressent d'acheter dès leur parution, au cas où. Celui-ci a pour titre *L'Inspecteur de la mer* de Michel Grisolia. Comme la plupart du temps, il sera décortiqué et remodelé en tous sens pour les besoins du grand écran et des exigences du producteur. Au final, l'auteur ne reconnaît généralement rien de son cher petit, mais le cinéma compense l'affront en achetant généreusement à l'heureux éditeur les droits cinématographiques de l'ouvrage. La version cinéma de *L'Inspecteur de la mer* a été confiée à un certain Jean Herman, futur Jean Vautrin, prix Goncourt 1989 pour *Un grand pas vers le bon Dieu.* Pour l'heure, Jean se refait une santé comme scénariste après quelques déboires dans la réalisation : *Jeff*, avec Alain Delon, ou *L'Œuf*, avec Guy Bedos. La refonte du roman de Grisolia par Herman, Audiard et Lautner s'inspirera en outre de faits divers encore brûlants, impliquant la pègre de la Côte d'Azur, telle la sombre affaire du palais de la Méditerranée à Nice. Le film joue sur la thèse selon laquelle le monde policier et celui des voyous seraient quasiment interchangeables et, au bout du compte, ne feraient qu'un. On a même introduit dans la mouture finale du scénario de *Flic ou voyou*, en guise d'ultime clin d'œil, un personnage féminin directement calqué sur Edmonde Charles-Roux, écrivain dont on connaît les rapports privilégiés avec Gaston Defferre, alors maire de Marseille.

Jean-Paul Belmondo incarnera donc un électron libre, côtoyant indifféremment gangsters et ripoux. Quand il rejoint l'équipe de Lautner sur les hauteurs de Nice, où se déroulera l'essentiel du tournage, il est en pleine forme : son année de repos y est pour beaucoup. Elle lui a aussi donné le temps de la réflexion : d'une part, il ne tournera plus qu'un film par an. D'autre part, il décide d'assumer pleinement son statut de grande vedette populaire, quitte à s'éloigner encore davantage de milieux nostalgiques de l'époque où il cultivait un peu moins son image de marque, et un peu plus ses dons de comédien. Il s'en explique dans *Cinéma français*, la revue mensuelle d'Unifrance : « Mon nouveau rythme de travail va me permettre de prendre du recul par rapport à ce que je fais, de recharger mes accus, de n'avoir pas la vie d'une "vedette à la pièce", ce dont j'ai horreur. J'ai un objectif quand j'attaque un film : jouer bien, en sentant le personnage et avec plaisir. Parfois on me demande : "Alors, vous avez renoncé au cinéma d'avant-garde ?" C'est sans doute à cause d'*À bout de souffle*, *Moderato cantabile*, *Pierrot le Fou*... Cela ne veut rien dire : le cinéma, c'est le cinéma. Il est bon ou il est mauvais, et je ne vois pas pourquoi, au nom de l'intellect, un comédien renoncerait à employer sa verve, son besoin d'extériorisation, tout son clavier. Si je suis une star, comme on le prétend, disons que ma carrière ressemble à celle de toutes les autres stars : il y a du bon, du moins bon, du choc et du moins choc... Je ne suis pas contre le star-system : il va bien souvent de pair avec les films qui marchent et dont le cinéma, vu son état, a grand besoin.

Je suis fier d'être une vedette populaire, comme le furent, avant la guerre, Gabin, Fernandel, Michel Simon ou Raimu. Je ne crache pas sur l'approbation du grand public. »

Et, en effet, le « grand public » approuve. Sorti le 28 mars 1979, *Flic ou voyou* dépasse, pour la première fois dans la foisonnante carrière de Belmondo, le seuil du million d'entrées Paris-périphérie. Michel Audiard, l'un des principaux artisans de cet accueil triomphal, exulte : « Millionnaire ! Un de ces mots magiques qui referme sur nous les pièges de l'enfance. Dans la cour de récré de la petite école du 14e arrondissement où la mégalo se faisait galopante, nous lancions assez facilement des proclamations du genre : "Mon père a une Bugatti", ou "Ma mère a des nichons terribles", ou "Mon oncle est millionnaire". Aujourd'hui encore, en dépit des perturbations monétaires, le mot "millionnaire" demeure une entrée en matière enthousiasmante. Lorsqu'il s'agit de francs, on est bien obligés d'actualiser pour se faire comprendre. Le problème est infiniment plus simple quand il s'agit de spectateurs, ceux-ci étant obligatoirement nouveaux. On a beau être aguerri par trente années de trapèze volant, avec les hauts et les bas inhérents à ce genre d'exercice, lorsqu'on apprend qu'un million de Parisiens sont allés voir un même film, cela impressionne. Et pour peu que ce film soit le vôtre, vous trouvez ces gens-là tout à fait épatants. Je n'ai jamais douté – et pour cause – que les Parisiens soient intelligents ; j'ajouterai dorénavant qu'ils ont du discernement et du goût. »

La critique, évidemment, est moins fascinée par ce chiffre mirobolant, que les résultats province multiplieront par quatre. Dans *La Saison cinématographique 79*, Jacques Chevallier note avec circonspection : « Côté comédie, l'entrain et la bonne humeur de Belmondo, les bons mots du dialoguiste Michel Audiard et quelques gags : un gangster tout nu dans une cabine téléphonique en verre, Belmondo plantant sa tente dans un camping et ressortant vêtu d'un smoking, une évasion dans une voiture d'auto-école. Côté policier, les gangs de Nice, les trafics, les compromissions de la police. À quoi s'ajoute un troisième côté : l'aventure, le spectaculaire (l'évasion de Belmondo), voire un quatrième : le sentimentalisme (Belmondo n'est fidèle qu'à sa fille). Tout cela manque de cohérence autant que de vraisemblance. Belmondo joue les redresseurs de torts avec conviction, mais sans humour. Or, pris au sérieux, loin de toute ironie, son personnage oscille entre l'odieux et le grotesque : un rien de fascisme, une cervelle courte et de gros biceps. Les autres personnages vivotent dans son ombre. » N'empêche ! Malgré ces grognements de plumitifs, l'équipe Belmondo-Lautner-Audiard-Herman s'empresse de se reconstituer, sous l'égide de Cerito Films avec, en ligne de mire, *Le Guignolo*, promesse d'un nouveau coup de fièvre au box-office. Tournage prévu à l'automne 1979.

« Succès oblige, explique Georges Lautner au *Figaro*, il nous faut aller plus loin dans le comique, sans nous répéter. C'est pourquoi j'ai choisi un nouveau décor, le baroque de Venise, et une nouvelle formule, le mariage du film d'aventure et du théâtre de boulevard. Difficulté technique : utiliser au mieux des tonnes de matériel arrimées sur une vingtaine de bateaux. Aujourd'hui, tandis que nous travaillons au Danieli, une autre équipe fait des vagues sur la lagune en tournant une séquence de poursuite. » La production est lourde, en effet, même si le scénario se veut léger et facétieux, taillé sur mesure pour un comédien-producteur qui n'en finit pas de vouloir plaire à son public – et peut-être, d'abord à lui-même. Plus que jamais, il va multiplier les exploits sportifs et les déguisements, au milieu d'un imbroglio d'improbables et spectaculaires rebondissements. S'exhibant en haut-de-forme et caleçon à pois, suspendu à un hélicoptère frôlant le Palais des Doges, survolant les canaux historiques de la Sérénissime, Jean-Paul Belmondo semble même pécher par excès de cabotinage.

Il ne voit pourtant aucune malice dans ce florilège d'effets et de cabrioles : il se contente de faire « son métier de clown », comme il le confie à Pierre Montaigne : « Mis à part les rôles dramatiques que j'ai tenus, je me sens à l'aise dans la peau d'un héros malgré lui. Il se trouve là où il ne devrait pas être. Il est entraîné à son insu dans l'aventure et il en sort en souriant. Si j'interprétais un salaud ou un lâche, le public serait déçu. Sans me comparer à eux, un Bogart ou un Gabin veillaient, eux aussi, à ne pas trahir l'attente du public. Lorsque j'étais un gosse, mon père m'emmenait au Louvre et ma mère au cirque. C'est le cirque qui a triomphé. J'ai toujours le besoin de faire rire. Le clown est moins considéré que le tragédien, mais peu m'importe. Le public, lui, a bougrement besoin d'oublier ses soucis. Et je suis là pour ça. On voudrait culpabiliser les rieurs. Moi, je n'ai pas honte de distraire. Ceux qui font la fine bouche devant certaines répliques d'Audiard sont les mêmes qui boudaient Feydeau, Prévert, Jeanson et Guitry, dont ils sont aujourd'hui les premiers à vanter les talents. »

Tout de même : trop, c'est trop, et le public se montrera beaucoup plus réservé que prévu à la sortie du film, au printemps 1980. On est loin du million parisien fêté par Michel Audiard l'année précédente. Pourtant, si la star avait déployé des trésors d'énergie, la promo, elle aussi, avait mis les petits plats dans les grands. Outre l'affiche, qu'il était difficile d'ignorer, René Château avait bénéficié d'un gros budget publicitaire. *Le Guignolo* est sorti dans quelque deux cent cinquante salles du circuit géant de Gaumont : une stratégie à l'américaine, que justifieront les résultats du premier jour de sa sortie, où il dépasse le score déjà impressionnant de *Flic ou voyou.* Hélas, un bouche à oreille défavorable étouffera ce feu de paille, envoyant un signal à Bébel. Le nouveau tandem Belmondo-Lautner l'entend, et s'accorde le temps de la réflexion avant de repartir à l'assaut du public, en changeant radicalement de cap pour un troisième long-métrage en commun : ce sera le bon.

Jean-Paul ne vivra pas cette déconvenue en direct : il est parti se reposer aux Caraïbes. Seul, puisque l'année précédente, celle du tournage vénitien, a marqué la fin de son aventure avec la Romaine Laura Antonelli. Après neuf années d'une vraie passion pour le comédien français, l'actrice transalpine entame une descente aux enfers qui va, à renfort d'alcool et de drogues, la mener peu à peu au bord de la déchéance physique et morale. Jean-Paul Belmondo est et restera l'amour de sa vie : « Entre nous, ce fut comme un incendie des sens – un incendie qui a malheureusement fini en cendres... », confiera-t-elle. À l'aube des années 1980, elle pose quelque temps pour les paparazzi de la jet-set italienne, avant de s'enfermer dans sa luxueuse villa de Cerveteri. Bientôt, même les villageois ne reconnaissent plus la sémillante Malizia des années 1970 : elle est devenue une femme négligée. Un défilé de receleurs se presse à sa porte. Et, plus tard, les carabiniers... De son côté, la petite famille Belmondo va bien. Paul le cadet est déjà une graine de champion automobile et se voit offrir sa première voiture. En décembre 1979, Jean-Paul a marié sa fille Florence à Larry Neal Andrews, jeune publiciste américain à la moustache rigolarde. Une cérémonie discrète et intime : « On ne marie sa fille qu'une fois, se contentera-t-il de dire à *Femmes d'aujourd'hui.* Maintenant, Florence va mener sa vie tranquillement. De toute façon, je ne pense pas que ma cote va monter ou baisser parce que j'ai marié ma fille. »

De retour des Caraïbes, Jean-Paul Belmondo s'attelle, en compagnie de Georges Lautner, à l'élaboration du *Professionnel*, dont le tournage et la sortie en salles sont programmés pour 1981. Sur le plan privé, entre dans la vie du comédien une pulpeuse jeunesse de dix-neuf ans, à la féminité débordante, contrairement à ce que son prénom donnerait à penser : Carlos Sottomayor. La rencontre avec la Brésilienne n'aura pas lieu sous des cieux exotiques, mais chez des amis communs du tout-cinéma parisien. Carlos, puisque c'est bien ainsi que ses parents l'ont baptisée, est chanteuse et musicienne, venue tenter sa chance sur le Vieux Continent. Malgré des débuts prometteurs, elle ne trouvera pas le succès. Elle se consolera toutefois avec le sourire de Jean-Paul, un sourire qu'elle ne se lassera pas de contempler durant de longues années :

« J'étais jeune quand je l'ai rencontré, encore un peu bébé, confiera-t-elle plus tard à *Paris Match*. J'ai été élevée bourgeoisement. J'ai fréquenté le collège au Brésil. Mon père était banquier et travaillait beaucoup avec l'Afrique du Sud et l'Angola. De fait, nous avons beaucoup voyagé. Je me considère davantage comme une citoyenne du monde que simple Brésilienne. J'ai vécu avec ma mère à New York, à Londres, en Italie. À quinze ans, je suis partie seule. Quand j'ai connu Jean-Paul, je vivais à Paris depuis peu et enregistrais mon premier disque… Je ne savais pas vraiment qui il était. J'ai toujours été une sauvageonne. Chez moi, au Brésil, plutôt que d'aller au cinéma, je préférais le soleil et la plage. Je n'ai pas réalisé que j'avais une star devant moi. Je lui trouvais un charme inouï, surtout quand il souriait. C'est ce qui m'a séduite. » Le couple s'installe bientôt dans une coquette maison de Saint-Germain-des-Prés, où Carlos transforme l'une des pièces en studio d'enregistrement. Elle fera l'actrice pour la première et dernière fois aux côtés de Belmondo dans

Le Marginal en 1983, et participera à la musique de certains de ses films. Elle familiarisera également le comédien avec le monde animal, notamment en lui offrant Maya, un yorkshire qui deviendra presque aussi célèbre que lui.

En avril 1980, il aperçoit son nom sur la liste très honorifique des nouveaux promus à la Légion d'honneur, section Monde des arts et des lettres. Ironiquement, on y trouve aussi, gratifié de la même promotion, Georges Cravenne, célèbre attaché de presse, à l'origine de la création, en 1976, de l'Académie des Césars, qui réunit artistes et techniciens du cinéma français : Belmondo avait refusé d'y adhérer et ne changera jamais d'avis. Jack Lang, ministre de la Culture en place, épingle la prestigieuse médaille à la veste du baladin, avant de se lancer dans un long panégyrique qui finit par le mettre mal à l'aise : « En écoutant son discours, j'avais beaucoup de mal à me reconnaître. J'avais l'impression qu'il parlait d'un autre. »

Le professionnel du box-office

Au vestiaire, le caleçon à pois rouges et les pitreries du *Guignolo* ! Reprenant les choses en main, l'acteur et P-DG de Cerito Films impose, sur l'affiche du *Professionnel*, l'image d'un Bébel hyperviril, brandissant un flingue de bon calibre. Le clown est rentré dans sa roulotte : c'est un ange exterminateur qui rôdera dans les rues pour assouvir sa vengeance. Le public répond massivement à l'appel. Il est vrai que Belmondo était allé chercher un vieux complice des succès d'hier : le producteur Alexandre Mnouchkine, qui possède les droits d'un roman Série Noire tout à fait adapté au polar pur sucre que l'équipe de choc Belmondo-Lautner-Audiard veut mettre en chantier. L'auteur, Patrick Alexander, est anglais, et son ouvrage a pour titre : *La Mort d'une bête à la peau fragile.* On lui fait traverser la Manche pour apporter quelques retouches à une adaptation essentiellement due à l'incontournable Michel Audiard, dont la mission aura été de réintroduire, dans un nouveau contexte franco-africain, une histoire spécifiquement britannique. Et, cela va de soi, de fournir à Jean-Paul Belmondo sa ration d'exploits et de bons mots.

S'inspirant vaguement de scandales qui auront émaillé des relations parfois bien peu ragoûtantes entre la France et son ancien empire colonial, Michel Audiard a inventé un pays imaginaire, le Malawy, dont le chef d'État doit être éliminé afin de favoriser de douteuses pratiques commerciales. Pour accomplir la basse besogne, on dépêche sur place un agent secret : Joss. Mais on le sait bien, le monde politique est versatile : le tueur en mission sera vendu au maître du pays, avec lequel on a finalement décidé de se réconcilier. Après quelques années de bagne, l'agent trahi parvient à s'évader. L'heure de la vengeance a sonné.

Certes, *Le Professionnel* flirte avec un cinéma de dénonciation, ce qui n'est pas inintéressant. Malheureusement, on peut regretter que la critique socio-politique ne se développe guère qu'à travers le destin d'un individu isolé. Le cocktail, toutefois, séduira un nombre considérable de fans de Jean-Paul Belmondo – et aussi d'amateurs de fictions s'inspirant de machinations dictées par la raison d'État. Le film de Georges Lautner dépassera largement les cinq millions d'entrées, battant ainsi le record de *Flic ou voyou*. *La Revue du cinéma* explique avec un brin de condescendance ce nouveau succès, notant que *Le Professionnel* est « un film qui se laisse voir sans déplaisir, et si l'on aime un peu le genre qui se rapproche fort, par l'esprit, des aventures de Tintin, on peut tout simplement s'amuser, voire aimer. » Ce qui est une forme de compliment. La courte partie introductive, censée se dérouler au Malawy, s'est tournée en Camargue. Tout le reste a Paris pour décor : on y voit Belmondo dévaler en voiture les marches du Palais de Chaillot. Cette cascade a nécessité une autorisation spéciale, que selon ses propres dires, il est parvenu à obtenir de l'administration grâce aux relations de son père.

Celui-ci s'éteint dans la nuit du 31 décembre 1981 au 1er janvier 1982, à l'âge de quatre-vingt-trois ans. C'est un choc énorme pour le comédien. Pour ses pairs aussi. Jean Carton, qui côtoya longtemps le sculpteur à l'Institut, lui rendra ce juste hommage : « Sur le revers d'une médaille que Paul Belmondo offrit à son fils Jean-Paul en 1969, une phrase de Stendhal : “La vocation, c'est le bonheur d'avoir pour métier sa passion.” Sa passion, Paul Belmondo l'a exprimée dans la sculpture, mais aussi dans la peinture et le dessin. Il consacra sa vie entière au travail, à l'étude et à la réalisation de son art. Les traits marquants de son œuvre expriment la beauté et la sérénité. Son être profond manifestait une bonté active qu'il répandait autour de lui, attentif à faire tout son possible pour aider les plus défavorisés. Chez certains grands artistes, on ne peut séparer les pouvoirs de l'art de ceux du cœur. Je le rencontrais souvent au Musée du Louvre et dans les grandes expositions, admirant les chefs-d'œuvre qui s'offrent à tous, mais que seuls les plus amoureux, les plus fervents, les plus exigeants arrivent à pénétrer intimement. Cette démarche, qui témoignait à la fois d'un esprit toujours en éveil et d'une admiration toujours renouvelée pour les maîtres, il en faisait sa nourriture.

[…] Paul Belmondo a pris une part active à la défense d'une forme d'art qui s'est toujours transmise depuis les temps les plus reculés, des déesses-mères de la préhistoire, en passant par la statuaire égyptienne, les grands Grecs, Rome, l'art roman et gothique, la Renaissance, par les grands noms de la sculpture française du XVIIe au XXe siècles, Germain Pilon, Jean Goujon, Coysevox, Houdon, Rude, Carpeaux, Briand, Géricault, Daumier, Barye, Degas, Rodin, Bourdelle, Maillol, Despiau, Malfray, Wlérick, Gimond, entre autres. Paul Belmondo a continué cette chaîne. […] Notre ami Paul Belmondo a hautement défendu cette tendance humaniste qui a toujours existé dans l'art français, dans l'art mondial, et qui est le véritable ciment des civilisations. »

Pour celui qui disait plus simplement « le grand artiste de la famille, c'est mon père », un nouveau combat commence : mieux faire connaître l'œuvre de cet homme bien trop discret. En fait, Paul Belmondo n'aimait guère les expositions, qu'il assimilait peut-être à des actes mondains, à du temps volé à l'essentiel : le travail. À part la grande exposition à la Monnaie en 1976, rien de sérieux n'avait été entrepris pour désenclaver l'abondante production du maître. Son fils y pourvoira, multipliant les interventions, jusqu'à l'apothéose de la grande rétrospective *Paul Belmondo, le dessin pour passion*, inaugurée le 21 novembre 2000 au Petit Palais : deux mois de succès. D'autres suivront, plus modestes mais itinérantes, de Marseille à Roubaix, d'Albi à Troyes. L'acteur est allé plus loin encore, demandant et obtenant qu'une rue parisienne prenne le nom de son père : elle se trouve dans les nouveaux quartiers de Bercy, et c'est Jacques Chirac, alors maire de la ville, qui en dévoila la plaque.

Ultime hommage, et non des moindres : Jean-Paul, son frère Alain et sa sœur Muriel avaient longtemps rêvé d'un vrai musée Paul-Belmondo, où seraient enfin entreposés les travaux dont ils sont si fiers. En 2007, ils décident d'offrir la totalité des œuvres de leur père à la Ville de Boulogne-Billancourt (Hauts-de-Seine), laquelle est chargée de la mettre en valeur au château de Buchillot, transformé en vrai musée fin 2008. « Ce sont quelque 259 sculptures, 444 médailles et près de 900 dessins, carnets de croquis et essais préparatoires qui seront ainsi réunis pour être exposés au public, avait annoncé Jean-Paul Belmondo dans un entretien au *Figaro Magazine*. [...] La star, c'était mon père : un artiste discret, sensible, authentique, mais que nos responsables de la Culture n'ont pas jugé bon de célébrer lorsqu'il est mort. » Il ajoute n'avoir gardé, « pour sa valeur sentimentale », qu'un buste de lui, réalisé quand il avait cinq ans.

Belle façon d'honorer la mémoire de celui qu'il a tant admiré : « Mon père avait encore des émerveillements de jeune homme. Cela l'avait beaucoup amusé de venir me voir le jour où j'ai escaladé les wagons du métro pour les cascades de *Peur sur la ville*. Ce même enthousiasme, il le manifestait en allant au Louvre tous les dimanches. Il disait qu'il y a toujours quelque chose à apprendre. J'ai le même appétit de vivre que lui. »

Nul doute que cet appétit-là est pour beaucoup dans l'irrésistible attrait que suscite Jean-Paul Belmondo à chaque fois qu'il apparaît à l'écran. Surtout quand son grand sourire gourmand triomphe des situations les plus délicates. Quelque treize ans après *Le Cerveau*, c'est dans cet esprit que Gérard Oury et Danièle Thompson lui concoctent de nouvelles aventures. Le script de *L'As des as*, longuement peaufiné, multiplie pièges et chausse-trapes, pour le seul plaisir de voir son héros les déjouer les uns après les autres. À partir du mois de mai 1982, et pour quatorze semaines, Belmondo rejoint les studios Bavaria de Munich. Voilà une fantaisie jubilatoire comme il les aime. Mais s'il fait ici le « clown », on est loin de l'Auguste du *Guignolo*, en caleçon à pois : il s'agit plutôt d'une sorte de clown blanc, doté en prime d'un grand courage. On ne saurait être mieux servi. *L'As des as* plonge directement ses racines dans le mythe belmondien : « Quand j'étais mouflet raconte Gérard Oury, j'allais rôder avec mes copains de lycée. Édouard Sablier, Jean Dutourd et Maurice Siegel, à *Paris Soir*, le journal où travaillait ma mère, Marcelle. C'est là que j'ai connu ce grand boxeur qu'était Georges Carpentier et je l'écoutais raconter ses histoires de guerre. Trente-cinq ans plus tard, tous ces souvenirs sont remontés et j'ai imaginé, avec Danièle Thompson, ce personnage de Georges – dit Jo – Cavalier. À cause de son goût pour la boxe, de son côté tête brûlée, Jean-Paul Belmondo s'est tout naturellement imposé pour le rôle. »

Aux tristement célèbres Jeux olympiques de Berlin, en 1936, dans une Allemagne totalement nazifiée, la France avait gagné cinq médailles d'or, dont deux pour la seule boxe : Jean Despeaux chez les mi-lourds et Roger Michelot chez les poids moyens. Jo Cavalier, alias Bébel, accompagne une équipe de pugilistes prêts à en découdre. Mais l'entraîneur sera lui-même entraîné... vers d'autres aventures. D'abord, il rencontre fortuitement un ancien pilote de chasse allemand, contre qui il avait fait match nul lors d'un combat aérien pendant la guerre de 1914-18. Entre-temps, une jeune journaliste, indiscrète et obstinée, vient lui coller aux basques. Et surtout, il se retrouve en charge d'un jeune garçon juif, dont la famille est menacée par les lois du Führer. De fil en aiguille, par des subterfuges scénaristiques plus ou moins habiles, Jo Cavalier se retrouve au nid d'aigle d'Hitler, à Berchtesgaden, Autriche.

Belmondo est ravi de retrouver Oury : « Je n'avais plus tourné avec lui depuis *Le Cerveau*, rappelle-t-il à *Ciné-Revue*. Je l'aime beaucoup. D'abord parce que c'est un ancien acteur et qu'il apprécie beaucoup ces gens-là. Et puis, il aime voir jouer la comédie, cela lui fait plaisir. Il est le premier public, et il est bon. Enfin, il y a surtout un élément très important : Gérard Oury veut des scénarios très bien construits, dans la tradition des célèbres vaudevilles de Georges Feydeau. Dans toutes les histoires que ce grand maître du rire a écrites, les gags et les situations burlesques ne se suivent jamais par hasard. C'est, au contraire, toujours une suite logique. Tout est bien conçu et cela aide énormément le comédien. En fait, on sait où l'on va. »

Soit, mais la grosseur du trait dans *L'As des as*, « l'hénaurmité » de la farce sont à des années-lumière de la charge satirique d'un Lubitsch, par exemple, avec *To Be Or Not To Be.* De quoi rebuter une presse qui n'apprécie déjà guère que Jean-Paul Belmondo refuse de montrer ses films aux journalistes avant leur sortie en salles : « Le système des projections privées est une aberration, riposte le comédien dans un entretien accordé à *Cinéma de France*. Il ne fait que perpétuer et aggraver le système de copinage déplorable qui existe entre ceux qui font les films et ceux qui en parlent. Je trouve incroyable que tout le monde se tape sur le bide, se tutoie, bouffe ensemble. Cela encourage le développement de ces clans, de ces chapelles qui engendrent des films qui n'intéressent que les gens des projections privées. Vous trouvez normal que les journalistes voient les films avant tout le monde, entre eux, dans une petite salle ? Vous imaginez ce que cela donnerait au théâtre ? Dans une salle vidée du public, on regrouperait la critique parisienne et Jean Le Poulain jouerait *La Puce à l'oreille*. Ce serait sinistre ! Les critiques iront voir mes films avec les spectateurs. »

Les rapports entre la presse et l'acteur sont particulièrement tendus quand, le 27 octobre 1982, sort *L'As des as* dans près de trois cents salles. Les journalistes de cinéma n'ont alors d'yeux que pour *Une chambre en ville*, belle comédie chantée de Jacques Demy, qui leur a été montrée au cours d'une des fameuses projections contestées par Jean-Paul Belmondo. Sortie dans un tout petit circuit, elle est un échec dès le premier jour, tandis qu'explose, au même moment, *L'As des as* : soixante et onze mille entrées pour Paris. Une éclatante réussite commerciale qu'aucun autre film de Belmondo ne dépassera, confirmée par le chiffre final de cinq millions et demi de spectateurs. Ce déséquilibre va échauffer quelques esprits : le très sérieux *Télérama* publie sans délai un communiqué rageur, maladroit dans la forme, mais pas totalement faux sur le fond :

« Mercredi 27 octobre, jour de grève à la RATP, 71 000 Parisiens sont allés voir *L'As des as* de Gérard Oury. Seuls 3 615 ont choisi *Une chambre en ville* de Jacques Demy. Deux films, deux chiffres, deux poids, deux mesures. Tout est affaire de surface. L'écrasement informatif et publicitaire des films préconçus pour le succès est tel que même un cinéaste de l'importance de Jacques Demy risque de voir son public potentiel détourné. Pourtant, *Une chambre en ville* est un grand film populaire qui, dans le cinéma français d'aujourd'hui, fait figure d'œuvre unique. Une fois n'est pas coutume. Nous, critiques de cinéma dans les principaux organes de presse, toutes tendances confondues, faisons appel à nos lecteurs spectateurs. Si la critique, de plus en plus noyée par le flot promotionnel, a encore une raison d'exister, voilà bien l'occasion de le prouver. Cela explique que nous tous, qui l'avons passionnément aimé, éprouvons le besoin de mêler nos voix pour la défense d'un grand film – comme nous l'aurions fait hier pour *La Règle du jeu* ou pour *Lola Montès.* Aussi, invitons-nous une fois encore nos lecteurs à ne pas manquer ce rendez-vous essentiel. Car, aujourd'hui, l'échec d'*Une chambre en ville* sera aussi celui du cinéma français. Ni plus, ni moins. »

L'appel ne fut guère entendu, mais le film de Jacques Demy sera abondamment nommé aux Césars 1983. En revanche, ce texte n'avait pas échappé à Jean-Paul Belmondo, qui y répondit illico dans une longue *Lettre ouverte aux coupeurs de têtes* :

« En parcourant le manifeste accusant *L'As des as* d'avoir volé "les spectateurs potentiels" d'*Une chambre en ville*, et en examinant la liste des signataires, je me pris soudain à baisser la tête… un mot de Cocteau me vint à l'esprit : "En France, l'égalité consiste à trancher les têtes qui dépassent." Ainsi, *L'As des as*, que j'ai coproduit et interprété, en y laissant intégralement mon cachet parce que j'avais le désir de stigmatiser, sur le ton léger de la comédie, l'antisémitisme et l'intolérance, n'est pas toléré par ceux qui font profession de tolérance, et Gérard Oury doit rougir de honte d'avoir "préconçu son film pour le succès" ! Jacques Demy a-t-il préconçu le sien pour l'échec ? Lorsqu'en 1974, j'ai produit et sorti *Stavisky* d'Alain Resnais et que le film n'a fait que 375 000 entrées, je n'ai pas pleurniché en accusant James Bond de m'avoir volé mes spectateurs. Ce remue-ménage est grotesque. Aussi ridicule que la conclusion d'un critique signataire du manifeste, qui termine son article en affirmant avoir entendu un enfant expliquer, en sortant de *L'As des as*, qu'il s'était trompé de salle et qu'il croyait être allé voir *Alien* ! Plus de trois millions de spectateurs français en trois semaines, sans compter les pays étrangers où le film reçoit un accueil triomphal, se sont donc, eux aussi, trompés de salle et sont ressortis ahuris, ayant applaudi *L'As des as* croyant qu'il s'agissait d'un autre film, et me prenant pour un autre acteur ! […] Venons-en au fait reproché à

Oury. L'accueil triomphal réservé à son film ne serait dû qu'à une gigantesque intoxe, un "écrasement informatif" si intense qu'il aurait rendu sourds et aveugles les trois millions de spectateurs en question, les empêchant d'aller voir *Une chambre en ville* ! Argument risible et un peu triste, tant il est facile d'y répondre : *L'As des as* n'a pas plus volé de spectateurs à Jacques Demy qu'il n'a détourné ceux des *Misérables*, sorti une semaine avant lui, et dont les recettes n'ont cessé d'augmenter pour atteindre les résultats brillants que l'on sait. Il faut d'ailleurs méconnaître les règles de notre métier pour ignorer qu'un film qui marche, loin d'empêcher le public d'aller voir d'autres films, lui fait au contraire reprendre le chemin des salles obscures. [...] En tout cas, pour moi qui ne suis qu'un acteur, le vote massif des spectateurs est, et demeurera, ma plus belle récompense. Oublions donc cette agitation stérile et gardons seulement en mémoire cette phrase de Bernanos : "Attention, les ratés ne vous rateront pas !" »

Cette polémique attriste le cinéaste Jacques Deray : « Mauvaise querelle, qui creuse un peu plus le fossé entre deux genres de cinéma. » Pour sa part, il prépare le prochain « Belmondo », dont le tournage est prévu au printemps 1983. Ce sera *Le Marginal*.

Changement de cap

Le Marginal sera le dernier des triomphes cinématographiques de Jean-Paul Belmondo. Il marque aussi la fin de ses « cinq glorieuses ». Voilà un film policier comme Deray aime les fabriquer : pas trop de fioritures ni effets de manche, dans la lignée d'un genre que les plus grands réalisateurs américains ont parfaitement codé, et qu'il admire. Pour une fois, ce « western urbain », comme il dit, ne devra rien à un quelconque tripatouillage de roman policier. L'histoire lui appartient entièrement : « Je pars d'une histoire réelle que m'avait racontée un commissaire de police chargé de mettre de l'ordre dans le milieu marseillais, particulièrement celui de la drogue. Son intervention est un tel succès que certaines personnalités douteuses s'arrangent pour le faire muter à Paris dans une brigade secondaire. Il devient *Le Marginal.* »

Afin de développer cet embryon de scénario, Jacques Deray fera appel à plusieurs hommes de plume, dont Jean Herman, qui continue à participer à l'élaboration de films, tout en commençant à publier des livres sous le pseudonyme de Jean Vautrin. Le fruit de cette collaboration saura convaincre les deux producteurs : Jean-Paul Belmondo chez Cerito et, de nouveau, Alexandre Mnouchkine, aux Films Ariane. *Le Marginal* est un film « complètement Deray », du propre aveu du cinéaste, qui ajoute : « J'ai fait un "Belmondo" et j'en suis conscient. Je renouais avec une tradition, la mienne, mais aussi avec un genre dans lequel Jean-Paul a fait de bons films. Voulant faire un film sur un personnage qui est Belmondo, et un film qui marche, je suis conscient que je me dois d'aller dans le sens du public, de ne pas le frustrer. Mes obligations sont alors de faire de mon personnage un héros, un type sympathique. Mais, hormis cela, *Le Marginal* est un film particulier, un film qui m'est proche, un film d'ambiance qui, à mon avis, se bonifiera avec le temps. »

Par souci de réalisme, Deray filme *Le Marginal* en décors réels, essentiellement à Paris. Les contraintes liées à ce type de tournage sont bien connues : attroupement de badauds, rues barrées, etc. Et ça se corse, quand, en plus, on a dans ses bagages une star du calibre d'un Belmondo… L'équipe du *Marginal* dut renoncer à un plan prévu à Pigalle, la police ne parvenant plus à contenir une foule rendue incontrôlable par la présence de l'acteur. Un tournage « difficile à préparer », selon le réalisateur : « Pour coller à une réalité et découvrir des lieux peu connus des cinéastes, je parcours la capitale de nuit avec un inspecteur des Renseignements Généraux. Je dois aussi mettre au point les scènes d'action avec Rémy

Julienne et Claude Carliez. Des cascades dangereuses, comme celle de l'hélicoptère et du chris-craft. D'un hélico, Jean-Paul doit sauter sur un bateau à moteur qui file à cent à l'heure. Une vague plus haute que les autres, une différence de vitesse et l'acteur, à la réception, peut se briser les jambes. Des semaines de répétitions sont nécessaires pour limiter les risques, car Jean-Paul ne se fait pas doubler : difficulté et responsabilité pour le metteur en scène. [...] En tournant la poursuite de voitures, nous frôlons plusieurs fois l'accident. À un carrefour, je place un faux arrêt d'autobus, que la voiture blindée de Jean-Paul Belmondo doit détruire. Au milieu de la prise, une vieille dame, sortie de nulle part, se dirige d'un pas tranquille vers l'arrêt d'autobus, qu'elle croit authentique. Personne ne peut intervenir. Elle ne doit son salut qu'à une manœuvre extrême de Jean-Paul au volant du bolide. Un autre jour, la direction de la voiture pilotée par Julienne casse net. La voiture devient incontrôlable et fonce sur un pylône. Une fois encore, l'incroyable réflexe de Jean-Paul, qui roule à quelques mètres de lui, évite l'accident. Aux yeux de Rémy Julienne, l'acteur est l'un de nos meilleurs cascadeurs. Et c'est vrai que, lorsque je revois le film aujourd'hui, je reste pantois devant la performance de Belmondo et ébloui par les cascades spectaculaires que nous arrivions à faire et qui n'avaient rien de virtuel. »

Cinq millions de spectateurs viendront applaudir ce « western urbain », découvrant à cette occasion la jeune Carlos Sottomayor, que Jacques Deray avait engagée avec enthousiasme : « Une personnalité, un physique nouveau, un charme. Je suis très vite persuadé que c'est la présence idéale dans un film d'action et très excité de la faire débuter au cinéma. Elle mérite une belle carrière. » Sur ce dernier point du moins, le cinéaste n'aura pas été bon prophète : on ne revit plus jamais la jeune Brésilienne à l'écran.

Suivront *Les Morfalous* d'Henri Verneuil, événement « plus médiatique que cinématographique », dixit *La Revue du cinéma*, qui développe : « Qu'ils soient signés Deray, Verneuil ou Tartempion, les films de Belmondo se ressemblent tous. C'est normal, ils sont taillés sur mesure pour la vedette numéro un du box-office, dont on attend qu'elle effectue deux cascades et assomme trois ou quatre brutes avant d'emballer la playmate de service. Si Belmondo s'autolimite, tant pis pour lui et pour nous. Cela dit, le film de Verneuil n'est pas une catastrophe. Le réalisateur de *Week-end à Zuydcoote* a suffisamment de métier pour s'en sortir avec un minimum de dignité, malgré les dialogues bien lourdingues d'Audiard. Mais si *Les Morfalous* sauvent les apparences, ils ne sont rien d'autre qu'un produit de marketing sans âme. » Il est vrai qu'à l'égard de Jean-Paul Belmondo, la critique est sévère depuis plusieurs années déjà. Mais, cette fois, il semble que le public, souvent invoqué par le comédien, commence aussi à trouver qu'il se répète. Et s'il n'argumente pas sa déception par une analyse écrite, il sait fort bien l'exprimer, en passant ou non aux caisses des cinémas. Or, *Les Morfalous*, tourné juste après *Le Marginal*, perdra près d'un million et demi de spectateurs, amorçant le déclin commercial de Cerito, jusqu'au désastre du *Solitaire*, en 1987.

Jean-Paul Belmondo est également l'une des victimes d'un cinéma français au creux de la vague. Dans les années 1980, le public de cinéma change, rajeunit et plébiscite des films américains calibrés pour lui plaire. À l'inverse, la génération qui fut longtemps fidèle aux exploits de Bébel, consacre désormais davantage de temps au petit écran qu'au grand. Pourtant, *Les Morfalous*, fantaisie guerrière autour d'un trésor convoité par un homme et deux armées – l'allemande et la française –, est un film dont Henri Verneuil a rêvé depuis longtemps, avant de pouvoir enfin le réaliser en Tunisie, à l'automne 1983. Un film également souhaité par Jean-Paul Belmondo qui fit, cette année-là, une entorse à sa règle de ne produire qu'un film par an. La confiance est totale entre l'acteur et le cinéaste. Celui-ci a l'intelligence de lui faire jouer sa partition aux côtés de fortes personnalités : Jacques Villeret, Jess Hahn, Michel Constantin, François Perrot et Marie Laforêt. Cette initiative, rarement prise par les autres metteurs en scène de Bébel, servira le film, sans pour autant lui assurer le succès escompté après le triomphe du *Marginal*.

Belmondo décide alors d'infléchir radicalement sa politique de production. Son prochain long-métrage sera l'adaptation d'une pièce de théâtre. Par définition, rien à voir avec les aventures cinématographiques qui sont, jusqu'à présent, sa marque de fabrique. *Joyeuses Pâques* est un pur vaudeville, qu'on doit à la fine plume de Jean Poiret, heureux auteur de *La Cage aux folles*. L'argument est simple : un industriel coureur de jupons est surpris par son épouse au moment où il s'apprête à héberger une jeunette, qu'il s'empresse de faire passer pour sa fille. Révélation aussi troublante que tardive, mais Madame joue le jeu, et se met à materner gentiment la nouvelle venue. Jusqu'au moment où la mère de la jeune fille entre en scène à son tour…

Pour passer de la scène à l'écran, on fait appel à Georges Lautner : « En voyant la pièce, explique-t-il à *Ciné-Revue*, Alain Sarde et moi avons eu envie d'en faire un film. De son côté, Jean-Paul l'avait vue, et il a eu tout de suite envie de la tourner. » Lautner demande alors à Jean Poiret de l'aider à éviter le piège classique du « théâtre filmé » : « Il faut laisser cela à la télé. Et puis, la présence de Jean-Paul éloigne encore plus du théâtre, parce qu'il donne de l'ampleur à ses films et cela oblige à travailler pour faire deux fois plus “cinéma”. Nous avons donc introduit des cascades, mais la pièce n'est absolument pas dénaturée : les répliques sont les mêmes, à la virgule près, et nous avons ajouté quelques développements. Les grands axes sont toujours là, adaptés à la personnalité de Belmondo. Par exemple, dans la pièce, Jean Poiret était un timide ayant peur de sa femme, tandis que Jean-Paul, qui incarne le même personnage, est un Don Juan qui n'a pas de chance. Je dois dire que Belmondo m'a surpris : on a beau savoir qu'il a joué la comédie sur scène pendant dix ans, on ne s'attend quand même pas à le voir affronter un texte pareil, avec de longues tirades comiques. C'est une prouesse de comédien. Je m'y attendais, j'étais sûr qu'il en était capable, mais il a fait preuve d'une telle inventivité qu'il m'a quand même surpris. Je pense qu'il avait envie de changer. Cela arrive à tout le monde. Nous avons toujours l'impression, d'un film à l'autre, de changer, même lorsqu'on nous dit qu'on fait toujours la même chose. Et Jean-Paul a eu tout simplement envie de jouer une comédie, ce qu'il n'avait pas eu l'occasion de faire depuis longtemps. »

Belmondo confirme : « J'avais envie de revenir à la comédie pure. Celle où les situations comiques naissent des rencontres de gens, de ce qu'ils disent. Un retour à des films comme *L'Animal* ou *L'Incorrigible.* Sans que je renie quoi que ce soit, j'ai le sentiment que les gens veulent rire franchement. » Malgré tout, *Joyeuses Pâques* reste une œuvre un peu bâtarde, d'autant que, pour interpréter des répliques écrites pour la scène, Georges Lautner fit tout naturellement appel à des comédiens davantage habitués aux planches qu'aux studios de cinéma, de Rosy Varte à Michel Beaune. Le film permet aussi à la jeune Sophie Marceau d'affirmer sa personnalité, après son entrée fracassante au cinéma dans *La Boum.* Un examen réussi, si l'on en croit le réalisateur : « Je suis dingue de Sophie ! Elle est d'une maturité étonnante pour son âge. Si tout va bien, elle ira très loin. » L'avenir lui donnera raison. Quant à *Joyeuses Pâques*, il fera trois millions et demi d'adeptes. Mais surtout, le choix de cette adaptation en dit long sur la furieuse envie de théâtre qui taraude Jean-Paul Belmondo.

Le polar de trop

En 1985, il accepte volontiers de tourner chez Alexandre Arcady, dont il a beaucoup aimé *Le Grand Pardon*. Le cinéaste tient énormément à sa participation, et cela tombe plutôt bien : le scénario de *Hold-up* présente une originalité qui va dans le sens du renouvellement recherché par Belmondo. Un faux clown tente de braquer une grande banque canadienne réputée inviolable. Il parviendra malicieusement à ses fins, malgré quelques impondérables et incidents de parcours. Tourné pendant l'été, avec Guy Marchand, Jacques Villeret et l'ami Jean-Pierre Marielle, savoureux en flic dépassé par les événements, le film sortira la même année, ne rassemblant à sa sortie « que » deux millions trois cent mille spectateurs.

Mais Belmondo se souviendra surtout qu'il a failli y laisser la vie : au moment de décrocher un véhicule tracté par une dépanneuse, la flèche de celle-ci lui heurte violemment le front. Bilan : douze points de suture et une grosse frayeur. Pourtant, c'est à la télévision, qu'il avait jusque-là superbement ignorée, qu'il doit le plus grave accident de sa carrière. À cinquante-deux ans, il avait accepté, une fois n'est pas coutume, de participer à une émission de variétés, dans le cadre de la promotion de *Hold-up*. Pour l'occasion, on lui avait demandé d'exécuter une cascade « maison », que, bien sûr, il s'employa à rendre particulièrement spectaculaire : attraper un avion en vol à partir d'une voiture tout-terrain lancée à vive allure. Rien de moins ! Une préparation hâtive et son irrépressible goût du défi lui portèrent préjudice. Malgré la présence attentive de Rémy Julienne, Jean-Paul Belmondo lâcha prise et s'écrasa au sol. La terrible chute lui valut une fracture des vertèbres et une déviation du bassin. Rémy Julienne, qui s'était lui-même blessé le matin même en tentant d'accomplir le même exploit, commentera : « La cascade a été préparée de manière succincte par manque de temps et, surtout, dans des conditions extrêmement défavorables. Mais, après consultation, nous avons décidé d'y aller. Ce ne fut pas la bonne option. Ce que je ne savais pas non plus, c'est que Jean-Paul avait été alité deux jours avec une grippe et quarante de fièvre. Et là, c'est évident qu'il manquait de tonus. Mais pour rien au monde, il n'aurait voulu stopper les opérations. Je pense que, tous les deux, nous avons eu le tort d'avoir voulu trop en faire. » La star blessée assurera néanmoins le spectacle, se présentant avec le sourire sur le plateau de Patrick Sabatier. Ce que le public ignore encore, c'est que, pour Bébel, le temps des cascades est révolu.

Et précisément, en 1986, Jacques Deray vient le voir avec le script d'un nouveau policier, garanti « sans cascades » : l'histoire de la vengeance d'un commissaire dont l'adjoint et ami est tué au moment où ils allaient tous deux changer de vie. Tourné durant l'été 1986, sorti en salles le 18 mars 1987, *Le Solitaire* n'atteindra même pas le million d'entrées sur l'ensemble du territoire français. Et, pour le comédien, qui attirait naguère cinq fois plus de spectateurs, c'est une humiliation : « *Le Solitaire* a été le polar de trop, avoue-t-il à *Figaro Magazine.* J'en avais marre et le public aussi. Maintenant, les polars, il suffit d'allumer la télé, on ne voit que ça. » L'analyse n'est pas fausse ; le public change. Au long des années 1980, le cinéma français, en mal d'inspiration, avait abusé des adaptations de romans policiers. Claude Sartirano le notait dès 1983, dans *L'Humanité Dimanche* : « Trois nouveaux films policiers français dans les salles cette semaine. Trop, c'est tout de même trop, et l'on peut légitimement se demander si cette floraison sauvage ne correspond pas finalement à cette fameuse crise scénaristique que déplore la profession depuis assez longtemps. Faute d'auteurs, on adapte. Mais pas n'importe quoi : d'abord et encore du policier. »

Si le scénario du *Solitaire* est « original » il n'en demeure pas moins d'un classicisme absolu, reposant essentiellement sur une histoire de vengeance. À ce phénomène de saturation, s'ajoute une faiblesse narrative, dénoncée par Jacques Deray lui-même. Cinéaste lucide, capable de films rigoureux comme *La Piscine* ou *Un papillon sur l'épaule*, il regretta de « n'avoir pas passé plus de temps sur le scénario, pour arriver à une histoire plus musclée, plus structurée, plus aboutie. » Belmondo, qui est aussi son propre producteur, a supporté l'essentiel des coûts du film : on comprend d'autant mieux son amertume.

Toutes ces raisons, certes, ont contribué à l'échec du *Solitaire.* Mais il y en a une autre : l'effritement du charisme de Belmondo auprès du public de cinéma. Philippe Labro, qui connaît bien le comédien pour l'avoir dirigé deux fois, remarquait alors avec justesse : « Quand la carrière de Jean-Paul Belmondo a pris son envol, on a décidé de titrer les films selon les rôles qu'il interprétait. Ce n'était pas *Le Monde de l'argent*, par exemple, mais *L'Héritier.* Ce n'était pas *Combat entre gangsters* mais *Tendre voyou.* Puis, *Le Marginal*, *Le Professionnel*, *L'As des as*, etc. C'était toujours sur Jean-Paul Belmondo que se polarisait le titre, car il était, à lui seul, le film. » Or, au moment du *Solitaire*, son seul nom ne suffit plus à remplir les salles. Le « belmondisme » semble avoir vécu.

Cette désaffection du public, prêt à dédaigner soudain ce qu'il vénérait la veille, Jean-Michel Frodon, critique au *Monde*, la mentionne également dans son excellent ouvrage *L'Âge moderne du cinéma français* : « L'étoile de Bébel le casse-cou se ternit (temporairement), celle de son éternel rival Alain Delon chez des réalisateurs-exécutants de ses quatre volontés ne brille guère plus dans *Parole de flic* de José Pinheiro (1986) ou *Le Passage* de René Manzor (1987). *Ne réveillez pas un flic qui dort*, à nouveau réalisé par Pinheiro (1988), donne à Delon l'occasion de se livrer à un intéressant numéro autodestructeur, mais confirme, lui aussi, le déclin des vedettes dans l'imaginaire du public. Ou, plus précisément, Belmondo et Delon restent des célébrités dont la photo fait vendre les gazettes, dont la présence déclenche l'enthousiasme des fans, et que recherchent avec acharnement les émissions de télévision. Tournent-ils un film, que les médias font grand usage de leurs apparitions. Mais on se précipite de moins en moins dans les salles pour les voir répéter ce pour quoi on les a admirés, alors qu'on les admire encore. »

Retour sur les planches

Au fil des années, les exploits cinématographiques de l'ancien élève du Conservatoire n'ont jamais tué son profond désir de théâtre. Un désir que l'ami et complice Robert Hossein surveille de près, attendant le moment propice pour faire valoir auprès de la star les droits de Molière sur ceux de Griffith. De son côté, le réalisateur de *Toi, le venin* et du *Vampire de Düsseldorf* n'a pas complètement abandonné le cinéma, y poursuivant sa carrière d'acteur, et passant de temps en temps derrière la caméra. Mais c'est au théâtre qu'Hossein a décidé de consacrer l'essentiel de son énergie, montant des spectacles vivants de plus en plus démesurés. L'abattage de Jean-Paul Belmondo ne pouvait que fasciner cet amateur de grandiose.

Profitant de sa perplexité depuis l'insuccès de son dernier film, Hossein le persuade de reprendre du service au théâtre : il ne demandait que cela. Il aura attendu vingt-huit ans pour s'adonner de nouveau à ce qu'au fond de lui, il a toujours considéré comme son vrai métier. Après une tentative avortée du côté de la Comédie-Française, décidément bien frileuse à son égard, le choix se porte sur *Kean* et le Théâtre Marigny qui, à deux pas des Champs-Élysées, peut accueillir un millier de spectateurs. Jean-Paul Belmondo s'y installe le 24 février 1987, et ne quittera *Kean* que le 28 juin. Fausse sortie du reste, car, face à la demande, la pièce sera reprise le 7 septembre pour une prolongation de deux mois et demi.

Ce spectaculaire come-back n'aura pas été sans peine. Quelques heures avant la première, à Marigny, le futur Kean est sur le point de craquer. Plutôt que de prendre sagement le chemin des Champs-Élysées, Belmondo s'engouffre dans sa Mercedes, entamant une course folle qui le ramènera, heureusement, à son point de départ. Sa compagne Carlos Sottomayor témoigne de sa profonde anxiété avant de s'engager dans la bataille : « Jean-Paul parlait depuis longtemps de revenir au théâtre, mais il avait peur de ne pas se souvenir de son texte. Moi, je suis sûre qu'il réussira. Chaque fois qu'il a entrepris quelque chose dans son travail, il y est arrivé, parce que c'est un vrai pro. C'est vrai qu'il a le trac. De toute façon, on ne fait pas ce métier sans avoir le trac. D'après ce qu'il me dit, c'est une chose avec laquelle il faut vivre : il faut savoir dominer ce trac et apprendre à le dépasser. Ensuite, on arrive à une performance. Tous les jours, il apprend son texte. Il a son petit magnéto et il s'entraîne, il répète. Un peu partout, dans le jardin, dans la rue… »

Il l'avoue lui-même au *Figaro Magazine* : « À force de préparer mon retour au théâtre, je me suis fait peur. Je craignais par exemple de rencontrer des problèmes de mémoire. Au cinéma, je n'apprenais pas. Pour préserver ma spontanéité, pas par paresse. Là, j'avais la trouille de ne plus retenir un texte. D'autres occasions de remonter sur scène s'étaient présentées. Je devais jouer *La Puce à l'oreille* de Feydeau, mais les héritiers ont préféré donner le texte à la Comédie-Française. J'ai cherché une pièce moderne. Je n'ai pas trouvé. Vilar a voulu me faire jouer *Les Fourberies de Scapin* au TNP : j'ai eu peur d'être comparé à Gérard Philipe. Enfin, la trouille, la pétoche, quoi ! Pendant ce temps, Robert Hossein n'a jamais arrêté de me tanner. Si bien que j'ai craqué, je me disais que si cela continuait comme ça, j'allais faire ma rentrée dans *Le Père Goriot.* Hossein voulait *Cyrano de Bergerac* tout de suite. *Kean* m'a paru plus facile pour une reprise avec la scène. » Ses regrets sur Georges Feydeau, le comédien les gommera un peu plus tard, parvenant à monter non seulement *La Puce à l'oreille*, mais encore *Tailleur pour dames.* Un vrai bain de jouvence pour l'ancien élève du Conservatoire, formé pour ce type d'emploi par des maîtres qui s'étaient ingéniés à lui faire jouer des rôles comiques, ce qui, dans leur esprit, était tout sauf lui faire honneur. Un paradoxe, pour des formateurs censés préparer les jeunes générations à entrer dans la maison de Molière, le roi de la comédie !

Quant à Edmund Kean (1787-1833), génial comédien de la scène britannique, adulé du public et encensé par la critique, il aura marqué son époque par son romantisme exacerbé. Il ne pouvait vivre qu'en représentation, à la ville comme à la scène, alimentant les potins mondains de ses amours tapageuses, défiant les pairs du royaume, se livrant avec volupté à l'insolence, et pouvant se montrer d'une extraordinaire générosité. Des qualités propres à le faire entrer dans la légende. Mais pour parvenir vivant jusqu'à nous, il lui fallait un scribe. Il le trouvera, peu après sa disparition, en la personne d'Alexandre Dumas père. Il aurait pu tomber plus mal, même s'il s'agit, à l'origine, d'une pièce de jeunesse de l'auteur des *Trois Mousquetaires.* Échevelée et flamboyante, elle est créée le 31 août 1836 sur la scène du Théâtre des Variétés, futur fief de Jean-Paul Belmondo. Avec, dans le rôle-titre, le fougueux Frédérick Lemaître qui en fut, dit-on, le commanditaire, et que Marcel Carné immortalisa sous les traits de Pierre Brasseur dans *Les Enfants du paradis.*

Depuis, quelques monstres sacrés de théâtre et de cinéma se sont emparés du texte de Dumas, notamment le même Pierre Brasseur, qui fit appel à Jean-Paul Sartre pour éclairer la pièce de son propre point de vue sur les paradoxes du comédien. Un spectacle tout neuf, en somme, qui, en son temps, avait tellement marqué Belmondo qu'il le choisit pour son grand retour sur scène. Il s'inscrit ainsi dans la lignée d'autres géants, tels le Russe Yvan Mosjoukine ou l'Italien Vittorio Gassman. Cinq actes, trois heures trente de spectacle : l'appétit de théâtre est féroce chez celui qu'on croyait à jamais prisonnier de l'industrie cinématographique. Mais il n'avait rien oublié du tout. Au lendemain de cette nouvelle épopée, c'est un Belmondo exalté qui se confie à *Studio Magazine* : « Je savais qu'il me faudrait un jour revenir au théâtre. Parce que le théâtre était ma vraie vocation ; parce que je ne suis venu au cinéma que par hasard ; parce que j'ai sous les planches toutes mes racines, ma jeunesse, mes meilleurs souvenirs. Ça m'a redonné un coup de turbo, comme on dit ! Peut-être parce que j'avais oublié à quel point c'est bien de jouer comme ça, tous les soirs, avec le public dans des salles pleines. Et ce qu'on ressent est tellement plus fort qu'au cinéma ! Là, on joue, on se donne à fond et ils sont là, à la sortie, à vous attendre. Et puis, il y a les applaudissements, il ne faut pas avoir honte de le dire. En plus, je me suis trouvé avec une troupe formidable : Sabine Haudepin, Béatrice Agenin, Michel Beaune, Pierre Vernier. Il y avait ce plaisir de se retrouver tous les soirs. Cette chaleur, ce plaisir, on se demande comment on a pu les oublier. Moi, je m'y suis réhabitué très vite ! »

Itinéraire d'un enfant gâté

Quand Claude Lelouch vient le voir dans sa loge de Marigny pour lui proposer *Itinéraire d'un enfant gâté*, Belmondo a la tête ailleurs, et ne souhaite guère entendre parler de cinéma. Mais son instinct et le plaisir qu'il avait pris naguère à jouer devant sa caméra sont les plus forts : il accepte cette nouvelle aventure. Il fait bien : plus de trois millions d'entrées – un record en ces temps difficiles – et la reconnaissance des « professionnels de la profession ». Lelouch a trouvé la formule magique pour soustraire l'acteur à des rôles mécanisés. Il crée l'étrange Sam Lion, entrepreneur « disparu » en pleine jungle africaine. Un homme au passé parfois chaotique, qui planifie son retour aux affaires selon une stratégie originale : il envoie en éclaireur le barman de son hôtel – Richard Anconina –, qu'il téléguidera dans ses nouvelles fonctions. Le scénario présente quelques invraisemblances, mais ses accents pirandelliens, rappelant *Feu Mathias Pascal*, ont le mérite de casser le mythe belmondien, pour mieux le renouveler. Y compris physiquement, comme Lelouch l'expliquera : « Le personnage de Sam Lion a grandi dans un cirque. Il est resté passionnément attaché à cet univers. Me souvenant de Charlton Heston dans *Sous le plus grand chapiteau du monde*, je lui compose une allure – barbe, veste en cuir fauve, chapeau à larges bords – qui me semble coller au caractère anticonformiste de cet homme d'affaires et aventurier. »

C'est l'argument qui balaie les dernières réticences de Belmondo : « Il a commencé à me raconter l'histoire de ce type qui quittait tout pour se retrouver, qui changeait de vie et partait pour le bout du monde – en faisant le tour du monde ! Cela tombait bien : depuis quelque temps déjà, je voulais sortir de l'emploi qui avait été le mien pendant des années au cinéma. À un moment donné, il faut laisser l'habit au vestiaire, sinon, on n'existe plus. Il n'y a plus que l'habit. Ce que Claude me proposait, c'était un personnage riche, fort, haut en couleur, un personnage humain, avec de vrais sentiments, de vraies émotions, qui jouait sur plusieurs registres, sur plusieurs facettes. » Jean-Paul Belmondo comprend qu'on lui propose enfin un rôle de composition à sa mesure : il lui faudra se débarrasser de quelques oripeaux pour donner vie à ce personnage nouveau. Autrement dit, oublier son statut de star pour retrouver le vrai plaisir de jouer la comédie.

Lors d'un premier vote, l'Académie des Césars nomma Jean-Paul Belmondo dans la catégorie meilleur acteur 1989 pour *Itinéraire d'un enfant gâté*. Une reconnaissance un peu tardive, aux yeux de celui qui fut longtemps l'un des chefs de file du cinéma français ? Toujours est-il qu'il repoussa d'avance, et assez sèchement, le vote final de l'Académie, par le biais d'un communiqué sans appel : « Je remercie les professionnels du cinéma qui ont porté leur choix sur mon nom en vue de la nomination au César du meilleur acteur. À cette occasion, je tiens à rappeler la position qui a toujours été la mienne concernant ce vote, auquel je n'ai d'ailleurs jamais participé. Je pense que le public est le seul jury qui puisse nous accorder des distinctions, car nous n'existons que par lui et pour lui, et je me suis toujours efforcé de recueillir ses suffrages. L'unique prix décerné par une Académie que j'aurais aimé obtenir, c'est celui du Conservatoire : je crois qu'il est maintenant un peu tard. J'ai beaucoup de respect et d'admiration pour les lauréats des Césars, et je demande à mes amis professionnels de reporter sur les autres nominés les voix qu'ils pourraient me destiner. »

Interrogé ensuite sur le sujet, il se montrera encore moins diplomate : « Les Césars, je suis violemment contre, c'est pire que tout. D'ailleurs, j'aurais préféré que cela se nomme les Pagnol ou les Raimu. De plus, ce sont des gens de la profession qui votent, c'est très réduit. Nous ne sommes pas en Amérique, ce sont les petits copains qui choisissent, cela n'a donc pas beaucoup de valeur. Chaque année, du reste, ce sont les mêmes gens qui sortent du chapeau. » Pour mieux comprendre l'hostilité de l'acteur envers l'Académie des Césars, il est permis d'avancer l'hypothèse suivante : l'équipe de Georges Cravenne avait demandé au sculpteur César d'être l'auteur du trophée remis aux lauréats, écartant de fait tous les autres artistes, dont Paul Belmondo. Unifrance Films lui demandera néanmoins de créer une statuette de son cru, distinguant chaque année le meilleur film français choisi par l'ensemble de la presse étrangère travaillant à Paris. En somme, il y aurait peut-être aussi, dans cette stricte condamnation de Jean-Paul Belmondo, comme un petit air de revanche familiale.

Quoi qu'il en soit, la profession fit la sourde oreille à l'accès d'humeur de la star et confirma son choix. Nommé aux côtés de Daniel Auteuil, Gérard Depardieu, Jean-Marc Barr et Richard Anconina, Belmondo décrocha le César du meilleur acteur. Ce fut d'ailleurs la seule récompense pour le film de Lelouch, écrasé par le raz-de-marée *Camille Claudel*, avec Isabelle Adjani. Fidèle à ses principes, l'acteur dédaigna le trophée. Mieux vaut plutôt retenir de cette époque l'image d'un Belmondo-Sam Lion hirsute, aux commandes d'une poussette dans les rues de San Francisco : profitant d'une pause entre deux séances de travail sur *Itinéraire*, Jean-Paul Belmondo faisait enfin la connaissance de sa petite-fille Annabel née quatre mois plus tôt, de l'autre côté de l'Atlantique.

Cyrano

Ah ! non ! c'est un peu court, jeune homme !
On pouvait dire… Oh ! Dieu !… bien des choses en somme.
En variant le ton, par exemple, tenez :
Agressif : « Moi, monsieur, si j'avais un tel nez,
Il faudrait sur-le-champ que je me l'amputasse ! »
Amical : « Mais il doit tremper dans votre tasse !
Pour boire, faites-vous fabriquer un hanap »
Descriptif : « C'est un roc ! c'est un pic ! c'est un cap !
Que dis-je, c'est un cap ?… C'est une péninsule ! »

Encouragé par son retour réussi au Théâtre Marigny dans *Kean*, Jean-Paul Belmondo répète le texte de *Cyrano de Bergerac*, programmé pour 1990 sur la même scène, et sous la direction de Robert Hossein : on ne change pas une équipe qui gagne. Elle sera presque entièrement reconduite. Seul l'ami de toujours, le Montmartrois Michel Beaune, emporté par un cancer du poumon, sera remplacé dans le rôle de Le Bret. Passer de *Kean* à *Cyrano* est une sacrée gageure. Son rôle de baroudeur plutôt placide chez Claude Lelouch lui a toutefois permis de se refaire une belle santé.

Pour l'heure, l'essentiel de son travail consiste à mémoriser les centaines de vers de son rôle. De précieux moments de relaxation s'imposent, qu'il consacre essentiellement au vélo entre copains, à la gymnastique, au tennis et à Maya, le yorkshire, cadeau-souvenir laissé par Carlos Sottomayor, partie vers d'autres horizons. L'animal va jouer un rôle majeur dans la suite des événements, côté cœur. Maya, c'est une boule de poils qui n'est que douceur. Du moins, c'est ce qu'affirme Nathalie Tardivel, alias Natty, future madame Belmondo. À l'époque, la jeune femme cherchait à assurer la descendance de Fidji, son yorkshire à elle : « Nous nous sommes rencontrés dans un club de tennis grâce à nos chiens, qui nous accompagnaient déjà partout. Jean-Paul cherchait un mâle pour sa femelle. Tout a très mal commencé entre nous : j'avais aussi une femelle ! » Une déconvenue vite surmontée : on aura tôt fait de les retrouver côte à côte dans le public de Roland-Garros. Il lui réserve son sourire le plus charmeur, un exercice où il excelle. Elle lui renvoie sa blondeur et l'image rayonnante d'un physique impeccable. Dès lors, Natty, ex-Coco Girl de la télévision et future experte en communication, vivra pendant près de vingt ans auprès de Jean-Paul Belmondo, l'accompagnant pas à pas dans sa mutation artistique et ses exploits sur les planches, en France et à l'étranger. Elle partagera aussi les coups du sort qui viendront plus tard assombrir sa vie – entre autres, son accident de santé.

Comme Kean, Cyrano est un personnage démesuré, qui a le don de séduire les monstres sacrés : au moment où se déroulent les répétitions de la version Hossein-Belmondo, s'en prépare une adaptation cinématographique par Jean-Paul Rappeneau. C'est l'infatigable Gérard Depardieu qui en sera la vedette. Apprenant l'existence du projet, Belmondo ne s'en émeut pas ; il s'en étonne cependant un peu. Lui-même en avait eu l'idée, mais il avait jugé impossible de faire coexister le réalisme du langage cinématographique et la versification de la pièce de Rostand : « Je ne me voyais pas l'interpréter au cinéma à cause des vers. Et jouer Cyrano sans les vers, ce n'était pas jouer Cyrano. Moi, comme acteur, je suis peut-être un peu excessif, mais j'aime bien que les vers soient respectés. Et puis, le rôle méritait d'être claironné sur une scène, et je ne me voyais pas le claironner au cinéma. Pourtant, aujourd'hui, je pense que c'est bien qu'il y ait un film et une pièce. » Jean-Paul Rappeneau et Jean-Claude Carrière, auteurs de la version filmée, décideront d'alléger le texte, tout en préservant le principe de la rime. De même, ils aéreront l'histoire, en la tournant dans des décors réels impossibles à reconstituer sur scène, et en l'enrichissant d'une foule de figurants. Mais *Cyrano de Bergerac* reste une œuvre inoxydable. Et pourtant, que de représentations, depuis que Coquelin en assura la création le 27 décembre 1897, au Théâtre de la Porte Saint-Martin ! Un premier triomphe, auquel ne croyait guère son jeune auteur qui, tournicotant autour de la star de l'époque avant son entrée en scène, balbutiait : « Pardonnez-moi, mon ami, de vous avoir entraîné dans pareille galère ! » Mais le nez de Coquelin devait être aussi fin que celui de Cyrano, car sa contribution ouvrit la voie à bien des productions, y compris une adaptation télévisuelle par Daniel Sorano, en 1960. Ironie du sort : admise en 1938 au répertoire de la Comédie-Française, la pièce y fut jouée très longtemps par André Brunot, celui-là même qui avait tout fait pour décourager Jean-Paul Belmondo d'embrasser une carrière au théâtre…

La première de Cyrano-Belmondo eut lieu au Théâtre Marigny le 6 février 1990. Le triomphe ne se démentit à aucun instant : deux cent trente représentations et plus de deux cent mille spectateurs, succédant à ceux qui venaient de plébisciter Jacques Weber dans le même rôle, à Mogador. Jean-Paul Belmondo, au soir de la dernière, fut rappelé vingt-huit fois. Il est comblé, fier aussi d'avoir pu montrer à sa vieille maman qu'il n'était pas qu'un cascadeur. La performance physique n'en est pas moins intense : « Aucun acteur n'a joué comme moi, près de trois cents fois d'affilée une pièce qui dure trois heures trente et un rôle de 1 400 vers. Je devais, chaque matin, veiller à ne pas prendre froid, m'envelopper la gorge d'écharpes et prendre soin de moi comme une coquette du début du siècle. Bien sûr, je m'entraînais en faisant du sport, puis je faisais une petite sieste. Toutes mes journées, pendant un an, ont été conditionnées par Cyrano. Il va me manquer. » Tellement lui manquer, qu'il s'emploiera, dès le début de l'année suivante, à organiser une tournée internationale de son spectacle, jusqu'au Japon, fin 1991. On ne sait si le public nippon aura pleinement apprécié le florilège des vers d'Edmond Rostand, et si la traduction simultanée sur écran aura suffi à en rendre la saveur d'origine. Forcément perplexe face à ce tourbillon de mots, le public de Tokyo tint pourtant à accueillir par une ovation la star française qui avait fait un si long chemin pour eux. Une fois de plus, Jean-Paul Belmondo, terminera l'année dans l'euphorie d'une mission accomplie.

À son retour, il « troque » sa maison de production Cerito, qui a engrangé tant de succès depuis *Le Magnifique* en 1973 et pèse, grâce à son catalogue, quelque deux cent cinquante millions de francs (trente-huit millions d'euros), contre le prestigieux Théâtre des Variétés, qui végétait quelque peu sur les grands boulevards. Cerito Films est vendue à Canal Plus, dont les comptes sont encore florissants. Son créateur change de casquette, devenant directeur de l'un des hauts lieux du théâtre de boulevard parisien. Les « Variétés » avaient été créées presque deux siècles auparavant, par une certaine Mademoiselle Montansier. Née à Bayonne en 1730, elle fut l'une des amies intimes de la reine Marie-Antoinette. Grâce à de tels appuis, elle parvint à faire construire un premier théâtre à Versailles, avant de suivre le couple royal à Paris, où elle acheta la salle du Palais-Royal. La Révolution interrompit un temps sa boulimie d'entreprendre. Tous ses biens seront confisqués et elle se retrouvera en prison pour avoir trop flirté avec un pouvoir honni. Mais la Montansier sut rebondir et gagner la confiance de Bonaparte, au point de récupérer son théâtre du Palais-Royal puis d'ériger une autre salle, qu'elle nomme Théâtre des Variétés. Il sera inauguré le 24 juin 1807 par un vaudeville, *Le Panorama de Momus* d'un certain Désaugiers, auteur à la mode. Elle mourra à l'âge de quatre-vingt-dix ans, après avoir laissé la direction de son théâtre à des associés.

À l'origine, le Théâtre des Variétés se faisait fort de couvrir toutes les facettes du spectacle vivant, à condition qu'il reste distrayant. Une mission que, bon an mal an, ses nombreux directeurs tentèrent de remplir au mieux. Pour inaugurer ses nouvelles fonctions, Jean-Paul Belmondo choisit la trilogie *Marius-Fanny-César* de Marcel Pagnol, nouvellement mise en scène par Jean-Luc Tardieu, avec Jean-Pierre Darras, Jacques Morel et Geneviève Fontanel.

Réconcilier théâtre et cinéma

Entre-temps, le clan Belmondo s'élargit, avec, en 1991, la naissance d'Alessandro, fils de Paul et de Luana. Grand-père attentif, Jean-Paul n'en oublie pas pour autant la petite Annabel, fille de Florence, laissée sur la lointaine côte Ouest des États-Unis, et lui rend hommage en donnant son nom à sa nouvelle maison de production. Sorti de scène, Jean-Paul Belmondo va devoir se repositionner dans le paysage cinématographique français, conscient que l'époque bénie de *L'As des as* est révolue : « Après des textes pareils au théâtre, je n'avais pas envie de tourner une caleçonnade », expliquera-t-il. Ragaillardi par ses succès sur les planches, et fort d'un statut de comédien accompli, l'acteur se prend à songer aux grands noms du cinéma d'autrefois. Et se profile l'ombre de Raimu…

Il pense alors à un remake de *Ces messieurs de la Santé*, réalisé avant guerre par Pierre Colombier. Le projet est confié à Édouard Molinaro et Frédéric Dard, sous le titre provisoire de *Beau parleur*. Léopold Marchand avait dialogué au quart de poil cette fabuleuse histoire de banquier véreux pour Raimu, que Pierre Billard, dans *L'Âge classique du cinéma français*, salue en ces termes : « Cauteleux, féroce, répugnant, admirable, Raimu trouve, en machine à faire de l'argent en vendant du vent, l'un de ses plus beaux rôles. » Or l'imaginaire affaire Taffard, le banquier de *Ces messieurs de la Santé*, était arrivé dans les salles de cinéma au moment où éclatait l'affaire Stavisky, autre personnage douteux que Jean-Paul Belmondo connaît bien, pour l'avoir incarné chez Alain Resnais. Hésitant entre l'attrait d'un rôle à sa mesure et sa répugnance à retrouver un type de personnage qui ne lui avait pas porté chance au box-office, il finit par abandonner l'idée du *Beau parleur*.

Mais décidément taraudé par Raimu, il lui emprunte un autre de ses grands rôles : l'avocat Jacques Loursat des *Inconnus dans la maison*, d'Henri Decoin. Adapté de Georges Simenon par Henri-Georges Clouzot, il avait été produit par la Continental Films, maison de production sous contrôle allemand. Alcoolique depuis la mort de sa femme, Loursat revient en force à la barre pour défendre sa fille et ses amis, à la suite d'un mystérieux meurtre commis sous son toit. Une autre performance mémorable à mettre au compte de Jules Muraire, dit Raimu. Le film a cependant connu un destin houleux : à la Libération, Clouzot n'était pas en odeur de sainteté, et la Continental n'avait rien pour réjouir la France libre. Taxé, à tort, d'antisémitisme, *Les Inconnus dans la maison* fut un temps interdit par la censure militaire.

Se chargeant du remake, Georges Lautner fait table rase du passé : « Le film date de 1941, cinquante et un ans avant le nôtre. Le roman a été écrit en 1939. Nous avons fait quelque chose de différent. Que les gens nous filent dans les pattes leur souvenir de jeunesse, d'accord, mais pour nous, ce qui comptait, c'était d'avoir une bonne histoire et de bons personnages. » Quant à Jean-Paul Belmondo, il se méfie des rapprochements de son jeu avec celui de Raimu : « Quand j'étais au Conservatoire, j'étais allé voir le film au Champollion, raconte-t-il à *VSD*. C'est l'un des acteurs les plus doués que nous ayons eus en France. Je suis toujours choqué quand je lis, à propos de tel ou tel Américain, qu'il a inventé une nouvelle manière de jouer. Non ! Raimu, de même que Jules Berry ou Michel Simon, avaient déjà tout inventé. Je sais bien que les gens seront tentés de faire des comparaisons, mais je respecte trop Raimu pour vouloir de cette confrontation. » Le film, singulièrement rebaptisé *L'Inconnu dans la maison*, se tourna durant l'été 1992, pour sortir en salles dès l'automne et totaliser le piètre score de 413 794 entrées sur toute la France. Nouvelle déception, nouvelle impasse. Les fans de Belmondo devront attendre trois ans pour le revoir au cinéma, chez Claude Lelouch.

En attendant, il préfère revenir aux planches. Mais là encore, avec le souci constant de se renouveler. Il est cette fois question de jouer du Feydeau, pour le plaisir de renouer avec la comédie de répertoire, tout en faisant un pied de nez aux années Conservatoire, qui lui avaient donné l'envie de s'y frotter sans jamais le lui permettre vraiment. Le voici donc au Théâtre de Paris, dans la peau d'un médecin fanfaron et menteur, pris dans l'implacable mécanique d'un maître du vaudeville. La version, certes, n'est pas absolument pure : pour cette reprise, Jean Poiret, véritable orfèvre du rire, avait quelque peu étoffé le dialogue de *Tailleur pour dames.* Le résultat saura convaincre Fabienne Pascaud, critique de théâtre à *Télérama*, qu'il est d'ordinaire difficile de taxer d'indulgence : « Feydeau ? Saura-t-il éviter avec suffisamment de légèreté, de frivolité, les mille embûches, quiproquos et effroyables imbroglios qui guettent les machos volages et affolés du petit monde du vaudeville ? C'est à croire que le bonheur d'être en scène provoque des miracles : Jean-Paul Belmondo éclate, dans *Tailleur pour dames*, d'une rayonnante vitalité. Mieux, sous l'habile direction de Bernard Murat, il parvient à doter d'humanité, presque de générosité, le cynique séducteur qu'il interprète. » En écho, Frédéric Ferney écrit : « Chez Feydeau, un *fatum* burlesque s'acharne contre le héros, qui est contraint malgré lui à se déguiser, à séduire, à mentir. Le rôle lui va comme un gant. Il fait l'enfant, il fait l'ancêtre. Du charme en veux-tu en voilà, mais si, gardez la monnaie ! À quoi bon s'indigner ? Il est quelqu'un, il est lui-même : Jean-Paul Belmondo. Solide comme un chêne avec des coquetteries de roseau. » Il est devenu rare que Jean-Paul Belmondo séduise à la fois critique et public ; c'est ici le cas. Ce qui l'encouragera, plus tard, à retrouver Georges Feydeau et Bernard Murat pour *La Puce à l'oreille*, dans son propre Théâtre des Variétés, lequel se refait alors une santé, avec le triomphal *Dîner de cons* de Francis Veber.

En 1994, au lendemain de l'une des représentations où il avait fait crouler de rire, comme chaque soir, la salle comble du Théâtre de Paris, Belmondo apprit la disparition de sa fille Patricia, l'aînée de ses trois enfants, asphyxiée et carbonisée dans un incendie qui avait ravagé dans la nuit son appartement de la rue de Rennes. Avertis par une voisine à cinq heures du matin, les pompiers ne purent que constater son décès. Elle venait d'avoir quarante ans et se cherchait encore, malgré les encouragements de son père, qui l'avait aidée à se faire une petite place dans le monde du cinéma. Arrivé dans l'appartement dévasté à sept heures quinze, Jean-Paul Belmondo dut reconnaître le corps. Terrassé par le chagrin, il avait très peu de temps pour annuler la représentation de *Tailleur pour dames,* prévue ce jour-là, un dimanche, en matinée. Il n'y pensa même pas. En grand professionnel, il était sur scène à dix-sept heures, comme convenu. Et en grand professionnel, il parvint, cette fois encore, à séduire son public. Car le spectacle doit continuer.

Il continuera, jusqu'à empiéter sur l'année suivante. Toujours selon le principe du balancier, le comédien va donc de nouveau passer de la scène à l'écran et, de nouveau, avec Claude Lelouch. Quittant Feydeau pour Victor Hugo, il rejoint, au printemps 1994, le réalisateur d'*Un homme et une femme*, qui prépare une adaptation très personnelle des *Misérables.* Depuis *Itinéraire d'un enfant gâté*, Lelouch a déjà mis en boîte trois longs métrages : *Il y a des jours et des lunes*, s'appuyant, comme à son habitude, sur une pléiade d'acteurs populaires, tels Gérard Lanvin, Patrick Chesnais, Vincent Lindon, Francis Huster ou encore la fidèle Annie Girardot ; *La Belle Histoire*, toujours avec Lanvin et Lindon, et, en prime, Béatrice Dalle ; *Tout ça... pour ça !* qui permit à

Fabrice Luchini de rafler le César du meilleur second rôle masculin. Pour saluer le retour de Jean-Paul Belmondo devant sa caméra, Lelouch fait appel à Annie Girardot, Clémentine Célarié, Michel Boujenah, Nicole Croisille, Philippe Léotard, Rufus, et même Jean Marais, dans le rôle de l'évêque Myriel. Depuis qu'il fait du cinéma, le metteur en scène sait séduire les acteurs, qui trouvent en lui le démiurge idéal, capable de mettre en valeur leur personnalité en leur accordant une liberté exceptionnelle. Jean-Paul Belmondo ne fait pas exception à la règle. Et puis, *Itinéraire d'un enfant gâté* leur a laissé un si bon souvenir.

Il s'agit là d'un nouveau double rôle pour le comédien : celui, attendu, du Jean Valjean de l'œuvre originale, et celui d'Henri Fortin, son alter ego d'une autre époque. Claude Lelouch s'en explique : « Ma version de l'œuvre de Victor Hugo mettra en parallèle des scènes de facture classique, évoquant les versions précédentes, et une histoire se déroulant au XXe siècle. Elle racontera le parcours d'un ancien boxeur illettré, devenu déménageur, à qui l'on ne cesse de répéter qu'il ressemble au héros d'un livre, un certain Jean Valjean. Intrigué, il se fait lire l'histoire, tout en vivant, presque malgré lui, des aventures similaires mais transposées dans les années 1930 et 1940. » Porter une nouvelle fois *Les Misérables* à l'écran comportait un vrai risque de redite. Car il y en a eu, des versions sur pellicule : en 1911, avec Henry Krauss et Mistinguett, en 1925 avec Gabriel Gabrio, en 1933, avec Harry Baur, Charles Vanel, Marguerite Moreno et Charles Dullin, sous la direction de Raymond Bernard. En 1957, Jean Gabin est le héros d'une adaptation très complète en deux parties, selon un système d'exploitation alors en vogue, sous la houlette de l'excellent Jean-Paul Le Chanois, avec Bernard Blier, Jean Carmet, Danièle Delorme, Serge Reggiani et autres Fernand Ledoux. Robert Hossein signa en 1981 sa propre version, portée par Lino Ventura, Michel Bouquet et Jean Carmet. Un Ventura bien loin de ses personnages de malfrat : « Incroyable ! Lino, c'est Jean Valjean davantage même que Lino Ventura, s'était exclamé Hossein. Un Jean Valjean tout à fait moderne, avec sa sensibilité, sa bonté et sa profonde tristesse. Parce que Fantine meurt sans déchirement, Valjean a maintenant cet air étonné. Au-delà de sa violence de forçat en rupture de ban, il y a en lui cette naïveté et cette lumière indispensables. C'est un enfant, une âme pure. » Ajoutons à ce florilège une adaptation américaine de 1935, avec Fredric March et Charles Laughton, ainsi qu'un téléfilm de 1972, où s'illustra Georges Géret (même Gérard Depardieu reprendra le rôle de Valjean pour le petit écran en 2000, sous la direction de Josée Dayan).

À n'en pas douter, Lelouch devait se démarquer de cet imposant patrimoine. Il invente donc Henri Fortin. Au début du XXe siècle, Henri est le chauffeur d'un riche aristocrate qui, ruiné, se suicide. Accusé de l'avoir assassiné, il est condamné aux travaux forcés. Le destin du jeune Fortin devenu déménageur va croiser celui des Ziman, un couple juif qui fuit les rafles antisémites du régime de Pétain. Les Ziman vont lui conter l'histoire des *Misérables*, et la vie de ce Jean Valjean auquel on ne cesse de le comparer… « Une fois de plus, annonce Claude Lelouch, j'aurai recours à cette toile de fond que constituent la guerre, l'Occupation, la déportation et leur cortège d'horreurs. Cette époque me poursuit et resurgit à intervalles plus ou moins réguliers dans mon cinéma. Parce que je l'ai vécue enfant, bien sûr. Mais aussi parce que cette effroyable tourmente, comme toutes celles qu'a connues l'histoire des hommes, a été un puissant révélateur de toutes les lâchetés, de tous les courages, de toutes les ignominies, de tous les héroïsmes, de toutes les bassesses et de toutes les grandeurs. La guerre est un formidable concentré des passions humaines. »

Le tournage durera deux bons mois et mobilisera des milliers de figurants. D'un budget de cent millions de francs, c'est le film le plus cher jamais entrepris par le patron des Films 13. Annie Girardot remporte le César de la meilleure actrice dans un second rôle et *Les Misérables du XX*e *siècle* connaîtra un bon succès d'estime à l'exportation. À Hollywood, il décroche le Golden Globe 1996 du meilleur film étranger. Mais en France, il ne recueillera qu'une tiède adhésion de la critique et du public, dépassant à peine le million d'entrées : trois fois moins qu'*Itinéraire d'un enfant gâté*. Ce n'est pas faute d'une harmonie parfaite entre Lelouch et Belmondo : « Jean-Paul a été taillé dans le même bois que Gabin. Il est de cette famille d'acteurs dont chaque spectateur se sent instinctivement proche. C'est, je crois, la différence essentielle entre une star et une vedette, même importante. Dans le cas d'une vedette, on a d'abord besoin d'être certain que le film est bon avant d'y aller. En revanche, on va voir une star dans n'importe quel film, bon ou mauvais, pour le plaisir de passer deux heures avec un ami. » À cet éloge, Jean-Paul Belmondo répond : « Il n'y a pas de machinerie lourde avec Lelouch : il n'y a que sa caméra qui se balade, et il vous donne l'impression que l'on est entre nous pour improviser un petit truc en super-huit. Toute cette énorme production autour, cette grosse machine qui redémarre chaque jour, on ne la sent jamais. »

Ce qui vaut pour Lelouch vaut sans doute encore davantage pour la pétillante Agnès Varda, qui possède cette façon bien à elle de faire des films avec les moyens du bord. En guise de clin d'œil, elle a décidé de rendre hommage à ce cinéma avec lequel – et pour lequel – elle a toujours vécu. Mettant en scène sa propre cinéphilie, elle entreprend d'évoquer ses émotions de spectatrice dans un long-métrage de plus de deux heures. Sous le joli titre des *Cent et Une Nuits*, elle nous conte donc l'histoire de Simon Cinéma, centenaire, ancien auteur, réalisateur et producteur à la mémoire défaillante, qui engage la jeune Camille pour raviver ses souvenirs. Camille sera témoin des visites que lui rendent quelques acteurs célèbres, morts ou vivants. Mais la jeune fille n'a qu'une envie : faire du cinéma. Elle se met à vouloir duper le vieil homme pour financer le premier court-métrage de Mica, son copain désargenté. La réalisatrice de *Cléo de cinq à sept* convoque ici de nombreux amis de métier, dont Jean-Paul Belmondo, qui ne se fera pas prier pour faire un saut sur son plateau. Il y retrouve de vieilles connaissances, comme Michel Piccoli, avec qui il tourna l'un de ses premiers films, et la toujours belle Gina Lollobrigida, qui avait croisé sa route au tout début des années 1960 dans le très oubliable *La Mer à boire.*

Cette amicale et brève mission accomplie, le balancier de sa carrière aurait dû, en toute logique, revenir côté théâtre. Mais, cette fois, il s'arrête à mi-chemin, le comédien ayant conçu le projet de synthétiser arts dramatique et cinématographique. Dans cette perspective, il accepte la proposition du producteur Daniel Toscan du Plantier d'interpréter le valet Désiré de la fameuse pièce éponyme de Sacha Guitry. C'est le metteur en scène Bernard Murat qui la transposera au cinéma : Jean-Paul Belmondo a toute confiance en lui. Ce projet devait ouvrir une nouvelle collection rêvée par Toscan du Plantier, qui venait de produire quelques opéras filmés, de Mozart à Puccini.

L'idée était de réinventer le théâtre filmé. En son temps, Marcel Pagnol ou Sacha Guitry avaient eux-mêmes porté à l'écran quelques-unes de leurs œuvres, initialement destinées à la scène. À l'époque, le réalisateur René Clair, entre autres, s'y était farouchement opposé, arguant que le langage du cinéma était exclusivement régi par ses propres lois. L'histoire lui donna tort, puisque leur génie de cinéastes fut reconnu une à deux générations plus tard. Sacha Guitry tourna lui-même son *Désiré* en 1937, se réservant le rôle-titre, et s'entourant de la jolie Jacqueline Delubac – son épouse à la ville – de la magnifique Arletty, de la fidèle Pauline Carton et, côté messieurs, de Jacques Baumer et de Saturnin Fabre. Bien sûr, dans le cas qui nous occupe, la configuration n'est plus du tout la même : ce n'est plus un auteur-comédien-réalisateur qui travaille en solo, mais une vraie équipe de cinéma. On peut regretter au passage que Jean-Paul Belmondo n'ait jamais tenté un jour, comme

Alain Delon, de prendre les commandes d'un film. Mais travailler avec Bernard Murat dans le sillage de Sacha Guitry le comble : « J'ai connu Sacha Guitry dans l'atelier de mon père quand il venait poser pour lui. J'avais douze ou treize ans. L'un et l'autre s'appelaient "Maître". Quand on est gamin, ça marque ! Plus tard, j'ai très vite été fasciné par le comédien Guitry. Et j'aimais l'artiste, l'homme. Ce qu'il écrivait, ce qu'il jouait, son humour... C'est un personnage qui ne pourrait plus exister aujourd'hui. Il représentait toute une époque, et une certaine façon de vivre. »

La mécanique de *Désiré* vaut bien celle d'un bon Feydeau. Ce valet de chambre très stylé, qui vient d'être embauché par la belle Odette, maîtresse du ministre Montignac, a un gros défaut : il tombe régulièrement amoureux de ses patronnes. Pis : il en rêve, et son sommeil le trahit. Odette n'est pas indifférente à ce drôle de séducteur. S'ensuit une situation on ne peut plus compliquée quand le ministre et Madeleine, la femme de chambre, en viennent à se douter de quelque chose et cherchent en vain à vérifier ce qui n'existe que dans les songes de Désiré et d'Odette. Tandis que l'impériale Fanny Ardant remplace Jacqueline Delubac dans le rôle d'Odette la rêveuse, c'est la gouailleuse Béatrice Dalle, en soubrette délurée, qui reprend celui d'Arletty. Le remarquable Claude Rich vient compléter cette prestigieuse distribution.

Cela ne suffira pas : sorti au mois d'avril 1996, *Désiré* manquera son public, malgré la participation de Belmondo à une grande émission de *prime time.* Il faut dire qu'il n'était sorti que dans six salles de cinéma. La Gaumont, maison distributrice du film n'y croyait pas : « *Désiré* n'est qu'un téléfilm », dit son P-DG Nicolas Seydoux. Pour Belmondo, c'est trop, et il s'en plaindra amèrement au *Journal du dimanche* : « *Désiré* n'est ni un film de télévision, ni du théâtre filmé. J'ai signé pour jouer dans un vrai film de cinéma. Bernard Murat a d'ailleurs fait un travail de cinéaste. Si *Désiré* n'était pas un vrai et bon film, je ne ferais pas un pataquès. Je ne suis pas fou. Je sais bien que *Désiré* n'est pas *L'Homme de Rio* ! Je ne demandais pas quarante salles. Je sais aussi quand un film est bon ou mauvais. Il m'est arrivé de rater mon coup. Dans ces cas-là, on me dit que je ne suis entouré que de cire-pompes et je ferme ma gueule. Là, je le dis tout net : cette sortie est un scandale. »

On peut le lui concéder, surtout quand on sait que le même distributeur avait tiré cinq cents copies d'un film américain qui, au même moment, envahit le quart des salles de cinéma de l'Hexagone. Ce phénomène inflationniste n'a cessé de progresser depuis, mettant en péril les productions modestes. À l'époque du conflit opposant *L'As des as* à *Une chambre en ville* de Jacques Demy dans les années 1980, la critique n'avait peut-être pas eu tout à fait tort d'accuser le mastodonte de Gérard Oury d'avoir écrasé, par la puissance de sa promotion et de sa distribution, un film fragile. Le fiasco de *Désiré* mettra fin au développement du projet de Daniel Toscan du Plantier, dont la nouvelle collection ne comptera que deux ou trois titres.

Après le tournage de *Désiré*, Belmondo s'octroie quelques semaines de vacances à Saint-Tropez, sur la côte varoise, avec Natty, les deux yorkshire, Paul et sa compagne Luana. Il projette de faire sa rentrée dans son propre théâtre, enfin libre, avec Georges Feydeau. Cette fois, il a réussi à monter *La Puce à l'oreille*, qu'il a envie de jouer depuis longtemps, avec, là encore, Bernard Murat à la mise en scène. Mais à son retour, il s'effondre. Transporté d'urgence dans une clinique du 16e arrondissement, il présente une sérieuse phlébite, inflammation des veines entraînant la formation de caillots dans les membres inférieurs. Selon son entourage, cette attaque est imputable au fait que Jean-Paul Belmondo, à plus de soixante ans, est toujours incapable de se ménager. On parle aussi d'une longue rééducation pour lui permettre de recouvrer l'usage complet de ses jambes.

Il lui faudra reporter le spectacle de plusieurs mois. Mais à la première, le 12 octobre 1996, il est en pleine forme. Si *Tailleur pour dames* avait été son premier grand succès, Feydeau a écrit *La Puce à l'oreille* en pleine maîtrise de son art, comme quelques autres chefs-d'œuvre, tels *L'Hôtel du libre-échange*, *La Dame de chez Maxim's*, *La main passe*, *Occupe-toi d'Amélie*, *Feu la mère de Madame*, *On purge bébé* et autres *Mais n'te promène donc pas toute nue*. La mécanique est aussi huilée que complexe. On comprend l'attrait de *La Puce à l'oreille* sur un acteur-né comme Belmondo, qui devra interpréter deux personnages aux personnalités radicalement différentes. Deux hommes que tout sépare, sauf leur physique : ce sont de véritables jumeaux ! Feydeau en profite pour multiplier quiproquos et imbroglios sentimentaux. Jean-Paul Belmondo s'en donne à cœur joie. « Belmondo fait un retour éclatant après une rude année, note Pierre

Billard dans *Le Point*. Son bagage classique, son agilité corporelle, son naturel inaltérable font merveille. » Ainsi, une fois encore, la messe est dite. Cette puce-là filera un train d'enfer jusqu'au printemps 1997, puis sera reprise d'octobre au nouvel an, à la grande joie de quelque deux cent mille spectateurs.

Entre-temps, le 26 février 1997, Jean-Paul Belmondo perd sa maman, âgée de quatre-vingt-quinze ans. Du moins aura-t-elle eu la satisfaction de constater que son fils savait faire autre chose que des spectaculaires acrobaties. Selon un témoignage de José Giovanni, son fils lui faisait la lecture chaque soir. « Elle avait perdu la vue, racontera Belmondo, mais jamais de ma vie, je ne l'ai entendue se plaindre. Jusqu'au bout, elle a toujours été partante. Je me rappelle un jour où je devais partir pour Los Angeles. Je passe lui dire au revoir. Elle me regarde et me dit : “Quelle chance tu as ! – Tu veux venir ? – Ah oui !” Elle a eu tout juste le temps d'enfiler un manteau. Elle avait alors soixante-dix-neuf ans ! Là, j'admire ! Comme j'admire mon père, dont la dernière phrase avant de mourir a été : “Dommage ! J'avais encore tant de choses à faire !” Il avait quatre-vingt-quatre ans… »

Delon-Belmondo, le retour

Jean-Paul Belmondo et Alain Delon n'avaient pas travaillé ensemble depuis *Borsalino*, en 1970. Quelques escarmouches les ayant autrefois opposés, on en avait conclu qu'ils étaient les stars ennemies du cinéma français. En mai 1997, juste avant le tournage d'*Une chance sur deux*, de Patrice Leconte, ils accordent un entretien à *Paris Match* pour balayer cette légende. Leur complicité est intacte. Alain se félicite de la réussite de Jean-Paul : « Il a ce que je n'ai pratiquement jamais eu et que je lui envie : un clan, une vraie famille, qu'il assume merveilleusement. Je pense que c'est sa raison d'être, la raison de son bonheur, de son succès et de sa sérénité. » Pour Jean-Paul Belmondo, Alain possède « une volonté et une ambition énormes, dans le bon sens du terme. Je suis persuadé que s'il avait été boxeur, il serait devenu champion du monde. »

Accord parfait, donc, jusque dans la mauvaise humeur. Nous sommes en mai, mois du Festival de Cannes, qui fête son cinquantième anniversaire, mais « oublie » d'inviter les deux seules stars ayant porté aussi haut le cinéma français sur la scène internationale. D'où l'indignation légitime des deux comédiens, que *Paris Match* rapporte en ces termes :

ALAIN DELON : Jean-Paul confirmera ou non, mais je considère que le fait de ne pas avoir daigné nous inviter est pour le moins étonnant. Je nous imaginais très bien montant les marches, côte à côte, au pas de course. Une image de la France... Vous le savez, je suis romantique.
JEAN-PAUL BELMONDO : J'ai souvent refusé d'assister au Festival de Cannes quand on me l'a demandé mais, cette fois, on ne me l'a pas demandé. M. Douste-Blazy, le ministre de la Culture, m'a envoyé une invitation à titre personnel mais la direction du Festival ne m'a absolument pas contacté. En revanche, on s'est donné beaucoup de mal pour attirer tout le cinéma mondial...
A. D. : Américain ! Ce qui nous fait réagir, c'est qu'à l'occasion du cinquantième anniversaire du premier festival cinématographique du monde, la France accueille toutes les stars du cinéma international, sauf nous.
J.-P. B. : Si le cinéma américain fêtait son anniversaire, vous imaginez qu'il viendrait à l'idée des organisateurs de ne pas inviter De Niro ou Al Pacino ? Sans vouloir nous comparer à la puissance américaine, il y a de quoi être surpris par cette attitude.

A. D. : Le Festival a cinquante ans, la carrière de Jean-Paul et la mienne en ont quarante chacune. C'est la négation de ce que nous sommes et de ce que nous représentons depuis quatre décennies. Il me semble que, dans le contexte actuel, Belmondo et Delon sont incontournables.
J.-P. B. : Au moment de *Désiré*, j'avais déjà eu l'occasion de dire que le cinéma français était à genoux devant le cinéma américain. Nous en avons une nouvelle preuve.

Dont acte. À l'inverse, Alain Delon et Jean-Paul Belmondo rivaliseront de bonne humeur pour Patrice Leconte, tout à sa joie de mettre en scène deux monstres sacrés qui l'ont tant fait rêver. « – On se connaît ? – Ça m'étonnerait ! » : premier échange d'*Une chance sur deux*, un film regorgeant de savoureux clins d'œil aux morceaux d'anthologie qui ont bâti leur légende. Ancien auteur de bandes dessinées, Leconte avait débuté au cinéma par la comédie, filmant la troupe du Splendid dans *Les Bronzés*, avant de se frotter à d'autres genres avec succès : *Tandem*, *Monsieur Hire*, *La Fille sur le pont*... Il saura donner à *Une chance sur deux* le ton léger qui s'impose pour ces retrouvailles Delon-Belmondo. Cerise sur le gâteau : la participation de Vanessa Paradis, jeune chanteuse dont le talent d'actrice avait été révélé par Jean-Claude Brisseau dans *Noce blanche*, qui lui valut, en 1990, le César du meilleur espoir féminin. Le trio fonctionnera à merveille.

Patrice Leconte et son complice Patrick Dewolf, coauteur de *Tandem*, ont imaginé une jolie fantaisie : la quête obstinée d'Alice, jeune fille qui voudrait bien savoir lequel, de Delon-Vignal, ou de Belmondo-Brassac, est son vrai père. Pour pimenter son aventure, la mafia russe vient lui faire des ennuis, ce qui donnera aux deux compères l'occasion rêvée de montrer qu'ils sont encore faits pour l'action. Tout a été soigneusement pensé par le cinéaste : « Il était plus malin de les prendre dans le sens du poil, confiera Patrice Leconte à *Ciné-Revue*, et d'essayer de les rendre meilleurs, plus joyeux qu'ils ne l'ont jamais été. Leurs personnages se devaient d'être au mieux de leur forme pour "séduire" leur fille. Ils sont pères, mais aussi magnifiquement séducteurs. Alain et Jean-Paul avaient envie d'être à la hauteur pour Vanessa, lui prouver qu'ils étaient des types formidables dans la vie et des pères idéaux au cinéma ! Et toutes les filles vous diront aussi qu'elles ont envie de séduire leur papa… »

Séduits, ils le seront totalement. D'autant plus que la jeune vedette n'hésite pas à entrer dans leur jeu. Par exemple, en négociant des dérapages contrôlés à bord d'un bolide, alors qu'elle vient seulement de passer son permis de conduire pour les besoins du film. Entre Alain et Jean-Paul, c'est à qui exposera le mieux les signes de sa réussite. Tandis que le premier rejoint le tournage en hélicoptère, Jean-Paul Belmondo fait crisser les pneus de sa Ferrari. La production nécessitera quatre mois de tournage, et l'un et l'autre touchent cinq millions quatre cent mille francs chacun, joli salaire, qui ne représente cependant qu'environ la moitié de ce qu'ils pouvaient exiger quelques années plus tôt.

Le film sort en mars 1998, dépassant à peine le million d'entrées : un score décevant. *Libération* croit savoir pourquoi : « C'est un film qui joue purement sur la référence – clins d'œil appuyés à *Borsalino*, citations de *L'Homme de Rio* – et sur le second degré – dialogues à tiroir sur la rivalité des deux acteurs –, perdant ainsi tout espoir de nous accrocher à un suspense crédible, ce qui est dommage pour un film d'action. Mise en valeur par tant de cabotinage, c'est finalement Vanessa Paradis qui se tire le mieux de l'affaire. C'est plaisant, mais c'est aussi justice : elle n'avait qu'une chance sur trois. »

Ultime entrée en scène

Il en faudrait bien davantage pour décourager un gagneur comme Jean-Paul Belmondo. Ayant désormais toujours deux fers au feu, le comédien se tourne une nouvelle fois vers le théâtre qui, jusqu'à présent, lui sourit. Il ne s'avoue pas pour autant battu au cinéma, et se sent même secrètement flatté quand un jeune loup de la réalisation exprime son désir de travailler avec lui. Il s'appelle Cédric Klapisch et, après quelques tâtonnements, il est enfin parvenu à s'imposer avec deux longs-métrages à succès : *Chacun cherche son chat* et *Un air de famille*, version filmée de la pièce de Jean-Pierre Bacri et Agnès Jaoui. Titulaire d'une maîtrise de cinéma obtenue à Paris III, Klapisch a d'abord été directeur de la photographie, puis réalisateur de plusieurs courts-métrages aux États-Unis. Il est représentatif d'une nouvelle génération de cinéastes qui, pour être passée par l'université, n'en a pas moins appris le métier sur le terrain. De quoi redonner confiance à une star qui, de son côté, se demande où est passé son public. Mais le projet fait du surplace, les producteurs n'osant pas s'engager dans ce drôle de scénario futuriste.

En attendant, Belmondo a un projet de création théâtrale avec un jeune auteur dont il connaît déjà le talent. Lorsqu'il jouait *Tailleur pour dames* en 1993 au Théâtre de Paris, s'était créé, dans une petite salle adjacente, *Le Visiteur* d'Éric-Emmanuel Schmitt. On y voyait Freud qui, en délicatesse avec les nazis de son pays, s'en remettait étrangement à un Dieu lui conseillant de partir sous des cieux plus cléments. La pièce avait été remarquée. De même que Frédérick Lemaître avait demandé à Alexandre Dumas de lui écrire une pièce sur Kean, de même, Jean-Paul Belmondo commande à Schmitt un spectacle dont Frédérick Lemaître serait le héros. On ne peut guère rêver meilleure filiation entre monstres sacrés de la scène.

Frédérick Lemaître naquit avec le siècle du romantisme et mourut soixante-seize ans plus tard. Jacques Prévert, on s'en souvient, s'était déjà penché sur son cas dans *Les Enfants du paradis*, de Marcel Carné. Au fond d'une gargote du boulevard du Crime, face à Baptiste, le mime muet, il fait dire à Pierre Brasseur, alias Lemaître : « À la vôtre, les amis ! Et rappelez-vous que, ce soir, vous avez trinqué avec Jules César ! Jules César ou un autre… Charles le Téméraire, Attila, Henri IV, Ravaillac… Eh oui, j'en suis sûr, c'est ma destinée de les ressusciter un peu, tous les grands de ce monde. Ils sont depuis longtemps allongés sous terre, ils ont joué leur rôle et maintenant, c'est mon tour ! » C'est le point de vue du poète. En réalité, Lemaître ne fut pas qu'un bateleur fort en gueule. Après deux ans au Conservatoire d'art dramatique, il installa sa jeune gloire en créant le personnage pittoresque mais peu recommandable du bandit Robert Macaire dans *L'Opéra des gueux*, qui, revisité par Brecht, deviendra le fameux *Opéra de quat'sous*. Plus tard, interprète de *Kean* ou de *Hamlet*, il fut le protégé de Victor Hugo, qui fit appel à lui pour sa révolution romantique au théâtre, lui confiant des rôles de jeunes premiers dans *Lucrèce Borgia* et *Ruy Blas*. Courtisé par des auteurs aussi prestigieux que George Sand, qui le qualifie dans sa correspondance de « plus grand acteur d'art dramatique de ce temps-ci », il terminera sa carrière dans un répertoire beaucoup moins reluisant sur le boulevard du Crime – aujourd'hui boulevard du Temple –, avant de sombrer dans la misère.

La pièce d'Éric-Emmanuel Schmitt s'intitule *Frédérick ou le Boulevard du Crime* et dure près de trois heures. Reprenant la légende illustrée par Carné et Prévert, Schmitt y mêle sa propre réflexion sur le mythe de l'acteur en général, ses rapports avec la vie et avec son art. La première a lieu le 22 septembre 1998 au Théâtre Marigny, dans une mise en scène signée, cette fois encore, Bernard Murat. C'est un spectacle imposant : pas moins de cinq décors et vingt-sept comédiens. Comme à l'accoutumée, Jean-Paul Belmondo paie de sa personne, chauffe la salle à blanc et obtient une adhésion totale. « Et puis, il y a Belmondo ! s'exclame Philippe Tesson. C'est vrai, il est désarmant. Un vieux môme à qui l'on pardonnerait tout – mais il n'y a rien à pardonner – à qui l'on donnerait tout, plutôt, en retour de ce qu'il nous donne : ce sourire carnassier, cet enjouement, une chaleur, une amitié et un soupçon d'émotion... » Déjà, on parle d'une grande tournée en province et à l'étranger.

Les choses se compliquent quand Cédric Klapisch lui annonce tout à trac que les difficultés de production de son film *Peut-être* sont aplanies : il est le bienvenu sur le tournage, qu'il faudrait démarrer au plus vite. Un autre se serait caché derrière un emploi du temps surchargé pour cause de création théâtrale. Belmondo répond présent. Jouant le soir, il a ses journées de libres, et peut donc passer de Lemaître à Ako, étrange vieillard errant dans le futur d'une planète ensablée, qui supplie le jeune Arthur de lui donner la vie en acceptant de faire un enfant à sa compagne Lucie. La symbolique du film égara plus d'un spectateur, alors que, pour son auteur, il s'agit tout simplement de « l'histoire d'un mec confronté à une demande féminine ».

Production importante, *Peut-être*, comme *Une chance sur deux*, n'obtient pas le succès espéré. Bientôt diffusé à la télévision, il est accueilli par des commentaires indulgents, comme dans *L'Humanité*, sous la plume de Claude Baudry : « Science-fiction ? Non. Le propos de Cédric Klapisch interroge davantage une jeunesse qui s'inquiète pour son avenir. Et se veut somme toute rassurant. Klapisch a mis six ans pour faire aboutir ce projet mêlant fantastique, science-fiction et humour. Il en ressort un film atypique. Tourné en partie en Tunisie pour les scènes de sable, là où George Lucas a tourné *La Guerre des étoiles*, le cinquième long-métrage de Klapisch n'a pas de planète à sauver des envahisseurs, mais beaucoup d'humanité à offrir. »

Belmondo gardera un bon souvenir de cette expérience : « Ce qui est merveilleux au cinéma, c'est quand quelque chose de totalement inattendu se présente à vous, comme *Peut-être* de Cédric Klapisch. Ce n'est pas évident de se retrouver à mon âge le fils d'un gamin de vingt-cinq ans dans un Paris ensablé. J'ai adoré cette aventure, car je suis tout à coup entré dans un autre univers. Cela m'a fait un peu repenser à l'aventure d'*À bout de souffle*. Bien qu'il n'ait rien à voir avec Godard, Klapisch a la même précision. J'aime les metteurs en scène qui savent, quand ils arrivent sur le plateau, où placer la caméra. Ce n'est pas toujours le cas. »

Tandis qu'il prépare la tournée *Frédérick*, Jean-Paul Belmondo se tourne vers un vieux routier de la comédie à la française, son complice Philippe de Broca, avec qui il a déjà fait cinq films, mais qu'il a un peu perdu de vue depuis une vingtaine d'années. Prévu pour se tourner à Cuba l'année suivante, *Amazone* reprend une vieille recette du film d'aventures, confrontant en pleine nature un homme et une femme que tout sépare. On pense au *Sauvage* de Jean-Paul Rappeneau, avec Catherine Deneuve et Yves Montand, ou encore *À la poursuite du diamant vert*, où le couple Michael Douglas-Kathleen Turner faisait des étincelles. Arielle Dombasle sera Margaux, l'enquiquineuse d'*Amazone*. Lulu, fillette d'une dizaine d'années, a été recueillie par Édouard, alias Jean-Paul Belmondo, misanthrope bourru qui se cache dans la jungle pour échapper à la justice. La mission de Margaux est de retrouver l'engin spatial qui a amené Lulu en pleine forêt. Escortée par des militaires, Margaux s'empresse de les semer et, croisant le chemin d'Édouard, fera tout pour l'obliger à lui servir de guide. S'ensuit une série de péripéties plus ou moins attendues. « C'est un conte, commentera Philippe de Broca, une fable, une drôle d'histoire. Dans le temps, je voulais faire des films qui ne risquaient pas de choquer ma mère. Maintenant, je fais des films en évitant de choquer mes enfants. »

Pour Jean-Paul Belmondo, 1999 est encore plus frénétique que 1998. Jouer au théâtre le soir et tourner le jour n'est déjà pas une mince affaire, mais il faut en outre changer constamment de ville pour la tournée de *Frédérick*, assurer les prises de vues d'*Amazone* à des milliers de kilomètres, tout en acceptant d'apparaître dans *Les Acteurs* de Bertrand Blier. Une telle effervescence finit par se payer. Le mardi 30 novembre, en pleine représentation de *Frédérick* à Brest, Jean-Paul Belmondo jette l'éponge. Vers 21 h 35, le rideau du Quartz tombe, à la grande surprise des spectateurs qui, pour autant, ne bronchent pas. L'inquiétude monte quand l'un de ses camarades de scène demande s'il y a un médecin dans la salle. La direction annonce un entracte de vingt minutes, avant de prier le public de quitter la salle. Le Samu vient d'emmener M. Belmondo, victime d'un malaise. Le lendemain, sa compagne Natty et son fils Paul accourent à son chevet. Au CHR de la Cavale Blanche, on les rassure : après une nuit au service de cardiologie, l'état de santé du comédien n'est pas jugé alarmant. La rumeur selon laquelle il aurait subi un pontage est formellement démentie par le directeur de l'établissement. « J'ai eu un gros coup de fatigue, résumera-t-il pour *Paris Match*. J'avais enchaîné deux films. Celui de Philippe de Broca et celui de Bertrand Blier où, à peine débarqué de Cuba, je devais tourner trois nuits entières, immédiatement, jusqu'à cinq heures du matin. Après ces trois nocturnes, j'ai pris la route pour jouer *Frédérick* à Saint-Maur, Tours, Vichy et Brest. Arrivé à Brest, le matin de la représentation, je me sentais fatigué mais j'ai cru que cela s'arrangerait. En fait, après trois quarts d'heure, je suis sorti de scène, mais je n'ai pas perdu connaissance. Il y avait un médecin dans la salle qui m'a interdit de jouer. Il m'a ordonné d'aller au CHR de Brest passer des examens. Comme les médecins étaient formidables, j'y suis resté au lieu de revenir à Paris. »

Pour un homme surmené de soixante-six ans, ce « coup de fatigue » a des faux airs de malaise cardio-vasculaire : un strict repos s'impose. L'an 2000 verra Jean-Paul Belmondo s'assagir. Pas assez, cependant, pour repousser les sirènes de la télévision, qui lui proposent de retrouver enfin un vaste public, dans un projet à sa mesure. Il est du reste très en vogue d'aller chercher de grandes stars de cinéma pour qui, jusque-là, le petit écran ne présentait pas grand intérêt. Sur TF1, Gérard Depardieu est le Jean Valjean des *Misérables*, puis le général Caulaincourt, aux côtés de Christian Clavier, dans *Napoléon*. France 2, qui ne veut pas être en reste, contacte Alain

Delon et Jean-Paul Belmondo. Rien de moins ! Mais ils auront droit chacun à leur propre projet. Pour la chaîne publique, Alain Delon incarnera un policier du nom de Fabio Montale, inventé par Jean-Claude Izzo, auteur marseillais de talent. Quant à Belmondo, il relève un nouveau défi, en reprenant pour TF1 le rôle que Melville avait donné à Charles Vanel en 1963, dans *L'Aîné des Ferchaux*. Tournage prévu début 2001.

Entre-temps, *Amazone* sort à la sauvette, le 19 juillet 2000. C'est un désastre. Même la presse populaire l'éreinte. Dans *Voici*, Véronique Aiache écrit vertement : « Outre cette histoire d'E.T. et de sa pilule, déjà dure à avaler, l'intrigue a la finesse d'un tronc de baobab. On passe de la stupéfaction à la consternation devant Bébel qui, pour son sixième film avec de Broca, est tellement mauvais qu'on se demande s'il s'autoparodie. Certes, on a la plume dure mais qu'écrire d'autre quand un film vole si bas ? » Heureusement, donc, qu'arrive cette nouvelle adaptation du roman de Simenon, sous la direction de Bernard Stora, autrefois assistant de Jean-Pierre Melville. Le tournage de *L'Aîné des Ferchaux*, prévu sur deux mois, se déroulera en France, en Espagne et au Venezuela. Cette fois, on respectera le foisonnement du texte original, que l'esthète Melville avait puissamment élagué : « Melville m'avait fait lire le livre de Simenon, relate Belmondo. Le film que nous en avions tiré était trop court. Il ne permettait de montrer que la chute de Ferchaux. Je voulais aussi montrer sa splendeur. En trois heures, nous pouvions développer tout cela. » Ce sera fait par Bernard Stora.

C'est Sami Naceri, vedette du triomphal *Taxi*, qui reprend le rôle du jeune boxeur devenu chauffeur et confident d'un banquier. Qu'en pense celui qui avait créé le personnage quarante ans plus tôt ? « Il est représentatif d'une certaine jeunesse d'aujourd'hui, comme je l'étais à l'époque, je suppose. C'est plutôt excitant pour moi, de jouer avec quelqu'un plein de fraîcheur et d'enthousiasme. À l'époque, je n'étais pas vraiment conscient de représenter la jeunesse. Pas plus que je n'analysais la façon dont Charles Vanel, que j'adorais, interprétait le personnage que je joue maintenant. Pourtant, si on m'avait dit que je me retrouverais un jour dans cette situation, je ne l'aurais pas cru ! » Belmondo est plutôt satisfait, malgré ses réticences antérieures, de travailler pour la télévision : « On ne peut plus parler de petite lucarne à présent. On peut même avoir des écrans extra-plats accrochés au mur. Je crois vraiment qu'au théâtre, à la télé ou au cinéma, les acteurs font tous le même métier. Moi, on me connaît surtout pour les grands rôles populaires assortis de cascades. J'ai la chance aujourd'hui d'interpréter pour la télévision un personnage plus dramatique et cynique. Je suis heureux de pouvoir montrer au grand public que je sais faire autre chose. »

Tellement heureux, qu'il envisage de signer un nouveau contrat avec TF1, pour l'adaptation du *Lion* de Joseph Kessel, dont le tournage est prévu en 2002. Mais sa santé aura raison de ce projet : au final, c'est Alain Delon qui l'interprétera en 2003, pour France 2.

L'ACCIDENT

En mai 2001, réconcilié avec le Festival de Cannes, Belmondo monte les marches du Palais, à l'occasion d'un hommage rendu à Gérard Oury. En juillet, il s'embarque pour la Floride en compagnie de Natty, son fils Paul, sa belle-fille Luana et leurs trois enfants. De retour en France, il repart avec sa compagne pour un séjour en Corse, dans une villa qu'il loue à Lumio, un bourg tranquille et discret proche de Calvi.

Le 8 août au matin, peu avant onze heures, il s'effondre, foudroyé par un accident vasculaire cérébral. On le transporte d'urgence à l'hôpital de Bastia, où son état est qualifié de sérieux. La formation d'un caillot a bouché l'une de ses artères, entraînant notamment une paralysie faciale du côté droit. Conscient, le comédien ne peut plus parler. On décide de le transférer au plus vite à l'hôpital Saint-Joseph, Paris 14e. Un avion est affrété, qui décolle à 18 h 30. Quelques jours plus tard, l'établissement délivre un communiqué qui se veut rassurant, puis black-out total pendant les mois qui suivent. Natty est là, qui lui apporte un soutien de chaque seconde : « Pendant un mois, à la suite de ces vacances en Corse que je n'oublierai jamais, je suis restée nuit et jour à l'hôpital, déclarera-t-elle à *Paris Match.* Je dormais toutes les nuits près de lui. Pendant les sept mois qui ont suivi, je me suis enfermée, avec lui, à la maison. Une infirmière venait deux heures par jour. Pendant les vingt-deux autres heures, c'était moi qui veillais. J'avais la prétention de penser que personne ne pouvait faire mieux que moi, parce qu'on ne fait bien que ce qu'on fait par amour. Et je reste persuadée que l'amour a contribué à son rétablissement. Je lui ai donné toute l'énergie dont je disposais. »

Jean-Paul Belmondo effectue sa première sortie publique le 27 mai 2002, pour aller applaudir Rufus dans son Théâtre des Variétés. S'amorce un long retour à la vie normale, grâce, une fois encore, à sa formidable énergie et sa volonté de fer. Observant avec rigueur le programme de sa rééducation, il refuse la sédentarité et on l'aperçoit désormais ici et là. En juin, il participe à un grand dîner organisé par Natty, pour le lancement d'un téléphone portable dont s'occupe l'agence de communication qu'elle vient de créer. En juillet, ils partent ensemble pour Chypre et séjournent dans un centre de balnéothérapie. En août, il est à bord du *Shane*, le yacht de Johnny Hallyday, aux côtés de sa belle-fille Luana et deux de ses petits-fils, pour une croisière qui les mènera à Porto Ercole, sur la côte italienne. Seule la mort de son yorkshire vient assombrir sa lente résurrection. Le

15 décembre 2002, il se rend au Noël des animaux, organisé à Paris par la SPA et la Fondation Brigitte Bardot : l'occasion rêvée d'adopter un chien ou un chat recueillis par l'un des deux organismes. Le Tout-Paris s'y presse : Brigitte Bardot, bien sûr, mais aussi Robert Hossein, Michel Serrault, Jean-Marie Périer, Mylène Demongeot, Rika Zaraï... et même Paul Belmondo. Père et fils repartiront avec un animal chacun. Paul choisit Rudy, un ratier, tandis que Jean-Paul flashe sur Corail, un bâtard de bonne taille, au regard affectueux. Quelques jours plus tard, Corail figurera sur les photos d'un mariage annoncé. Pas Paul.

Paris, 29 décembre 2002, 11 heures du matin : une grosse berline se dirige vers la place Saint-Sulpice, s'approche de la rue Bonaparte, l'évite soigneusement, contourne la mairie du 6e arrondissement, avant de s'engager discrètement dans la rue Madame. Jean-Paul Belmondo a délibérément choisi l'entrée des artistes, échappant ainsi aux chasseurs d'autographes et aux paparazzi qui se pressent sous les voûtes de l'entrée principale. La manœuvre n'a trompé personne, mais... le temps d'accourir, il est déjà trop tard. Natty, l'heureuse élue, est arrivée à son tour et un second service d'ordre interdit, de ce côté-là aussi, l'accès à la salle des mariages, placée sous haute surveillance.

Jean-Paul Belmondo se marie, pour la seconde fois. Les journaux people ont beau s'agiter, il choisit de réserver l'exclusivité de la fête à une gazette espagnole. Aux admirateurs, toujours très nombreux, il restera le feuilletage d'un album de photos stéréotypées d'une confortable noce, achevée dans le somptueux décor d'un hôtel de luxe de la rive droite à six cents euros la nuitée. Auparavant, les amoureux s'étaient offert une escale sur l'île Saint-Louis, pour dîner à *L'Orangerie*, restaurant de l'ami Jean-Claude Brialy. Ce jour-là, Belmondo avait pour témoins Michel Drucker et Jean Rochefort – témoins de cœur, mais aussi de son riche parcours : d'un côté, le fier ambassadeur d'un petit écran qui semble désormais lui sourire davantage que le grand, depuis sa prestation remarquée dans *L'Aîné des Ferchaux* ; de l'autre, son vieux complice du Conservatoire, à l'heure où le théâtre lui offre les triomphes que lui refusent les plateaux de tournage. Même Bernard-Henry Lévy, col ouvert et sourcils froncés, est venu en voisin, dépêché peut-être par sa compagne Arielle Dombasle, la partenaire de Jean-Paul dans *Amazone*. Philippe de Broca, Robert Hossein et Claude Lelouch sont là aussi : trois metteurs en scène, trois artisans de spectacles populaires qui ont contribué, chacun à sa manière, à forger la popularité de la star. Et surtout, les amis de toujours, ceux des folles années Conservatoire, Jean-Pierre Marielle et Pierre Vernier qui, avec Jean Rochefort et le trop tôt disparu Michel Beaune, font partie depuis un demi-siècle de la garde rapprochée de Belmondo. Fidèles parmi les fidèles, ils accompagnent l'éternel débutant dans son nouveau départ, faisant souffler sur la machinerie nuptiale un peu de l'air frais d'autrefois – de cet air qui sut fabriquer un comédien d'exception.

C'est donc vraiment la fête, même si Paul a décidé de bouder la cérémonie. Et pour Natty ? « C'est un message d'amour, celui qui nous unit depuis treize ans. La continuité d'une belle histoire... » commentera-t-elle sobrement à la fin de la cérémonie. Quelques semaines plus tard, Jean-Paul Belmondo souffle soixante-dix bougies à Marrakech. L'occasion pour les mariés d'annoncer un heureux événement, prévu au mois d'août. Deux ans auront suffi au grand comédien pour ainsi répliquer à l'accident de santé qui a failli avoir raison de lui.

La fureur de vivre

Le 13 août 2003, Stella voit le jour. Natty se sent obligée de répondre aux interrogations pas toujours bienveillantes que suscite la naissance du quatrième enfant d'un Belmondo désormais septuagénaire : « Ce n'était pas dans mes idées de concevoir un bébé avec un homme plus âgé, et puis, il y a les circonstances de la vie… Les choses changent. Si on ne fait pas un enfant avec l'homme qu'on aime depuis quinze ans, avec qui le fera-t-on ? »

Début septembre 2008, la nouvelle tombe comme un couperet. Jean-Paul Belmondo l'annonce dans un communiqué à l'Agence France Presse : « En raison de récentes rumeurs fantaisistes, je dois confirmer que, d'un commun accord avec Natty, une procédure de divorce a été engagée et un jugement définitif rendu il y a quelques mois. Attaché à la protection de ma vie privée, je n'avais pas jugé utile de faire part de ma séparation d'avec mon épouse Natty. » Elle était difficilement soupçonnable, en effet. Au fil de ces sept années de reconstruction auprès de sa jeune épouse, Jean-Paul Belmondo semblait avoir atteint un bel équilibre sentimental et familial, renforcé, en apparence peut-être, par l'arrivée de Stella.

En octobre 2008, l'acteur accorde un entretien à *Paris Match* au sujet de cette rupture inattendue, et se confie au grand reporter Christian Brincourt, qui a en commun avec lui un long séjour au centre de rééducation de Granville, à la suite d'un accident de la route. Leurs traumatismes post-opératoires ont favorisé une belle complicité, peu à peu changée en amitié sincère. Tout au long de l'année 2006, le journaliste a pu partager d'heureux moments aux côtés de Jean-Paul et Natty, dont l'union lui semblait d'une solidité sans faille, et de leur petite fille, alors âgée de trois ans. Comme tout le monde, à part Alain Belmondo, il ignorait qu'ils étaient déjà séparés. Si le couple a souhaité garder le secret si longtemps, c'est « pour protéger Stella », affirme l'acteur. Et quand on s'enquiert de ce qui les a éloignés l'un de l'autre, il évoque la progressive installation d'une lassitude, due à l'usure de vingt années de vie commune, « des choses qui arrivent à beaucoup de couples ». Pour autant, tous trois vivent toujours dans un hôtel particulier de la rue des Saints-Pères : « Natty et Stella habitent l'appartement du rez-de-chaussée, où la petite a sa chambre et autres facilités de vie, précise Belmondo. C'est beaucoup plus pratique pour sa maman et pour elle-même. Moi, je vis au premier étage, où j'ai pris mes quartiers. J'y accède grâce à un ascenseur, ce qui est plus commode pour ma jambe. »

De son côté, Natty rappelle, s'il en était besoin, la force de la passion qui l'a unie à Jean-Paul pendant toutes ces années :

« Je souhaite à chacun de connaître une histoire d'amour aussi belle, aussi intense que celle que j'ai connue avec Jean-Paul. Elle a rempli la moitié de ma vie. Avec Jean-Paul, j'ai connu le meilleur, et puis, il y a sept ans, il est tombé malade. Pour moi, cela n'a rien changé. [...] Après vingt ans d'amour fou, nous sommes arrivés, l'un et l'autre, au constat que notre histoire se terminait. C'en était fini de notre belle harmonie. Comment, après ce que nous avions connu, nous contenter d'une relation médiocre ? Quand ça a été beau comme ça, il ne faut pas que ça devienne moche. Voilà, je ne refais pas ma vie. Je ne sais même pas si, un jour, je serai à nouveau capable d'aimer comme j'ai aimé Jean-Paul. Nous gardons un grand respect l'un pour l'autre et, surtout, nous sommes liés par une petite fille que nous adorons, et par un escalier qu'elle emprunte quand elle le souhaite. »

Si leur rupture était consommée depuis deux ans au plan sentimental, leur complicité est restée intacte. Y compris professionnellement : Natty sera la première à encourager Jean-Paul à reprendre le chemin des studios, lui qui pensait ce temps bel et bien révolu. Bien sûr, il lui faudra du temps : celui de la réflexion, et, surtout, celui du réapprentissage des mots et des gestes. Mais, séduit par la force de persuasion de l'acteur-réalisateur Francis Huster et du producteur Jean-Louis Livi, il accepte d'être Charles, le héros d'*Un homme et son chien*, remake du film *Umberto*

D. Ce classique du néoréalisme italien marqua en 1952 la quatrième collaboration du réalisateur Vittorio De Sica avec le scénariste Cesare Zavattini, à qui l'on doit aussi *Le Voleur de bicyclette, Sciuscia, Miracle à Milan* et… *La Ciociara,* avec Jean-Paul Belmondo.

Un homme et son chien raconte l'histoire d'un vieux professeur logé dans une pension de famille et quasiment réduit à la mendicité, au point de vendre ses livres pour assurer sa subsistance. Charles a pour seuls alliés son chien Clap et la jeune employée de maison Leila, alias Hafsia Herzi, César du meilleur espoir féminin 2008 dans *La Graine et le Mulet.* Mais, au générique de ce grand baroud d'honneur, on trouve aussi Robert Hossein, Max von Sydow, Tchéky Karyo, Jean Dujardin, Anthony Delon, Charles Aznavour, Françoise Fabian, Jean-Pierre Marielle, Linda Hardy, José Garcia, Micheline Presle, Julika Jenkins, Nicole Calfan, Pierre Mondy, Cristiana Reali, Francis Huster, Daniel Prévost, Jacques Spiesser, parmi les cinquante-huit comédiens, débutants et confirmés, qui ont répondu présent pour accompagner le retour du « Magnifique ». Si Vittorio De Sica n'avait employé que des acteurs amateurs pour *Umberto D.*, Francis Huster se réjouit d'une distribution aussi prestigieuse : « Une fois que Jean-Paul avait accepté de jouer le rôle principal, on s'est dit qu'il fallait l'entourer de vedettes. » Bien entendu, Charly Koubesserian, son ami de longue date et fidèle maquilleur, est de la partie.

À ceux qui se demandent où Belmondo a pu puiser la force physique d'assumer un nouveau rôle au cinéma, lui qu'on dit sensiblement diminué sur le plan de la motricité et du langage, Huster répond dès la fin du tournage, en mars 2008 : « Jean-Paul s'est soigné, il a fait d'énormes progrès. C'est aujourd'hui un homme et un comédien comme les autres. Ce qu'il fait dans le film, c'est du niveau de Spencer Tracy, de Gary Cooper ou de Raimu. Il n'y a aucun trucage, aucun doublage, malgré l'abondance du dialogue. Il s'agit là pour lui d'une thérapie volontaire, initiée il y a deux ans avec la naissance du projet. Nous l'avons gardé secret le plus longtemps possible et n'avons dévoilé aucun extrait, afin que la surprise soit à la hauteur de la performance de Jean-Paul. Vous allez voir, vous allez être sidérés ! J'espère qu'il a devant lui une dizaine de films, car il entre là dans un emploi de comédiens qui nous manquait depuis la disparition de Gabin et Ventura : le patriarche du cinéma. Et puis, il est d'une séduction, d'une jeunesse… Avec ce film, on a une bombe entre les mains. »

25 juillet 2007, premier jour de tournage. De retour sur un plateau de cinéma drapé du plus épais mystère, Jean-Paul Belmondo accepte néanmoins de répondre à Ghislain Loustalot pour *Paris Match*. Interrogé sur ce qui l'a décidé à revenir au cinéma après une aussi longue absence, il avoue que, encore quelques mois plus tôt, il ne l'aurait pas cru lui-même. Et pourtant, au fil de ces années de lent rétablissement, Francis Huster et Jean-Louis Livi n'ont pas été les seuls à le solliciter. Dès qu'il s'est mis à aller mieux, nombre de producteurs lui ont soumis des scénarios, dont le héros, tantôt flic, tantôt voyou, vivait des aventures trépidantes. « J'y prenais au minimum une

balle dans le bras toutes les dix minutes ! Vous voyez le genre ! » glisse-t-il d'un air entendu. Mais c'est certain : pour Bébel, le temps des films d'action est bel et bien révolu. C'est pourquoi il a tout refusé en bloc. Jusqu'à *Un homme et son chien.*

Convaincu sans peine par Francis Huster, qui venait de lui passer le DVD d'*Umberto D.*, Jean-Louis Livi s'empressa de téléphoner à Jean-Paul Belmondo. Lequel, après un premier réflexe de rejet, fut intrigué par le pitch. Le visionnage du film de Vittorio De Sica et la lecture du script d'Huster vinrent à bout de ses dernières réticences. Ce personnage, c'était lui. Avec tout ce que cela implique d'engagement et d'authenticité : « Je le fais, mais à une condition : vous me filmez comme je suis ! » Revenir au cinéma « pour la gloire », Belmondo s'en moque bien. En réalité, il se retrouve dans cette histoire « empreinte de dignité et d'honneur d'un homme qui a beaucoup vécu, paraît en fin de vie, et s'accroche à sa relation affectueuse avec son chien, parce qu'il ne lui reste que lui ».

L'enthousiasme du producteur et du réalisateur, la perspective de retrouver de nombreux camarades, la qualité du rôle, le simple plaisir de jouer sont, certes, autant de raisons qui l'ont incité à revenir. Mais il y en a une autre : « Quand j'ai eu cet accident, j'étais en pleine forme, souligne-t-il. Je suis resté huit mois sans parler, cinq mois allongé, moi qui étais si actif. Et puis, au cours de ma convalescence, j'ai pu me rendre compte que des jeunes de vingt ans étaient dans un état bien pire que le mien, paralysés des pieds jusqu'à la tête, et je me suis dit que, finalement, j'avais de la chance. En quittant l'hôpital, je me suis juré de me battre pour leur montrer qu'on peut encore faire quelque chose, je ne savais pas quoi, mais j'en avais la volonté. Finalement, ce sera ce film, *Un homme et son chien.* Je le fais pour eux. Je vais me lancer de toutes mes forces dans cette aventure très particulière, qui me tient à cœur. Je ne pense pas qu'il y en ait une autre après. Mais qui sait ? »

Cet ultime défi ressemble en diable à Jean-Paul Belmondo : si l'homme repousse encore ses propres limites, c'est, bien sûr, pour laisser à la vie, cette vie qu'il aime tant, un champ d'action toujours plus vaste. Mais c'est aussi pour offrir au comédien une nouvelle occasion de surprendre, de divertir et d'honorer un public auquel il voue une reconnaissance éternelle.

Filmographie

Molière (court-métrage)
Réal. : Norbert Tildian (1956)
Avec Jean-Paul Belmondo, Jacques Sereys, Catherine Samie, Gaston Vacchia

À pied, à cheval et en voiture
Réal. : Maurice Delbez (1957)
Avec Jean-Paul Belmondo, Denise Grey, Noël-Noël, Darry Cowl, Jean Tissier, Jean-Pierre Cassel, Jacques Fabbri

Les Copains du dimanche
Réal. : Henri Aisner (1958)
Avec Jean-Paul Belmondo, Paul Frankeur, Michel Piccoli, Pierre Vernier

Sois belle et tais-toi
Réal. : Marc Allégret (1958)
Avec Jean-Paul Belmondo, Henri Vidal, Mylène Demongeot, Robert Dalban, Roger Hanin, Alain Delon, Darry Cowl

Les Tricheurs
Réal. : Marcel Carné (1958)
Avec Laurent Terzieff, Pascale Petit, Jacques Charrier, Andréa Parisy, Jean-François Poron, Jean-Paul Belmondo

Un drôle de dimanche
Réal. : Marc Allégret (1958)
Avec Jean-Paul Belmondo, Danielle Darrieux, Jean Carmet, Bourvil, Arletty, Roger Hanin

Charlotte et son Jules (court-métrage)
Réal. : Jean-Luc Godard (1958, sortie en salles en 1961)
Avec Jean-Paul Belmondo, Gérard Blain, Anne Colette

Mademoiselle Ange
Réal. : Géza Radványi (1959)
Avec Romy Schneider, Henri Vidal, Michèle Mercier, Jean Tissier, Paulette Dubost, Jean-Paul Belmondo

À double tour
Réal. : Claude Chabrol (1959)
Avec Jean-Paul Belmondo, Madeleine Robinson, Antonella Lualdi, Bernadette Lafont

À bout de souffle
Réal. : Jean-Luc Godard (1960)
Avec Jean-Paul Belmondo, Jean Seberg, Roger Hanin, Jean-Pierre Melville, Daniel Boulanger

Classe tous risques
Réal. : Claude Sautet (1960)
Avec Jean-Paul Belmondo, Lino Ventura, Marcel Dalio, Bernard Dhéran

Moderato cantabile
Réal. : Peter Brook (1960)
Avec Jean-Paul Belmondo, Jeanne Moreau

Les Trois Mousquetaires (TV)
Réal. : Claude Barma, d'après Alexandre Dumas (1960)
Avec Daniel Sorano, Jean Chevrier, Michel Galabru, Robert Hirsch, Jean-Paul Belmondo, Gaby Sylvia

La Française et l'amour (film à sketches)
Réal. : Henri Decoin, Michel Boisrond, Jean Delannoy, Jean-Paul Le Chanois, Henri Verneuil, Christian-Jaque (1960)
Avec Paul Meurisse, Dany Robin, François Périer, Annie Girardot, Michel Serrault, Jean-Paul Belmondo

Les Distractions
Réal. : Jacques Dupont (1960)
Avec Jean-Paul Belmondo, Alexandra Stewart, Claude Brasseur, Mireille Darc, Sylva Koscina

La Novice
Réal. : Alberto Lattuada (1960)
Avec Jean-Paul Belmondo, Pascale Petit, Massimo Girotti

La Ciociara
Réal. : Vittorio De Sica (1960)
Avec Jean-Paul Belmondo, Sophia Loren, Raf Vallone, Renato Salvatori

La Mer à boire
Réal. : Renato Castellani (1960)
Avec Jean-Paul Belmondo, Gina Lollobrigida, Noël Roquevert

La Viaccia
Réal. : Mauro Bolognini (1961)
Avec Jean-Paul Belmondo, Claudia Cardinale, Paul Frankeur, Pietro Germi

Léon Morin, prêtre
Réal. : Jean-Pierre Melville (1961)
Avec Jean-Paul Belmondo, Emmanuelle Riva, Irène Tunc, Marco Behard

Une femme est une femme
Réal. : Jean-Luc Godard (1961)
Avec Jean-Paul Belmondo, Anna Karina, Jeanne Moreau, Marie Dubois, Nicole Paquin

Amours célèbres (film à sketches)
Réal. : Michel Boisrond (1961)
Avec Jean-Paul Belmondo, Dany Robin, Philippe Noiret, Guy Tréjean, Michel Galabru

Un nommé La Rocca
Réal. : Jean Becker (1961)
Avec Jean-Paul Belmondo, Pierre Vaneck, Christine Kauffman, Mario David, Jean-Pierre Darras, Michel Constantin, Claude Piéplu, Henri Virlojeux

Un cœur gros comme ça (documentaire)
Réal. : François Reichenbach (1962)
Avec Jean-Paul Belmondo, Abdoulaye Faye, Milou Pladner, Michèle Morgan

Cartouche

Réal. : Philippe de Broca (1962)

Avec Jean-Paul Belmondo, Claudia Cardinale, Odile Versois, Jacques Charon, Noël Roquevert, Jean Rochefort

Un singe en hiver

Réal. : Henri Verneuil (1962)

Avec Jean-Paul Belmondo, Jean Gabin, Paul Frankeur, Suzanne Flon, Noël Roquevert, Geneviève Fontanel, Hélène Dieudonné, Gabrielle Dorziat

Le Doulos

Réal. : Jean-Pierre Melville (1962)

Avec Jean-Paul Belmondo, Serge Reggiani, Michel Piccoli, Jean Desailly, Fabienne Dali

Dragées au poivre

Réal. : Jacques Baratier (1963)

Avec Jean-Paul Belmondo, Guy Bedos, Jacques Dufilho, Sophie Daumier, Sophie Desmarets, Simone Signoret, Claude Brasseur, Anna Karina

L'Aîné des Ferchaux

Réal. : Jean-Pierre Melville (1963)

Avec Jean-Paul Belmondo, Charles Vanel, Michèle Mercier, Andrex

Peau de banane

Réal. : Marcel Ophüls (1963)

Avec Jeanne Moreau, Jean-Paul Belmondo, Claude Brasseur, Jean-Pierre Marielle, Gert Froebe, Paulette Dubost, Alain Cuny

L'Homme de Rio
Réal. : Philippe de Broca (1964)
Avec Jean-Paul Belmondo, Françoise Dorléac, Simone Renant, Daniel Ceccaldi, Jean Servais, Roger Dumas

Cent mille dollars au soleil
Réal. : Henri Verneuil (1964)
Avec Jean-Paul Belmondo, Lino Ventura, Bernard Blier, Andréa Parisy, Réginald Kernan, Gert Froebe

Échappement libre
Réal. : Jean Becker (1964)
Avec Jean-Paul Belmondo, Jean Seberg, Gert Froebe, Jean-Pierre Marielle, Fernando Rey, Michel Beaune

La Chasse à l'homme
Réal. : Édouard Molinaro (1964)
Avec Jean-Paul Belmondo, Jean-Claude Brialy, Catherine Deneuve, Claude Rich, Mireille Darc, Micheline Presle, Marie Dubois, Bernadette Lafont, Françoise Dorléac, Bernard Blier, Francis Blanche, Hélène Duc, Michel Serrault

Week-end à Zuydcoote
Réal. : Henri Verneuil (1964)
Avec Jean-Paul Belmondo, Catherine Spaak, François Périer, Jean-Pierre Marielle, Pierre Mondy, Marie Dubois

Par un beau matin d'été
Réal. : Jacques Deray (1964)
Avec Jean-Paul Belmondo, Sophie Daumier, Géraldine Chaplin, Georges Géret

Pierrot le Fou
Réal. : Jean-Luc Godard (1965)
Avec Jean-Paul Belmondo, Anna Karina, Dirk Sanders, Jean-Pierre Léaud

Les Tribulations d'un Chinois en Chine
Réal. : Philippe de Broca (1965)
Avec Jean-Paul Belmondo, Ursula Andress, Jean Rochefort, Maria Pacôme, Jess Hahn, Darry Cowl, Mario David

Jean-Paul Belmondo (court-métrage)
Réal. : Claude Lelouch (1965)

Paris brûle-t-il ?
Réal. : René Clément (1966)
Avec Jean-Paul Belmondo, Charles Boyer, Leslie Caron, Alain Delon, Kirk Douglas, Glenn Ford, Gert Froebe, Yves Montand, Anthony Perkins, Michel Piccoli, Claude Rich, Simone Signoret, Orson Welles

Tendre voyou
Réal. : Jean Becker (1966)
Avec Jean-Paul Belmondo, Geneviève Page, Mylène Demongeot, Maria Pacôme, Philippe Noiret, Jean-Pierre Marielle, Micheline Dax, Nadja Tiller

Le Voleur
Réal. : Louis Malle (1967)
Avec Jean-Paul Belmondo, Geneviève Bujold, Marie Dubois, Julien Guiomar, Paul Le Person, Françoise Fabian, Martine Sarcey, Marlène Jobert, Charles Denner, Bernadette Lafont

Casino Royale
Réal. : Val Guest, Kenneth Hughes, John Huston, Joseph McGrath et Robert Parrish (1967)
Avec Jean-Paul Belmondo, David Niven, Peter Sellers, John Huston, Ursula Andress, Orson Welles, Woody Allen, Jacqueline Bisset

Ho !
Réal. : Robert Enrico (1968)
Avec Jean-Paul Belmondo, Joanna Shimkus, Raymond Bussières, Paul Crauchet, Stéphane Fey, Alain Mottet, Jackie Sardou

Le Cerveau
Réal. : Gérard Oury (1968)
Avec Jean-Paul Belmondo, Bourvil, David Niven, Raymond Gérôme, Silvia Monti, Jacques Balutin, Henri Genès, Eli Wallach

La Sirène du Mississippi
Réal. : François Truffaut (1969)
Avec Jean-Paul Belmondo, Catherine Deneuve, Michel Bouquet, Nelly Borgeaud, Martine Ferrière, Roland Thénot, Marcel Berbert

Dieu a choisi Paris (documentaire)
Réal. : Gilbert Prouteau (1969)
Avec Jean-Paul Belmondo, Pascale Audret, Michel Bouquet, Renée Saint-Cyr, Julien Bertheau, Jean Négroni, Mistinguett (images d'archives)

Un homme qui me plaît
Réal. : Claude Lelouch (1969)
Avec Jean-Paul Belmondo, Annie Girardot, Marcel Bozzufi, Simone Renant, Maria Pia Conte, Peter Bergamm

Borsalino
Réal. : Jacques Deray (1970)
Avec Jean-Paul Belmondo, Alain Delon, Catherine Rouvel, Michel Bouquet, Julien Guiomar, Françoise Christophe, Corinne Marchand, Mario David

Les Mariés de l'An II
Réal. : Jean-Paul Rappeneau (1971)
Avec Jean-Paul Belmondo, Marlène Jobert, Laura Antonelli, Pierre Brasseur, Sami Frey, Michel Auclair, Charles Denner, Julien Guiomar, Mario David, Sim

Le Casse
Réal. : Henri Verneuil (1971)
Avec Jean-Paul Belmondo, Omar Sharif, Robert Hossein, Nicole Calfan, José Luis de Villalonga, Renato Salvatori

Docteur Popaul
Réal. : Claude Chabrol (1972)
Avec Jean-Paul Belmondo, Laura Antonelli, Mia Farrow, Daniel Ivernel, Michel Peyrelon, Patrick Préjean

La Scoumoune
Réal. : José Giovanni (1972)
Avec Jean-Paul Belmondo, Claudia Cardinale, Michel Constantin, Alain Mottet, Jacques Debary, Michel Peyrelon, Gérard Depardieu

L'Héritier
Réal. : Philippe Labro (1973)
Avec Jean-Paul Belmondo, Carla Gravina, Charles Denner, Jean Rochefort, Jean Desailly, Michel Beaune, François Chaumette, Maurice Garrel, Maureen Kerwin

Le Magnifique
Réal. : Philippe de Broca (1973)
Avec Jean-Paul Belmondo, Jacqueline Bisset, Raymond Gérôme, Hans Meyer, Hubert Deschamps, Vittorio Caprioli, Monique Tarbès, Jean Lefebvre

Stavisky
Réal. : Alain Resnais (1974)
Avec Jean-Paul Belmondo, Anny Duperey, Charles Boyer, Claude Rich, Michel Lonsdale, Michel Beaune, Pierre Vernier, Marcel Cuvelier, Gérard Depardieu

T'es fou Marcel... (court-métrage)
Réal. : Jean Rochefort (1974)
Le temps d'une nuit à Paris, Jean Rochefort s'improvise cinéaste pour filmer le comédien Marcel Dalio, en compagnie de Jean-Paul Belmondo, Jean-Pierre Marielle, Yves Montand, Jean-Claude Dauphin

Peur sur la ville
Réal. : Henri Verneuil (1975)
Avec Jean-Paul Belmondo, Léa Massari, Charles Denner, Rosy Varte, Adalberto Maria Merli, Jean Martin, Jacques Rispal, Jean-François Balmer

L'Incorrigible
Réal. : Philippe de Broca (1975)
Avec Jean-Paul Belmondo, Geneviève Bujold, Julien Guiomar, Charles Gérard, Daniel Ceccaldi, Andréa Ferréol

L'Alpagueur
Réal. : Philippe Labro (1975)
Avec Jean-Paul Belmondo, Bruno Cremer, Jean Négroni, Patrick Fierry, Claude Brosset

Le Corps de mon ennemi
Réal. : Henri Verneuil (1976)
Avec Jean-Paul Belmondo, Bernard Blier, Marie-France Pisier, Claude Brosset, Daniel Ivernel, Charles Gérard, Nicole Garcia, François Perrot, Michel Beaune

L'Animal
Réal. : Claude Zidi (1977)
Avec Jean-Paul Belmondo, Raquel Welch, Charles Gérard, Julien Guiomar, Raymond Gérôme, Henri Genès, Aldo Maccione, Mario David, Josiane Balasko
À noter la présence de Johnny Hallyday, Jane Birkin, Claude Chabrol et Yves Mourousi dans leurs propres rôles

Flic ou voyou
Réal. : Georges Lautner (1979)
Avec Jean-Paul Belmondo, Michel Galabru, Marie Laforêt, Charles Gérard, Jean-François Balmer

Le Guignolo
Réal. : Georges Lautner (1980)
Avec Jean-Paul Belmondo, Marie Laforêt, Michel Galabru, Henri Guybet, Pierre Vernier, Charles Gérard, Georges Geret, Michel Beaune

Le Professionnel
Réal. : Georges Lautner (1981)
Avec Jean-Paul Belmondo, Robert Hossein, Michel Auclair, Cyrielle Claire, Michel Beaune, Jean Desailly, Pierre Vernier, Bernard-Pierre Donnadieu

L'As des as
Réal. : Gérard Oury (1982)
Avec Jean-Paul Belmondo, Marie-France Pisier, Rachid Ferrache

Le Marginal
Réal. : Jacques Deray (1983)
Avec Jean-Paul Belmondo, Carlos Sottomayor, Pierre Vernier, Michel Robin, Henry Silva, Claude Brosset, Tcheky Karyo, Roger Dumas

Les Morfalous
Réal. : Henri Verneuil (1984)
Avec Jean-Paul Belmondo, Marie Laforêt, Jacques Villeret, Michel Creton, Michel Constantin, François Perrot, Michel Beaune

Joyeuses Pâques
Réal. : Georges Lautner (1984)
Avec Jean-Paul Belmondo, Sophie Marceau, Marie Laforêt, Rosy Varte, Gérard Hernandez

Hold-up
Réal. : Alexandre Arcady (1985)
Avec Jean-Paul Belmondo, Guy Marchand, Jacques Villeret, Jean-Pierre Marielle, Kim Catrall

Les Pros (documentaire)
Réal. : Florence Moncorgé-Gabin (1986)
Avec Jean-Paul Belmondo, Yves Saint-Martin

Le Solitaire
Réal. : Jacques Deray (1987)
Avec Jean-Paul Belmondo, Jean-Pierre Malo, Michel Beaune, Pierre Vernier, François Dunoyer, Franck Ayas, Laurent Gendron

Itinéraire d'un enfant gâté
Réal. : Claude Lelouch (1988)
Avec Jean-Paul Belmondo, Richard Anconina, Béatrice Agenin, Daniel Gélin, Pierre Vernier, Michel Beaune, Lio, Marie-Sophie L

L'Inconnu dans la maison
Réal. : Georges Lautner (1992)
Avec Jean-Paul Belmondo, Odette Laure, Geneviève Page, Renée Faure, Pierre Vernier, Hubert Deschamps, Cristiana Reali, François Perrot

Les Misérables du XXe siècle
Réal. : Claude Lelouch (1995)
Avec Jean-Paul Belmondo, Annie Girardot, Alessandra Martines, Clémentine Célarié, Michel Boujenah, Ticky Holgado, Nicole Croisille, Philippe Léotard

Les Cent et Une Nuits
Réal. : Agnès Varda (1995)
Avec Jean-Paul Belmondo, Michel Piccoli, Marcello Mastroianni, Anouk Aimée, Fanny Ardant, Jean-Claude Brialy,

Catherine Deneuve, Henri Garcin, Sandrine Bonnaire, Romane Bohringer, Julie Gayet, Mathieu Demy

Désiré
Réal. : Bernard Murat (1996)
Avec Jean-Paul Belmondo, Fanny Ardant, Claude Rich, Béatrice Dalle, Jean Yanne, Dominique Lavanant

Une chance sur deux
Réal. : Patrice Leconte (1998)
Avec Jean-Paul Belmondo, Alain Delon, Vanessa Paradis

Peut-être
Réal. : Cédric Klapisch (1999)
Avec Jean-Paul Belmondo, Emmanuelle Devos, Géraldine Pailhas, Romain Duris

Les Acteurs
Réal. : Bertrand Blier (2000)
Avec Jean-Paul Belmondo, Alain Delon, Claude Rich, Michel Serrault, André Dussollier, Pierre Arditi, Jean-Claude Brialy, Claude Brasseur…

Amazone
Réal. : Philippe de Broca (2000)
Avec Jean-Paul Belmondo, Arielle Dombasle, Patrick Bouchitey

L'Aîné des Ferchaux (TV)
Réal. : Bernard Stora (2001)
Avec Jean-Paul Belmondo, Sami Naceri, Julie Depardieu, Bernard Verley, Brigitte Roüan

Un homme et son chien
Réal. : Francis Huster (2009)
Avec Jean-Paul Belmondo, Robert Hossein, Max von Sydow, Tchéky Karyo, Jean Dujardin, Hafsia Herzi, Anthony Delon, Charles Aznavour, Françoise Fabian, Jean-Pierre Marielle, Linda Hardy, José Garcia, Micheline Presle, Julika Jenkins, Nicole Calfan, Pierre Mondy, Cristiana Reali, Francis Huster, Daniel Prévost, Jacques Spiesser…

Récompenses
César 1989 du meilleur acteur dans *Itinéraire d'un enfant gâté*

Théâtrographie

1950 : ***La Petite Hutte*** d'André Roussin, mise en scène : Jean-Paul Belmondo et Guy Bedos

1950 : ***Mon ami le cambrioleur*** d'André Haguet, mise en scène : Jean-Paul Belmondo et Guy Bedos

1950 : ***La Belle au bois dormant*** de Charles Perrault

1952 : ***Gloriana sera vengée*** de Cyril Tourneur, Théâtre de la Huchette

1953 : ***La Reine blanche*** de Pierre Barillet, mise en scène : Jean Meyer, Théâtre Michel

1953 : ***Zamore*** de Georges Neveux, mise en scène : André Barsacq, Théâtre de l'Atelier

1953 : ***Médée*** de Jean Anouilh, mise en scène : André Barsacq, Théâtre de l'Atelier

1953 : ***La Jalousie du barbouillé*** de Molière et ***Le Mariage forcé*** de Molière et Lully, mise en scène : Jean Vernier

1953 : ***La Locandiera*** de Carlo Goldoni

1954 : ***Les Boulingrin*** de Georges Courteline

1954 : ***Le Malade imaginaire*** de Molière

1954 : ***L'Avare*** de Molière

1954 : ***Le commissaire est bon enfant*** de Georges Courteline

1954 : ***George Dandin ou le Mari confondu*** de Molière, mise en scène : Michel Galabru

1954 : ***Crinolines et guillotine*** d'Henry Monnier, mise en scène : Christine Tsingos, Théâtre de la Gaîté-Montparnasse

1954 : ***Andalousie***, opérette d'Albert Willemetz et Raymond Vincy, musique Francis Lopez

1954 : ***Les Précieuses ridicules*** de Molière, mise en scène : Michel Galabru

1954 : ***Le Médecin malgré lui*** de Molière, mise en scène : Michel Galabru

1954 : ***Les Plaideurs*** de Jean Racine, mise en scène : George Leroy, Théâtre du Petit Marigny

1955 : ***Fantasio*** d'Alfred de Musset, mise en scène : Julien Bertheau, Comédie-Française

1955 : ***L'Annonce faite à Marie*** de Paul Claudel, mise en scène : Julien Bertheau, Comédie-Française

1956 : ***L'Hôtel du libre-échange*** de Georges Feydeau, mise en scène : Jean-Pierre Grenier, avec la Compagnie Grenier-Hussenot, Théâtre Marigny

1956 : ***César et Cléopâtre*** d'après George Bernard Shaw, Théâtre Sarah-Bernhardt

1957 : ***La Mégère apprivoisée*** de William Shakespeare, adaptation : Jacques Audiberti, Théâtre de l'Athénée-Louis-Jouvet

1958 : ***Oscar*** de Claude Magnier, mise en scène : Jacques Mauclair, Théâtre de l'Athénée

1959 : ***Trésor party*** de Bernard Régnier, Théâtre La Bruyère

1987 : ***Kean*** de Jean-Paul Sartre d'après Alexandre Dumas, mise en scène : Robert Hossein, Théâtre Marigny

1990 : ***Cyrano de Bergerac*** d'Edmond Rostand, mise en scène : Robert Hossein, Théâtre Marigny

1993 : ***Tailleur pour dames*** de Georges Feydeau, mise en scène : Bernard Murat, Théâtre de Paris

1996 : ***La Puce à l'oreille*** de Georges Feydeau, mise en scène : Bernard Murat, Théâtre des Variétés

1998 : ***Frédérick ou le boulevard du Crime*** d'Éric-Emmanuel Schmitt, mise en scène : Bernard Murat, Théâtre Marigny

TABLE

AU CHERCHE MIDI

JEAN-FRANÇOIS CARMET
Carmet intime

NICOLE CROISILLE
et THIERRY LECAMP
Je n'ai pas vu passer le temps

PHILIPPE DURANT
Michel Audiard

PEPITA DUPONT
La Vérité sur Jacqueline
et Pablo Picasso

GILLES DURIEUX
Jean Yanne
Ni Dieu ni Maître (même nageur)

PATRICK et OLIVIER
DE FUNÈS
Louis de Funès
Ne parlez pas trop de moi,
les enfants !

ANNIE GIRARDOT
Partir revenir
Les Passions vives

SYLVIA KRISTEL
Nue

LAURENT MALET
En attendant la suite

MADO MAURIN
Patrick Dewaere,
mon fils, la vérité

FLORENCE
MONCORGÉ-GABIN
Quitte à avoir un père,
autant qu'il s'appelle Gabin

MARTIN MONESTIER
La Callas
Passions et scandales
d'un destin grandiose

MARIA PACÔME
Maria sans Pacôme

ÉDITH PIAF
et MARCEL CERDAN
Moi pour toi

JACQUES PESSIS
Pierre Dac
Mon maître 63

CLAUDE PINOTEAU
Merci la vie !
Aventures cinématographiques

LOÏC ROCHARD
Brassens par Brassens

SENY
Jacques Villeret, mon bébé blanc

CHARLOTTE VALANDREY
L'Amour dans le sang

Mis en pages par Nord Compo.
Imprimé en France par CPI Bussière
en décembre 2008.
Dépôt légal : janvier 2009.
N° d'édition : 0695. — N° d'impression : 084054/1.
ISBN 978-2-7491-0695-3